# LES S.D.F.

# ET LE NOUVEAU CONTRAT SOCIAL

## L'importance du logement pour combattre l'exclusion

Collection *Technologie de l'Action Sociale*
*dirigée par Jean-Marc Dutrenit*

**Déjà parus**

P. Caspar, *L'accompagnement des personnes handicapées mentales*, 1994.
J.-M. Dutrenit, *Evaluer un centre social*, 1994.
Collectif, *Diagnostic et traitement de l'enfant en danger*, 1995.
J.-C. Gillet, *Animations et animateurs*, 1995.
M. Lepage-Chabriais, *Réussir le placement des mineurs en danger*, 1996.
C. Rater-Garcette, *La professionnalisation du travail social*, 1996.
M. Born, *Familles pauvres et intervention en réseau*, 1996.
Collectif, *Traiter la violence conjugale*, 1996.
P. Nicolas-Le Strat, *L'implication, une nouvelle base de l'intervention sociale*, 1996.
J. Zaffran, *L'intégration scolaire des handicapés*, 1997.
M. Larès-Yoël, *Mon enfant triso*, 1997.
R. Lafoustrie, *Vieillesse et société, A l'écoute de nos aînés*, 1997.
Y. Vocat, *Apprivoiser la déficience mentale*, 1997.
A. Jellab, *Le travail d'insertion en mission locale*, 1997.
J.M. Dutrenit, *Accompagnement Plus*, **logiciel** de diagnostic et développement de la compétence sociale, 1997.
M. Gouarne, *Les aveugles dans l'entreprise : quelles perspectives ?*, 1997.


ISBN : 2-7384-6010-0

**Maryse BRESSON**

# LES S.D.F.
# ET LE NOUVEAU CONTRAT SOCIAL

## L'importance du logement pour combattre l'exclusion

**Éditions L'Harmattan**
5-7, rue de l'École-Polytechnique
75005 Paris

**L'Harmattan Inc.**
55, rue Saint-Jacques
Montréal (Qc) – CANADA H2Y 1K9

# Introduction

Quand on présente un livre sur l'exclusion aujourd'hui, on suscite généralement deux réactions. La première, c'est un froncement des sourcils et un petit haussement d'épaules pour signifier : "encore un ?". La deuxième réaction, c'est un début de remords, peut-être un intérêt, mais à une condition qui se formule à peu près toujours de la même manière : "et alors, qu'est-ce qu'il propose comme solution" ? Ce livre veut d'abord mettre en garde contre ces deux réactions, qui sont en réalité deux facettes d'une même erreur fondamentale : celle de croire qu'on sait déjà tout du problème, et qu'on ne fait rien. Car la conclusion qui s'impose alors c'est qu'on ne fait rien soit parce qu'on ne veut pas vraiment faire quelque chose, soit parce qu'il n'y a rien à faire. En fait, je suis personnellement convaincue que l'exclusion est une réalité très mal connue, et qu'il faut d'abord mettre en pièces un certain nombre d'idées reçues avant de se précipiter vers des solutions qui paraissent presque toujours éculées avant d'avoir été tentées. Il faut repenser l'exclusion.

Parmi les idées reçues qui circulent dans la société française au sujet de l'exclusion, on en trouve une, défendue par les "réalistes". Selon eux, ce terme à la mode ne fait qu'habiller autrement une réalité très ancienne, dont on ne peut malheureusement imaginer la fin. Il y a toujours eu des marginaux, des vagabonds, surtout en période de crise économique, et ils ont toujours provoqué la pitié et le rejet. Derrière cet apparent réalisme, on trouve à la fois un constat d'impuissance et l'idée d'un éternel retour de la misère et des miséreux. Tous les traitements jusqu'à aujourd'hui auraient révélé l'impossibilité de résoudre ce fléau, aussi vieux que l'humanité. Repenser l'exclusion, c'est d'abord dépasser le découragement que cette idée suscite inévitablement. Pour cela, il faut revenir sur les traitements du passé, voir s'ils ont tous échoué ou si certains ont réussi, quand et pourquoi. Mais ce n'est pas le seul ni même le principal enseignement à tirer de l'histoire. Raisonner ainsi, c'est admettre que c'est le même problème qui revient toujours. En fait, n'est-ce pas justement une des idées fausses qui nous empêchent de voir ce qui se passe aujourd'hui ? Est-ce vraiment le même problème qui ressurgit depuis l'Antiquité jusqu'à nos jours ? L'exclusion est-elle un phénomène récurrent et immuable, ou ce nouveau mot qui s'impose révèle-t-il quelque chose d'original, de spécifique à notre époque ?

Mais quand on dit cela, on a aussitôt l'impression de rejoindre une autre banalité : nous vivons à une époque où tout se transforme, tout bouge si vite ! Aujourd'hui n'a plus rien à voir avec hier, c'est justement pour cela qu'il faut tout réinventer, la vie en société, la solidarité, l'État, dans un monde de mutations formidables et de compétition économique. Tout est à construire, il faut changer le monde et la vie, l'horizon des possibles est immense... C'est une autre idée reçue, celle des "utopistes".

Face à des évidences contradictoires, il est manifeste qu'on n'a pas fait le tour de la question, qu'on ne sait pas tout. Entre l'illusion d'un monde immuable et la construction imaginaire d'une société parfaite, il faut reprendre le temps de l'observation et de l'analyse. L'idée que je propose de développer, c'est qu'il y a dès maintenant un monde qui est en train de se faire, et qu'aucune politique ne résoudra les problèmes sans en tenir compte. Demain se construit déjà aujourd'hui par la volonté des hommes ou à leur insu, avec l'héritage du passé, qui ne se résume pas à des pesanteurs.

Il y a à la fois des éléments de continuité et un changement important entre le vagabondage autrefois et l'exclusion aujourd'hui. Depuis la fin du Moyen Âge jusqu'aux années 1970, avec des moments forts et des "creux" importants, la lutte contre le vagabondage par l'État monarchique puis républicain en France a été portée par le même projet, celui d'imposer le système du salariat, c'est-à-dire d'obliger "tout le monde" à exercer ou chercher un travail régulier et stable. Depuis les années 1980, les politiques de lutte contre l'exclusion sont une succession de mesures qui s'efforcent de maintenir ce cap, dans un contexte où l'emploi manque, où l'intégration sociale par l'emploi se défait. Mais il y a eu d'autres époques où l'emploi a manqué, ce n'est pas le principal changement. Ce qui est fondamental pour comprendre la situation aujourd'hui, c'est de voir que l'intégration commence à se faire autrement. L'intégration change, par conséquent la lutte contre l'exclusion ne peut pas consister à la préserver ou à la réparer.

Pour repenser l'exclusion, il faut donc saisir les mutations qui transforment les conditions de l'intégration. L'intégration correspond à l'acceptation sociale d'un individu, elle est l'attitude qu'une communauté adopte vis-à-vis de ses membres. Elle est aussi la récompense de la conformité à certains critères qui définissent aux yeux de tous ce qui est "normal" et "acceptable". Dans le vocabulaire des sociologues, ces critères sont appelés des normes. Les normes sont souvent assimilées à des comportements impératifs, des règles de conduite dont la transgression entraîne des sanctions sociales (qui vont de la simple réprobation aux condamnations pénales les plus graves). En réalité, les normes correspondent à tous les traits qui dessinent le modèle de l'individu "normal", depuis ses manières d'agir jusqu'aux habits qu'il porte en passant par la couleur de sa peau ou encore les biens qu'il possède. Pour être intégré, il ne faut pas nécessairement réunir tous les traits, accomplir tous les critères. Certaines normes sont peu importantes, elles précisent seulement les degrés d'une intégration plus ou moins réussie. D'autres sont essentielles, au point de définir l'inacceptable. C'est à ce niveau que naît l'exclusion.

Parmi les normes fondamentales qui ont déterminé l'exclusion des individus au cours de l'histoire de nos sociétés, le Travail occupe une place privilégiée. Au XVIème siècle, il est encore une obligation imposée par le pouvoir royal à ses sujets afin d'augmenter la richesse du pays. Sous l'Ancien Régime, il est devenu une règle que la population a intériorisée. À l'intérieur de la masse de ceux qui ne jouissent d'aucune rente ou privilège et ne vivent que de leur travail, les individus qui ne font pas d'efforts sont vus comme des parasites et rejetés. Cette réprobation générale est le révélateur de cette norme sociale, qu'on peut appeler la norme Travail. Après la Révolution Française, cette norme est hissée au tout premier rang, loin devant toutes les autres, en étant réinterprétée dans les termes d'un contrat social, c'est-à-dire d'un contrat qui fonde les obligations réciproques de l'individu et de la société : l'individu accepte de donner son travail à la communauté ; en échange l'intégration, la citoyenneté et les droits sociaux sont la récompense de ce travail. Le respect de la norme Travail d'une part, le statut de citoyen d'autre part sont alors pensés comme les engagements du contrat librement consenti, qui fonde la démocratie. Les années 1980 marquent le début d'un décalage entre cette représentation du contrat social, et les normes fondamentales qui déterminent l'exclusion. Repenser l'exclusion, c'est comprendre ce décalage, et en tirer les conséquences.

L'exclusion n'est pas, ou n'est plus la sanction de la société à ceux qui ne font pas leur devoir de travail, pour deux raisons : premièrement, la norme Travail a évolué en s'éloignant des termes d'un contrat social ; deuxièmement, elle se combine désormais avec une autre norme fondamentale, que j'appelle la norme Logement, pour déterminer l'intégration sociale.

Le décalage qui est apparu entre le contrat social de travail hérité de la Révolution et la détermination de l'intégration sociale s'explique parce que la norme Travail ne dicte pas, ou plus, un comportement (travailler), mais qu'elle désigne un statut (détenteur d'un emploi). En effet, depuis la seconde moitié du XXème siècle au moins, la norme pour être intégré n'est pas de "faire quelque chose pour la collectivité". On peut faire beaucoup, s'investir dans une association, cela ne suffit pas si ce n'est pas "reconnu", avec un contrat de travail, un revenu "décent" et des protections sociales. Le travail n'est pas une règle qui dit ce qu'il faut faire, mais une règle qui dit ce qu'il faut avoir : un emploi, ou un statut qui dispense de l'emploi (femme au foyer, retraité...).

Or, avec la crise économique, le chômage et la montée des précarités, la norme Travail devient floue, mal définie : elle tend à inclure des "formes particulières d'emploi", des "stages", des "activités d'insertion" et même la recherche d'un emploi. Une certaine tolérance se développe, chacun admet de plus en plus l'idée que ces activités concernent des individus qui n'ont pas "démérité" et qui peuvent être acceptés socialement. Mais ces formes de "travail" ne déterminent plus l'intégration. Le sentiment qui domine est que les activités qui ne sont pas des "vrais emplois" ne suffisent pas pour être intégré. Quand un gouvernement propose des nouvelles mesures pour l'emploi, sous forme de créations de postes à temps partiel ou de mise en place de nouveaux contrats T.U.C., C.E.S. ou C.I.L. on entend : l'emploi, oui, il faut voir quel emploi ! Cette remarque exprime une réalité : il y a d'autres normes fondamentales que l'emploi, l'emploi ne joue son rôle d'intégration que s'il permet en même temps de respecter d'autres normes sociales, en particulier une autre : l'accès au logement. Qu'est-ce qu'un emploi qui ne permet même pas de trouver un logement ? Cette question, c'est le révélateur de la norme Logement. Bien sûr, le logement a toujours été quelque chose d'important. Mais tant qu'il était une récompense naturelle du travail, un prolongement de l'emploi, il n'était pas une norme fondamentale, il n'y avait pas lieu de lui consacrer beaucoup d'importance dans l'étude du phénomène de l'exclusion. Aujourd'hui au contraire, il s'agit de restituer toute son importance à la norme Logement.

Pour faire saisir ce que j'entends par là, je raconterai une anecdote. En février 1996, dans le cadre d'une recherche sur l'insertion par l'économique, j'ai fait un entretien avec une femme de 37 ans, célibataire, sans enfant, titulaire d'un diplôme B.E.P. "sanitaire et social", résidente d'une petite ville du Pas-de-Calais. Au moment de l'entretien, elle touchait des allocations A.S.S.E.D.I.C. et un complément R.M.I.. Elle me racontait comment elle avait été amenée à faire des missions de travail ponctuelles proposées par une association intermédiaire (en particulier des heures dans .. imprimerie). Depuis son entrée sur la marché du travail, elle n'avait eu que des contrats à durée déterminée non renouvelés, dans le milieu hospitalier et dans un club sportif. Elle avait aussi suivi une formation en bureautique de gestion. Elle disait chercher un contrat à durée indéterminée à temps plein, "au S.M.I.C. au moins", parce qu'elle aurait voulu pouvoir prendre un logement. Sa grande préoccupation, c'était qu'elle devait encore vivre chez ses parents, "en collectivité", qu'elle n'avait pas d'indépendance. Elle se disait prête à déménager, à partir, mais pour "quelque chose de sûr", et elle se plaignait d'être à un niveau inférieur et que "les gens le ressentent". Je lui ai demandé si elle se sentait exclue. Elle m'a répondu que non, parce que "les gens comprennent de plus en plus, avec les statistiques à la télé, les grèves, les manifestations". Je lui ai demandé quand est-ce qu'on était exclu, selon elle. Elle m'a répondu : "oh exclu, c'est quand on est à la rue, enfin quand on ne sait plus où aller. Pour moi, les exclus, c'est les clochards, les S.D.F.".

La place du logement dans ce discours donne une idée de ce que j'appelle la "norme Logement". Il faut avoir un logement pour être considéré par les autres et se sentir soi-même "comme tout le monde", c'est une obligation incontournable pour être intégré, une norme. Pour être accepté socialement, il ne suffit pas d'avoir un lien acceptable avec le monde du travail, mais il faut aussi avoir un logement. Sans logement on est méprisé, rejeté, exclu. Avec un logement qui n'est pas à soi, on se sent inférieur, mal intégré. Le Travail et le Logement sont deux obligations sociales, deux normes fondamentales. Dans la mesure où elles ne vont plus automatiquement de pair, ceci s'oppose aux représentations du contrat social. On aura compris qu'il ne s'agit pas ici de rappeler que le droit au logement (et il faudrait ajouter le droit à la santé, à l'éducation...) sont importants. Il s'agit de montrer qu'on commet une erreur en continuant de présenter les problèmes d'accès au logement comme une simple conséquence des problèmes de l'emploi. C'est vrai que la crise économique, le chômage, ont précédé le développement du phénomène d'exclusion au niveau social. C'est vrai que la perte d'un emploi reste encore souvent le premier pas qui mène à la rue dans la trajectoire des individus. Mais l'exclusion n'est pas seulement un effet de la conjoncture économique et des problèmes matériels rencontrés par des individus ; elle est d'abord une attitude de la communauté vis-à-vis de certains individus, déterminée par des critères d'acceptation ou de rejet. De ce point de vue, le Travail et le Logement sont deux normes fondamentales distinctes, qui génèrent chacune leurs propres mécanismes d'exclusion. L'intégration dépend du respect des deux normes.

Dans le modèle de société qui est en train de disparaître, qu'on appelle la société salariale, l'intégration était entièrement déterminée par la norme Travail, assimilée à l'obligation définie dans le contrat social. Pour l'individu, remplir le contrat, c'était avoir un emploi, ou un statut qui en dispense. Cette condition nécessaire était aussi suffisante pour avoir tous les attributs de l'intégration sociale par le travail, y compris le logement. Dans le cadre des mutations actuelles, la norme Travail s'est brouillée, elle se situe quelque part entre des activités d'insertion et un "vrai" emploi, à temps plein et à durée indéterminée. Certaines activités ne garantissent plus l'accès au logement. L'intégration par le travail n'étant plus garantie, la norme Logement s'est imposée comme une norme fondamentale, une obligation à part entière des membres de la communauté. Mais personne ne peut dire la condition nécessaire et suffisante qui assure d'avoir un logement, en termes d'efforts pour la collectivité .

Les analyses politiques du phénomène de l'exclusion s'embrouillent en superposant les deux systèmes d'interprétation. D'un côté, on trouve les représentations du contrat social, qui ne savent plus quelle définition du Travail adopter mais qui n'arrivent pas à admettre que l'intégration pourrait ne pas être la récompense à des efforts. D'un autre côté, on trouve les images courantes de l'intégration, qui sanctionnent l'acceptation sociale de certains chômeurs et la condamnation de certains autres, suivant les critères les plus répandus des normes Travail et Logement. Quand on réalise que l'appartenance à la communauté n'est pas déterminée par des efforts, par des "faire", mais qu'elle est définie par des "avoirs", on comprend pourquoi certains auteurs en viennent à penser un monde où le travail (en fait l'emploi) disparaît, où il n'y en a plus assez pour tout le monde, alors qu'il y a tellement de choses à faire pour améliorer la vie en société[1]. Cette angoisse, à la limite de l'absurde, révèle une réalité profonde : les conditions qui définissent l'intégration sociale aujourd'hui sont déconnectées du contrat social qui fonde la justification morale de notre organisation sociale. L'idée d'un contrat social où l'intégration est une contrepartie de l'effort en travail bute sur le sentiment que faire des efforts ne suffit pas toujours pour avoir un emploi et un logement - pour respecter les normes Travail et Logement.

Cette analyse peut conduire à des "solutions", si on accepte de reconsidérer la situation sans tabou. L'exclusion se développe à cause de la faillite de l'ancien mode d'intégration mais aussi parce qu'un nouveau est en train de se former, et qu'on n'en tire pas toutes les conséquences. Il faut accepter que la norme Travail a

---

[1] Par exemple V. FORRESTER, qui a publié en 1997 un livre à succès, *L'horreur économique.*

changé, qu'elle n'a plus la même signification, et ne suffit plus à ouvrir les portes de l'intégration. Tout se passe comme si on considérait que la peur de perdre son logement est le moteur qui oblige chacun à continuer à chercher du travail, à faire des efforts pour la collectivité. Raisonner ainsi, c'est s'interdire de lutter efficacement contre l'exclusion. Il faut penser l'accès au logement pour lui-même, le considérer vraiment comme un droit, et pour cela préciser de quel droit il s'agit. Soit c'est un droit inconditionnel, auquel cas il faut déconnecter sa mise en oeuvre de toute référence au marché de l'emploi, et penser l'accès au logement quel que soit le statut par rapport à l'emploi, quel que soit le revenu. Soit c'est un droit conditionnel, et il faut préciser la condition. Si l'accès au logement est subordonné à l'exercice d'une activité, il faut définir l'effort à fournir (quel emploi, quelle forme d'activité, ou quel effort d'insertion ?). Quand cette étape sera franchie, alors on pourra concevoir des moyens adaptés, pour permettre à tous ceux qui remplissent la condition d'accéder à un logement.

Repenser l'exclusion, c'est donc comprendre qu'elle ne doit pas être vue seulement à travers le problème du chômage, et que chercher comme solution un remède ou des palliatifs au chômage mène à une impasse. On ne doit pas seulement chercher à se rapprocher du plein emploi, ou à permettre à tout le monde de garder un lien avec l'emploi pour rester "employable", faire des allers et retours du monde du travail à l'inactivité.... L'ampleur du phénomène de l'exclusion correspond à la difficulté d'aujourd'hui à respecter deux normes sociales, également fondamentales : le Travail et le Logement, dans un contexte de chômage massif et de développement des emplois précaires. Il faut donc à la fois observer la conception de l'intégration sociale qui s'impose dans la société d'aujourd'hui, et faire le choix politique des termes d'un nouveau contrat social. Alors on pourra organiser les moyens pour que la société remplisse sa part de contrat, en intégrant les individus qui respectent les conditions. En tant que sociologue, je m'attacherai surtout au premier point, c'est-à-dire à caractériser l'intégration sociale (dont l'exclusion est le négatif). Dans la mesure où c'est la dimension qu'on méconnait le plus selon moi, je m'attacherai surtout à la norme Logement et à la situation des Sans-Domicile-Fixe, devenus de manière significative la figure emblématique de l'exclusion.

Dans ma première partie, je me penche sur l'image des "S.D.F.". Je reviens d'abord sur les visages de l'exclusion à travers l'histoire, pour évaluer les traitements des siècles précédents à la lumière des objectifs qui leur étaient fixés. Quelles étaient les solutions qu'on proposait, à quel problème ? Montrant que la logique d'évolution conduit depuis les années 1980 à déconnecter du contrat social les normes de l'intégration, je suis amenée à définir les sans-domicile-fixe comme la figure qui symbolise la transgression de la norme Logement. Je pose alors la question du mythe et de la réalité dans les stéréotypes sur les S.D.F., qui m'apparaissent comme une sanction sociale et une étiquette largement infondées. Tous ces éléments contribuent à montrer combien l'exclusion, loin d'être seulement un problème individuel qui se révèle dans un contexte de difficultés économiques, est fondamentalement une réalité sociale, qui trouve son origine dans des mécanismes à identifier.

Ma deuxième partie est consacrée à la vie quotidienne des exclus. Même s'ils sont souvent présentés comme une évidence presque banale, les problèmes pratiques auxquels ils sont confrontés restent mal connus. Geneviève de Gaulle-Anthonioz, présidente du Mouvement A.T.D. Quart Monde, parle ainsi des ministres en avril 1997 : "L'essentiel est qu'ils apprennent ce qu'est le dénuement. Imaginez : lors d'une rencontre avec une de nos délégations, le président François Mitterrand avait avoué qu'il ne savait pas que l'on pouvait enlever des enfants à leur famille à cause de la pauvreté. Sans connaissance, il ne peut y avoir de changement"[2]. Je prends le parti de me focaliser sur les conséquences de l'absence de logement, dans ses deux dimensions essentielles de l'adresse et du toit, et je propose une typologie des S.D.F. basée sur leurs conditions de vie.

Dans ma troisième partie, je commence à tirer les conséquences politiques et pratiques de l'analyse. Dans le domaine du social, J.M. Dutrénit justifie dans un récent ouvrage la place du sociologue dans les débats pour l'action[3]. Je m'attache à montrer l'inadaptation ou le caractère très insuffisant des traitements actuels de la question S.D.F., avant de proposer des pistes qui devront être explorées et des points qui devront être éclaircis, quand le contrat social aura été redéfini. Parmi ces points, il y a les rapports entre citoyenneté, nationalité et résidence ; le partage des responsabilités entre l'État, les collectivités et les associations, en tenant compte des effets pervers de la décentralisation ; je propose des idées pour faciliter les démarches, revoir les politiques d'hébergement et de logement ; enfin j'insiste sur la nécessité de penser des mesures non seulement pour empêcher que de nouvelles personnes soient exclues, mais aussi pour permettre la réintégration sociale de celles qui le sont déjà, en tenant compte de la diversité des situations.

---

[2]Le Monde, Mardi 15 avril 1997, p7.

[3]J.M. DUTRENIT, *La compétence sociale*, Éd. L'Harmattan, col. Technologie de l'action sociale, 1997.

# PREMIÈRE PARTIE

# L'IMAGE DES S.D.F.

## Mythes et réalités

# Chapitre 1

## Les vagabonds à travers l'histoire

Deux figures apparaissent aujourd'hui, chacune à leur manière, comme les ancêtres des Sans-Domicile-Fixe : les vagabonds et les Tsiganes. Mais lorsqu'on jette un pont au dessus des siècles pour assimiler ces catégories et prétendre qu'il y a toujours eu des vagabonds marginaux, on confond trois réalités pourtant distinctes : la première, au niveau des pratiques et des modes de vie, c'est l'existence de personnes qui vont d'endroit en endroit sans s'installer ; la deuxième réalité, au niveau des représentations et du langage, c'est l'existence de catégories qui regroupent ces personnes et les désignent comme différentes par rapport aux autres ; la troisième réalité, au niveau des images que les mots véhiculent et des politiques qui sont menées, c'est le fait que cette différence soit interprétée comme une "marginalité" et traitée comme un problème social.

Il y a toujours eu des pauvres errants mais historiquement, le vagabondage n'a pas toujours été dans les images collectives et le vocabulaire une catégorie bien définie. Cette catégorie s'est imposée d'abord dans les édits et les règlements du pouvoir royal. Au XVIIIème siècle, la lutte contre le vagabondage et la mendicité est devenue essentiellement un moyen de promouvoir tout un système social, le salariat, fondé sur l'obligation d'un travail régulier et stable. Les vagabonds sont les exclus du salariat[1]. L'obligation de travailler, norme juridique définie par les ordonnances royales puis par le Code Pénal napoléonien en 1810, est aussi une norme au sens social : pour être accepté par la communauté comme un

---

[1] cf R. CASTEL, *Les métamorphoses de la question sociale*, 1995.

membre à part entière, un individu doit justifier d'un emploi, ou avoir un statut qui l'en dispense. C'est la norme Travail, dont nous avons hérité puisque c'est elle qui fait associer à l'image de l'exclusion la figure du chômeur longue durée. Quand on aura réalisé que notre manière de voir l'exclusion est une construction sociale, on sera mieux armé pour la penser autrement et peut-être, trouver des solutions à ce défi majeur de notre monde développé, à l'aube du XXIème siècle.

## LES VAGABONDS ET LA NORME TRAVAIL

C'est à la fin du Moyen Âge, aux débuts de ce qu'on appelle l'époque moderne, que le vagabondage émerge comme un problème social, en suscitant un sentiment de menace partagé. Ce problème est associé à l'émergence d'une norme juridique, qui s'impose dans les esprits et se confond peu à peu avec l'obligation sociale de travailler.

### L'Ancien Régime (XVIème-XVIIIème siècles)

Au Moyen Âge, le vagabondage existait dans la réalité mais il n'était pas ressenti comme une menace collective. En effet, il n'était pas bien identifié. L'errance n'était pas nécessairement synonyme de grande pauvreté et d'indigence. Les travailleurs saisonniers étaient nombreux, les croisés faisaient des longs périples. Beaucoup de voyageurs étaient à pied, et la situation des transports rendait difficile la distinction entre les vagabonds et les travailleurs itinérants, les vrais et les faux pèlerins[2]. De plus, pour tous les voyageurs, l'hospitalité était un devoir chrétien. Le pauvre devait être accueilli comme le représentant du Christ sur terre. Les hôpitaux, dirigés par des prêtres et des religieux, servaient de refuge aux gens de passage et aux malades indigents. Dans ce contexte de charité, il n'y avait pas vraiment de répression. La pitié et la tolérance étaient les sentiments dominants[3]. Dans le même temps, on ne connaissait pas vraiment de nomades. Sans-doute originaires de l'Inde, les Tsiganes ne découvrent la France qu'au XVème siècle.

---

[2]cf J.P. GUTTON, *La société et les pauvres en Europe (XVIème, XVIIIème siècles)*, 1974, pp82-91.

[3]cf Michel MOLLAT, *Les pauvres au Moyen Age, Etude sociale*, 1977.

L'aube de la modernité marque un tournant. De nombreux auteurs, depuis M. Foucault[4] jusqu'à R. Castel[5], notent que c'est le pouvoir politique qui prend l'initiative d'une norme juridique, réglementaire. L'ordonnance de Jean le Bon du 30 janvier 1350 condamne le vagabondage et la mendicité. Les textes ensuite se multiplient au XVème siècle. Les Tsiganes en subissent les effets de manière un peu plus tardive[6]. Au XVIème siècle, durant les règnes de François Ier et de Henri II, le pouvoir punit les actes de charité qui encouragent la mendicité, notamment l'aumône manuelle faite en public. La maréchaussée est chargée des arrestations des vagabonds, qui sont passibles des travaux forcés ou même de la galère à perpétuité.

Pour expliquer ces nouveaux règlements, plusieurs explications ont été avancées. Le contexte a pu être déterminant, alors que la peste fait des ravages et la misère s'étend. M. Foucault montre aussi les enjeux politiques[7]. A la fin du Moyen Âge, les États-nations se constituent comme système politique un peu partout en Europe. Le pouvoir royal se renforce au détriment des anciennes seigneuries. Mais sa protection est plus lointaine pour ses sujets, et il doit trouver les moyens de contrôler son territoire. Or les vagabonds et tous les "sans feu ni lieu" (sans foyer ni paroisse bien définis) échappent au contrôle de la société : selon M. Foucault, ceci ne pouvait être toléré par le nouveau pouvoir qui se met en place. Le mendiant ne s'intègre pas non plus au nouvel ordre : il ne contribue pas à la richesse du pays, ni du roi ; il ne paie pas d'impôts. La répression conjointe du vagabondage et de la mendicité participe à la cohérence interne du nouveau système. En insistant plus sur le rôle des acteurs, le sociologue A. Touraine rappelle comment à cette époque l'Etat prend la place de l'Eglise pour structurer la société[8]. Enfin R. Castel associe la question du vagabondage à la revendication fondamentale du libre accès au travail à partir de laquelle la société salariale a pu émerger[9]. Il appuie son interprétation sur les documents de l'époque. D'une part, les édits condamnent les "fainéans". D'autre part ils dénoncent les "estrangers" (les "Bohémiens", les "Egyptiens"). Dès le XVIème

---

4 cf M. FOUCAULT, *Histoire de la folie à l'âge classique*,1972.

5 cf R. CASTEL, *Les métamorphoses de la question sociale*, 1995.

6 Dans un texte spécifique en 1504, Louis XII condamne collectivement les "intrus vagabonds qui se dis(ent) ou se nomm(ent) Egyptiens". Ils sont bannis hors du territoire de l'Etat, sous peine de châtiments corporels. cf Ph de VAUX DE FOLETIER, *Les tsiganes dans l'ancienne France*, 1961, p49.

7 cf M. FOUCAULT, *Histoire de la folie à l'âge classique* , 1991 (1972).

8 cf A. TOURAINE, *Critique de la modernité*, 1992.

9 cf R. CASTEL, *Les métamorphoses de la question sociale*, 1995.

siècle, l'obligation de travail est un des motifs mis en avant par le pouvoir royal pour justifier la répression du vagabondage. C'est ce qui justifie aussi la peine qui leur est bientôt infligée : le travail forcé.

Au XVIIème siècle en effet, Louis XIII lance la politique du "grand renfermement", qui sera reprise et amplifiée par Louis XIV. Il s'agit d'enfermer les mendiants, les vagabonds, les Tsiganes et les fous dans les anciens hôpitaux, transformés en maisons de travail[10]. À une époque où le poids de l'Église est en recul, les hôpitaux sont passés sous le contrôle des laïcs, c'est-à-dire des bourgeois de la ville. Un édit du roi centralise alors en 1656 cinq hôpitaux parisiens sous le nom d'Hôpital Général de Paris. En 1662, une déclaration royale ordonne la création d'un hôpital général dans toutes les villes importantes[11]. Celui de Paris emploie à la fabrication de tapis plus de six mille personnes. Selon M. Foucault, c'est un habitant sur cent de la ville de Paris qui se trouve ainsi en quelques mois, enfermé. Pour ceux qui ne se présentent pas d'eux-mêmes, on organise des rafles menées par les "archers du pauvre". C'est la première fois dans l'histoire qu'on applique un tel traitement "qui semblait assigner une même patrie aux pauvres, aux chômeurs, aux correctionnaires et aux insensés"[12]. Après avoir hésité, l'Eglise se rallie à cette politique. Les pèlerinages sont soumis à l'approbation de l'évêque pour empêcher le vagabondage des faux pèlerins. Les confréries de charité organisent la visite des pauvres, mais seulement s'ils sont chez eux ou à l'hôpital.

L'émergence du Travail comme norme sociale suit les évolutions des initiatives juridiques et réglementaires. Dans les transformations survenues au niveau de l'image populaire des Bohémiens, des vagabonds et des mendiants, on peut voir les effets de la Grande peste au XVème siècle, de l'aggravation du phénomène de la misère qui tend à la rendre insupportable, de la constitution de bandes de brigands. Mais le rappel chronologique suggère que la peur collective et la condamnation des "mendiants

---

[10]Les hôpitaux généraux doivent enfermer les "vagabonds, fainéans, caymands et caymandes, valides et invalides, estrangers et forains". Les "insensés" et les "libertins" les rejoignent bientôt. Cf CIMBER et DANJOU, "Mémoires concernant les pauvres que l'on appelle enfermez", in *Archives curieuses de l'Histoire de France depuis Louis XI jusqu'à Louis XVIII*, mémoires datés de 1617, 1ère série, T. 15, p253 (cité par A. VEXLIARD, *Introduction à la sociologie du vagabondage*, 1956, p114).

[11]cf J. IMBERT, *Les hôpitaux en France*, col. Q.S.J..

[12]cf M. FOUCAULT, *Histoire de la folie à l'âge classique*, 1972, p59.

et vagabonds" doivent beaucoup aux initiatives politiques du pouvoir royal contre le vagabondage et la mendicité[13].

Jusqu'à une époque avancée de l'Ancien régime, les changements de réglementation n'ont pas fait disparaître tout le fonds de croyances et d'attitudes bienveillantes à l'égard du pauvre, du mendiant ou de l'errant. Tous les historiens semblent d'accord sur ce point. Les documents officiels de l'époque déplorent la "fausse compassion de ceux qui donnent l'aumône dans les rues" ou racontent les cas où des passants, voyant un mendiant interpellé, se mobilisent pour le délivrer[14]. Par ailleurs, la population n'est pas hostile aux Tsiganes appelés "Egyptiens", qui sont chrétiens et qui bénéficient de la protection du pape. Les Égyptiens sont aussi protégés par des bourgeois notables et des seigneurs amateurs de spectacles de danse[15]. On constate alors un décalage entre l'image dominante et l'attitude des pouvoirs publics à l'égard des indigents, des vagabonds et des Tsiganes. Pour le dire autrement, le vagabondage est devenu un problème politique avant d'être un problème social.

Les sentiments populaires ont évolué peu à peu, en même temps que la répression s'organisait. Au XVIème siècle, l'idéalisation de la pauvreté est attaquée par les humanistes qui soulignent qu'elle nuit à l'épanouissement de l'esprit. Les journalistes d'alors, appelés publicistes, avancent des arguments de moralité et de religion, en dénonçant les mendiants et les vagabonds comme des païens et des "libertins"[16]. La rumeur se répand que les vagabonds alimentent les bandes de brigands, colportent l'hérésie, sont des agents de la peste. Les vices des vagabonds sont associés à leur oisiveté, suivant l'adage : "l'oisiveté est mère de tous les vices". Les vertus du travail sont exaltées. La littérature populaire met en scène des mendiants simulateurs, des oisifs, des "faux pauvres", comme des aveugles qui retrouvent l'usage de leurs yeux ou des boiteux qui se mettent à courir dès qu'ils reviennent le soir dans le quartier des mendiants - d'où le nom de "Cour des Miracles".

---

[13] On retrouve l'image de l'"entrepreneur de morale" développée par H.S. BECKER dans *Outsiders*.

[14] cf J.P. GUTTON, *La société et les pauvres en Europe (XVIème, XVIIIème siècles)*, 1974, pp115-121.

[15] cf Ph de VAUX DE FOLETIER, *Les tsiganes dans l'ancienne France*, 1961, p105 et p179.

[16] cf J.P. GUTTON, *La société et les pauvres en Europe (XVIème, XVIIIème siècles)*, 1974, pp97-104.

Au XVIIIème siècle, le non respect de l'obligation de travail s'impose définitivement comme l'argument majeur au nom duquel le pouvoir politique mène la lutte contre le vagabondage. On peut le vérifier en suivant la manière dont la catégorie des "mendiants et vagabonds", d'abord floue, se précise peu à peu dans les textes de la répression. Aux termes de la déclaration de 1701, est réputé vagabond "celui qui n'a ni profession ni domicile certain et qui n'est pas avoué et ne peut produire un certificat de bonnes vies et moeurs". Les critères sont encore multiples. Cependant, au fur et à mesure que le temps passe et que les textes se multiplient, ils tendent à être subordonnés à l'exercice d'une profession. La déclaration du 18 juillet 1724 précise les documents exigés : les domestiques qui se déplacent par exemple doivent avoir un "certificat de fidélité" de leur ancien maître ; c'est seulement s'ils n'en ont pas qu'ils sont considérés comme vagabonds. Le texte s'efforce aussi de prévoir le cas des émigrants temporaires "qui ont accoutumé de venir soit pour faire la récolte des foins ou des moissons, ou pour travailler ou pour faire commerce dans nos villes et autres lieux de notre royaume". L'errance en soi n'est donc pas condamnable, si elle était le fait de travailleurs. La déclaration du 3 août 1764 ajoute encore une condition de temps relative à cette obligation de travail : "Seront réputés vagabonds et gens sans-aveu, et condamnés comme tels tous ceux qui, depuis six mois révolus, n'auront exercé ni profession ni métier...".

Les mercantilistes, qui ont élaboré à l'usage du roi une doctrine économique, veulent faire la chasse aux inutiles et mettre tout le monde au travail, pour rendre le pays moins tributaire de l'étranger. On trouve l'influence de ces idées par exemple dans un *nouveau plan de Police sur les Mendiants, les Vagabonds, les Joueurs de profession, les intrigants, les Filles prostituées, les Domestiques hors de maison depuis longtemps, et les Gens sans aveu* proposé en 1764 au gouvernement par M. de la Morandière. L'auteur propose de renforcer la répression et de systématiser l'enfermement pour mettre au travail ces populations : "Si on eut habitué les mendiants au travail, ils seraient devenus, par leurs travaux et par leur industrie, des citoyens utiles, et précieux à la patrie qu'ils dévorent et qu'ils ruinent ; ils contribueraient aujourd'hui et depuis longtemps aux charges publiques ; ils soulageraient conséquemment les contribuables actuels, et augmenteraient considérablement les revenus de la Nation, comme ceux du Roi, par les travaux divers et les contributions personnelles dont ils seraient devenus susceptibles". Ces remarques valent même pour les infirmes et les estropiés : "Il y en aura bien peu parmi eux qu'on ne pourra occuper à ces petits travaux que l'on peut faire avec un bras, ou avec un pied, ou sans pieds, et même sans bras. Tout cela dépendra de l'intelligence des préposés". Si toutefois le moyen "n'était pas du goût du Gouvernement", M. de la Morandière propose une autre alternative pour contraindre les mendiants à travailler : les renvoyer sous une bonne police à leur lieu de naissance et marquer d'un fer rouge et condamner aux galères ceux qui vagabonderaient. Pour ceux qui seraient de bonne volonté en revanche, il recommande des facilités pour les aider à se réinstaller, comme des faveurs fiscales pendant une période de dix ans. Alors, selon lui : "chaque Manufacturier assuré que ces sortes de gens..., pour éviter la punition qui les menacerait, ne changeraient plus de domicile, serait fort aise de les attacher à sa fabrique, au moins pour les gros travaux ; chaque Laboureur les prendrait à son service ou leur donnerait de l'ouvrage chez lui ; tous les états, le Gentilhomme, le Bourgeois, le Cultivateur, et l'Artiste leur donneraient la préférence, s'ils se conduisaient bien, sur beaucoup de leurs anciens ouvriers qui sont pour la plupart Coureurs, Libertins, ou Ivrognes, et sur le travail desquels ils ne peuvent jamais compter, quelque précaution qu'ils prennent pour les fixer". L'auteur énumère alors les avantages pour le Roi : le prix des denrées comestibles baisserait, le prix de la main d'oeuvre aussi, l'excèdent de production serait vendu à l'étranger, au bout de dix ans il y aurait de nouveaux contribuables[17].

Ces arguments manifestent la conscience que l'on a, à cette époque, du rôle de l'Etat dans l'émergence du marché du travail et la naissance du salariat.

Au XVIIIème siècle les hôpitaux généraux, à l'origine prévus pour tous les mendiants, sont désormais réservés aux invalides, aux malades et aux vieillards.Les valides sont alors internés dans les dépôts de mendicité, sortes de maisons de force qui relèvent directement du Ministère. Les vagabonds et les Bohémiens sont destinés à la déportation ou à des peines de galère. Le principe théorique de séparation est : le travail aux valides, les hôpitaux aux invalides, et la déportation à tous ceux qui "résistent aux bienfaits de la loi". Necker décrit ainsi la pratique des dépôts : "L'on y a établi des travaux divers pour les hommes et les femmes : les vagabonds qui s'adonnent à ces occupations avec constance et régularité, sont relâchés plus promptement, et l'on ne retient pas les mendiants qui ont demandé l'aumône par des causes accidentelles..."[18] ; Même le domicile est présenté comme un moyen de vérifier l'ardeur et de la régularité au travail. Comme la débauche est elle aussi présentée comme une conséquence de

---

[17] cf M. de la MORANDIERE, *Police sur les mendians...*, 1764, pp 32, 45, 65-66, 68, 71-72, 73.

[18] cf *De l'Administration des finances de la France*, p165-166.

l'oisiveté, la catégorie "mendiants et vagabonds" est toute entière définie par rapport à l'obligation de travailler.

Le travail est donc une obligation légale, et la répression du vagabondage et de la mendicité au XVIIIème siècle est pour le pouvoir royal le moyen de mettre la nation au travail et de promouvoir le salariat. La volonté d'accompagnement des transformations économiques explique aussi les modalités et les limites de la répression. Comme le marché du travail a besoin de la mobilité, de l'exode rural, les premières manufactures réclamant la main d'oeuvre que constituent les anciens paysans venus tenter leur chance à la ville, les textes prévoient une certaine tolérance pour les travailleurs itinérants et la mendicité occasionnelle.

Mais au XVIIIè siècle, les textes d'époque témoignent encore des efforts faits par le pouvoir royal pour convaincre -au moins ceux qui savent lire- du bien-fondé des mesures de répression. En 1784, Necker justifie les dépôts de mendicité par la nécessité de châtier la mauvaise pauvreté, et il excuse les méprises qui pourraient toucher des familles dont l'homme travaille mais ne touche que "le plus étroit nécessaire" : "Sans doute, le Gouvernement eût voulu ménager cette espèce d'infortunés, dans les premières dispositions qu'il prescrivit pour arrêter le désordre de la mendicité ; mais il est bien difficile de distinguer toujours assez promptement, l'homme digne de compassion, de celui qui demande l'aumône par esprit de paresse et de lâcheté"[19].

Les efforts d'argumentation de l'État ont cependant sans-doute moins convaincu que les mesures de répression, dont l'effet démonstratif fut probablement essentiel. C'est ce que suggère *l'Essai sur la mendicité* de Montlinot en 1786 : "par le mélange des catégories, les dépôts étaient des réceptacles odieux, organisés surtout pour la répression ou l'intimidation"[20]. L'amalgame entre les vagabonds, les fous, les prostituées... était fait pour favoriser la confusion et diffuser une certaine image du vagabondage dans la population. C'est dire que le pouvoir royal a beaucoup fait pour transformer le vagabondage en problème social, et qu'il y a largement réussi.

Au siècle des Lumières, comme un ferment de conciliation entre répression et charité, l'idée se développe qu'il faut distinguer entre les "bons" et les "mauvais" pauvres. Les premiers sont honnêtes et laborieux, pris en charge par les municipalités et les

---

19 cf M. NECKER, *De l'administration des finances de la France*, T. III, chap. XV, pp 159-160 (transcrit ici en orthographe moderne).

20 cité par C. BLOCH, *L'assistance et l'Etat à la veille de la Révolution*, 1908.

âmes charitables[21] ; les seconds sont profiteurs et fainéants, condamnés au nom de la morale, réprimés par les pouvoirs publics.

L'histoire du vagabondage révèle ainsi des transformations profondes dans la manière de considérer et de traiter les vagabonds, les mendiants et les Bohémiens. L'Ancien Régime apparaît à cet égard comme une période charnière. On ne commence pas alors à chercher des solutions à un problème ancien : c'est plutôt une réalité ancienne qui devient peu à peu perçue comme un problème. Le vagabondage devient d'abord un problème politique, parce qu'il représente le non respect de l'obligation de travailler. La répression, inscrite dans les édits et les règlements du pouvoir royal, se heurte alors aux images positives de la pauvreté. Puis la norme Travail se diffuse dans toutes les couches de la population. Par rapport au Moyen Âge, l'historien B. Geremek parle d'un profond remaniement dans la hiérarchie des valeurs liées à la pauvreté[22].Le vagabondage n'a pas toujours été un "problème social", il l'est devenu à partir du moment où il a dérangé non seulement les autorités, mais plus largement l'ensemble de la collectivité. S'il dérange, c'est que l'obligation d'un travail régulier, de simple contrainte exercée par l'État, est devenue une norme sociale. À la fin du XVIIIème siècle, le peuple a admis qu'il doit exercer un travail de manière régulière et justifier de son appartenance à un Etat (la paroisse étant considérée comme un relais local par l'autorité centrale). Les vagabonds sont ceux qui transgressent la norme Travail, et leur image est structurée par ce reproche : ils sont les oisifs, les pervers, criminels puisque "l'oisiveté est mère de tous les vices". Ils sont aussi les étrangers, insaisissables et inquiétants.

Pour évaluer l'efficacité de la répression mise en place avec la politique du grand renfermement, il faut donc voir que son objectif n'est pas tant de faire disparaître le vagabondage que d'asseoir le système du salariat sur des bases solides et de garantir à l'État des ressources - l'échec relatif se mue alors en réussite.

### La Révolution Française et le XIXème siècle

Avec la Révolution française, l'État change de mains. On connaît la volonté des révolutionnaires de prendre en mains leur destin et de tout transformer pour se conformer à leurs idées. Mais

---

21 Dès la XVIème siècle, les secours sont centralisés par l'autorité municipale. Des "bureaux des pauvres" sont créés. Leur premier souci est d'enregistrer les pauvres, parfois même de leur imposer une marque distinctive (comme la fleur de lis sur l'épaule à Lille).

22 cf Bronislaw GEREMEK, *La Potence ou la Pitié*, 1987 (1978), p28.

à propos du vagabondage, ils vont garder l'héritage de l'Ancien Régime, reprendre à leur compte la norme Travail, et la réinterpréter dans les termes du contrat social.

*Répression des vagabonds et assistance par le travail*

Aux origines de la Révolution le problème de la richesse ou de la pauvreté n'est pas central dans les débats : le "droit à subsistance" n'est d'ailleurs pas inscrit dans la Déclaration des droits de l'homme en 1789. L'inégalité des fortunes ne semble pas un mal irrémédiable ; on veut d'abord assurer l'égalité en droit des citoyens et les moyens de l'assurer. Le politique semble plus important que le social[23]. Cependant, selon la formule du sociologue S. Paugam : "L'indigence était pour les révolutionnaires une insulte à l'idéal sacré d'égalité qu'ils proclamaient et la charité cléricale, très insuffisante pour soulager la pauvreté aggravée par la crise économique de la fin du XVIIIème siècle, faisait l'objet de vives critiques"[24]. Par conséquent, le 21 janvier 1790, l'Assemblée constituante crée le Comité pour l'extinction de la mendicité : la misère est ainsi désignée comme un mal qu'il est possible de combattre. Le 6 juin 1790, ce Comité proclame le "droit de subsistance" pour tout être humain. L'assistance, regardée jusque là comme un bienfait, est désormais présentée comme un devoir de la société[25].

Mais si la société a une dette envers chacun de ses membres, les révolutionnaires pensent qu'en retour les individus ont des devoirs à respecter. Le Comité de mendicité, mis en place par l'Assemblée constituante en 1790 et présidé par le duc de La Rochefoucauld-Liancourt, inscrit dans son premier rapport cette formule : "*Celui qui existe a le droit de dire à la société : Faites-moi vivre, la société a également le droit de lui répondre : Donne-moi ton travail.*"[26]. Cette idée exprime la justification politique et morale de la norme, par l'existence d'un contrat social à respecter.

La référence à ce contrat explique que la Bohème, le vagabondage et la mendicité restent réprimés. La Convention interdit et punit le "refus de travailler" ; un décret de 1793 prévoit comme peine la "transportation" à Madagascar. Encore faut-il qu'il

---

23 cf P. ROSANVALLON, "Les irreprésentables", *Démocratie et pauvreté, du quatrième ordre au quart monde*, 1991, p103.

24 cf S. PAUGAM, *La société française et ses pauvres*, 1993, pp 87-88.

25 Cf M. REBERIOUX, dans*Démocratie et pauvreté, du quatrième ordre au quart monde*, 1991.

26 Premier rapport du Comité de mendicité présenté à l'Assemblée constituante le 12 juin 1790, cité par S. PAUGAM, *La société française et ses pauvres*, 1993, p 85.

y ait suffisamment de travail pour tous. La Révolution invente alors l'assistance par le travail. Elle ouvre pour les hommes valides sans travail les "ateliers de secours", qui visent à les occuper à plein temps à des terrassements, des déblais et des remblais (avec un salaire très au dessous du cours normal). Pour ceux que leur statut dispense de travail, les invalides, les secours privés à domicile se développent, les hôpitaux sont humanisés et médicalisés. Les Constituants, sensibles aux critiques des philosophes du XVIIIème siècle qui qualifiaient les hôpitaux de l'Ancien Régime de "tombeaux de l'espèce humaine", transforment les anciens établissements de charité en établissements de soins ouverts à tous (avec bientôt un traitement à part pour les aliénés).

Les révolutionnaires ouvrent donc trois volets d'action : la répression pour les mendiants et les vagabonds ; l'assistance par le travail pour les hommes valides, par les soins hospitaliers ou les secours à domicile pour les invalides ; l'octroi de droits pour tous les citoyens. Le dernier volet n'intègre pas les mendiants et les vagabonds, dont on considère qu'ils ne respectent pas leur part du contrat social, le devoir de travailler. A travers les bouleversements politiques, République, Empire, Restauration, Seconde République, Second Empire, Troisième République, les pouvoirs publics vont rester dans cette logique impulsée par les révolutionnaires.

La répression ne se dément pas. On inscrit même dans la loi ce qui restait jusqu'alors des mesures d'administration et de Police[27]. En 1810, le Code Pénal transforme le vagabondage et la mendicité en délit (art. 269 et suivants)."Les vagabonds ou gens sans aveu sont ceux qui n'ont ni de domicile certain, ni moyens de subsistance, et qui n'exercent habituellement ni métier ni profession". Le vagabondage conduit à la prison. Les mendiants, y compris les malades et les vieillards, sont conduits dans les dépôts de mendicité s'ils sont arrêtés dans un département où un tel établissement existe. Ailleurs, seuls les mendiants "d'habitude valides" sont punis, par des peines d'emprisonnement[28]. L'article 273 précise que les vagabonds ne sont pas punis d'emprisonnement s'ils sont réclamés par délibération du conseil municipal où ils sont nés ou cautionnés par un citoyen solvable. Derrière le domicile et les moyens de subsistance se profilent les statuts qui dispensent du travail (comme celui de rentier) et les tolérances (en particulier, la prise en charge par un citoyen qui respecte le contrat). Mais la référence au métier ou à la profession est essentielle, dans la

---

[27] La croisade de l'Etat-entrepreneur de morale est ainsi gagnée à la manière décrite par le sociologue H.S. BECKER dans *Outsiders*.

[28] cf F. CHAROY, *L'assistance aux vieillards, infirmes et incurables en France, de 1789 à 1905*, 1906, pp55-61.

logique du contrat de travail et de la promotion du salariat que les différents gouvernements s'efforcent toujours de développer[29]. L'organisation des dépôts de mendicité confirme que leur souci reste de mettre massivement au travail la population. Les dépôts de mendicité sont des maisons de travail, les mendiants refusant de travailler ou coupables d'insubordination sont séparés et placés dans des salles de discipline et de correction. Les travaux sont prévus dans des limites telles qu'ils ne puissent nuire aux fabriques ou manufactures du département, en ne fabriquant que des objets propres à la consommation de l'établissement lui-même ou à celle des hôpitaux et des prisons[30]. Ces dépôts restent pour les pauvres une menace tout au long du XIXème siècle, que le pouvoir fait périodiquement ressurgir. Leur nombre varie entre 40 et une dizaine (37 au début du siècle, une dizaine en 1830, 40 en 1870). En 1818, les 22 dépôts en activité recensent plus de 5 400 mendiants, et plus de 600 aliénés[31].

Parallèlement à la répression, l'assistance tend à exclure les "classes dangereuses". Jusqu'aux années 1880 elle reste essentiellement composée d'initiatives privées. Les ateliers de secours pour les hommes valides n'ont guère survécu à la Révolution, faute de temps et de moyens. La distribution des secours par l'Eglise et les bureaux de charité constitue donc l'essentiel de l'aide prévue pour les indigents. C'est l'époque des bals de bienfaisance organisés par les municipalités ; les dames patronnesses, qui sont souvent les épouses du maire et des conseillers municipaux, se chargent de redistribuer l'argent des billets du bal aux pauvres "méritants" de la commune. Pourtant, sous la Troisième République, un tournant est pris. Entre 1880 et 1914, l'Assistance Publique naît pour aider ceux qui se trouvent dans l'incapacité physique de travailler[32]. La loi du 15 juillet 1893 crée dans chaque commune un bureau d'assistance dont la principale fonction est de dresser la liste des indigents de la commune, dite liste d'assistance, qui donne droit à l'assistance médicale. La loi du 14 juillet 1905 sur l'assistance aux vieillards, aux infirmes et aux incurables prévoit des secours pour ceux qui

---

[29]Ces articles sont restés en l'état plus de 150 ans, avant de disparaître dans le nouveau code Pénal en 1993.

[30]cf Jules LE BASTIER, *De l'organisation de l'assistance publique*, v. 1830.

[31] cf LAINE, *Rapport au Roi sur la situation des hospices, des enfants trouvés, des aliénés, de la mendicité et des prisons*" signé du Ministre, Secrétaire d'Etat au département de l'Intérieur LAINE, 1818.

[32]"Il faut que la misère ait une cause physique, qu'elle devienne maladie pour avoir droit aux secours publics". Cf Carmen BERNAND, *Les vieux vont mourir à Nanterre*, 1978, p 220.

justifient de 5 ans de résidence dans la commune. L'Assistance est ainsi construite légalement autour de la notion de "domicile de secours", qui détermine la collectivité locale à laquelle incombe la dépense (à l'époque, la commune). L'Etat est responsable de ceux dont le domicile de secours est le département ou la France entière. Pourtant, si le domicile est de fait, une condition de l'exercice des droits, c'est la norme Travail qui justifie l'émergence de l'Assistance publique et les formes qu'elle prend. Après le Congrès international d'assistance publique et d'assistance privée en 1889, la commission désignée remet son rapport en juillet 1892. On peut y lire notamment : "La France démocratique ne peut laisser plus longtemps à la simple initiative des particuliers, des communes et des départements, trop souvent réduits à l'impuissance faute de ressources, le soin d'assurer des secours aux malades dans le besoin... Il y a un intérêt évident à rétablir le plus rapidement possible les santés atteintes. L'ouvrier est une force, un capital. C'est l'âme de notre puissance agricole et industrielle. Comme toute usine bien organisée, ne devons-nous pas l'entourer de tous les soins nécessaires pour le conserver et le faire durer ?". L'exposé des motifs du gouvernement est tout aussi explicite : "C'est l'atelier de réparation de l'outillage le plus important du travail national, l'outillage humain"[33]. Fin XIXème siècle, c'est donc la référence à un contrat social où l'individu doit travailler pour mériter l'intégration sociale qui alimente les discours politiques sur l'assistance publique.

Le développement des droits du citoyen semble échapper à cette logique. Après une période de suffrage censitaire, dans lequel ni les femmes ni les pauvres ne sont réputés citoyens, la Révolution de 1848 amène l'avènement de la deuxième République. Le suffrage universel masculin est alors rétabli. La seule condition pour pouvoir voter est apparemment la nationalité. Pourtant avec la loi du 31 mai 1850[34], la procédure électorale établit les conditions d'âge et d'habitation qui doivent être respectées. Selon l'article 2, la liste électorale comprend ceux qui sont domiciliés dans le canton ou la commune depuis trois ans au moins. Autrement dit, la procédure électorale construit le citoyen comme un individu territorialisé. Le vagabond et tous les nomades (même français) se trouvent ainsi exclus. Le domicile s'impose ainsi comme condition de la citoyenneté et de l'assistance. Comment l'interpréter ?

---

33 cf Francis HORDERN, "Le droit des indigents aux secours. Naissance de l'assistance publique, 1880-1914", *Démocratie et pauvreté. Du quatrième ordre au quart monde,* 1991, pp 535-548.

34 cf *Les lois françaises de 1815 à 1914, textes réunis et publiés par L. CAHEN et A. MATHIEZ.*

Si on poursuit l'analyse de M. Foucault, le pouvoir disciplinaire accentue son emprise, "fixe" ses sujets. Mais quand la deuxième République qui rétablit le suffrage universel et le conditionne à la notion de "domicile électoral", il faut insister sur la dimension pragmatique et les probables raisons pratiques de son adoption. Le suffrage censitaire réservait le droit de vote aux propriétaires, aux rentiers. A partir du moment où le suffrage universel l'emporte, il faut un critère unique pour tous. Le critère "naturel", c'est l'appartenance à la nation. Pour la vérifier, dans la mesure où les élections sont organisées au niveau local, où il faut aussi prévenir les double votes, le domicile est une procédure qui s'impose. Le domicile n'est donc pas vraiment en soi un problème politique. Il intervient presqu'imperceptiblement, à un niveau caché. Il n'y a pas vraiment une volonté affirmée de la part des pouvoirs publics d'exclure les individus sans domicile mais pour voter, revendiquer un droit ou demander un secours, il faut le faire au lieu du domicile. D'ailleurs, les législateurs n'ont aucune expression pour désigner les personnes qui n'en ont pas comme un ensemble "à part". Au XIXème siècle, le domicile ne s'impose pas en soi comme une obligation juridique, mais plutôt comme un élément de procédure. Il reste une caractéristique secondaire des vagabonds, complètement subordonnée à la norme Travail et à la référence au contrat social qui définit les conditions de l'intégration par le travail.

A l'époque, l'exclusion des Bohémiens et des vagabonds des droits civils et sociaux passe inaperçue, sans-doute parce que le traitement de ces catégories est de toutes façons marqué par le sceau de la répression. Cette répression est justifiée par la norme Travail, qui se superpose désormais avec une certaine idée du contrat social, où l'intégration à la société et les droits civils et sociaux apparaissent comme la récompense des efforts fournis pour la communauté. Elle trouve un large écho dans les attitudes et les représentations populaires, d'après les textes de l'époque et la littérature.

*Les sentiments populaires et les idéologies*

Plus que jamais au XIXè siècle, le vagabondage est assimilé à une "mauvaise" pauvreté.

Dans les trois premiers quarts du XIXè siècle, le romantisme parait propice à l'exaltation de la bohème et du voyage, cependant l'image de l'étranger voleur d'enfants semble largement répandue. La littérature se fait l'écho de ces contradictions : si tout le monde connait la douce Esméralda dans *Notre Dame de Paris*, de Victor Hugo, en revanche, dans d'autres romans comme celui de Walter Scott, *Quentin Durward*, les Bohémiens ont une attitude atroce.

En même temps, la Révolution industrielle fait surgir un nouveau paupérisme, une misère urbaine présentée par "l'opinion bourgeoise" comme par "l'opinion populaire" comme le lit de la criminalité[35]. Pour les partisans du libéralisme économique et politique, le bon ouvrier est laborieux et humble. Son budget est déséquilibré, mais l'homme boit peu et l'épouse va à l'église régulièrement. On le connait, il est honnête et reconnaissant envers son bienfaiteur[36]. Par opposition, les mendiants et vagabonds sont assimilés avec les voleurs, les assassins et les prostituées aux "classes dangereuses", c'est-à-dire l'abîme où le travailleur risque de tomber. Le mendiant est vu comme un agresseur et un escroc. Louis Paulian, gendre de l'économiste F. Passy, se fait passer pour mendiant quelques temps à la fin du siècle pour démontrer la véracité de la rumeur : "Pour le passant, ... tous ces mendiants... qui, d'une voix suppliante, implorent la charité, sont des malheureux qui méritent pitié et assistance. Eh bien ! détrompez-vous, dix fois sur vingt, ces malheureux sont des industriels qui exercent une profession et souvent une profession lucrative"[37]. Quant au vagabond il ne respecte rien, même pas la famille. Dans son célèbre discours du 24 mai 1850, Thiers déclare ainsi : "Il y a une quantité de vagabonds qui ont des salaires considérables, d'autres qui, par des moyens illicites, gagnent suffisamment pour avoir un domicile, qui n'en veulent pas avoir. Ce sont ces hommes qui forment, non pas le fond, mais la partie dangereuse des grandes populations agglomérées, ce sont ces hommes qui méritent ce titre, l'un des plus flétris de l'histoire, entendez-vous, le titre de multitude. La vile multitude qui a perdu toutes les Républiques. C'est la multitude, ce n'est pas le peuple que nous voulons exclure, c'est cette multitude confuse, cette multitude de vagabonds dont on ne peut saisir ni le domicile, ni la famille, si remuante qu'on ne peut la saisir nulle part, qui n'ont pas su créer pour leur famille un asile appréciable : c'est cette multitude que la loi a pour but

---

35 cf Louis CHEVALIER, *Classes laborieuses et classes dangereuses à Paris, pendant la première moitié du XIXème siècle*, 1958. Il cite comme exemple d'opinion bourgeoise l'oeuvre de BALZAC, et comme exemple d'opinion populaire des journaux comme "La ruche populaire" ou le livre à grand succès d'Eugène SUE "Les mystères de Paris"(1842-43).

36 cf la famille que présente le philanthrope L. CHASSIGNET dans "L'allumeur de réverbères",*Les ouvriers des Deux Mondes*, 1895, pp 477-512, cité par A. GUESLIN, "Les élites françaises face à la pauvreté au XIXème siècle. Essai d'analyse".,*Démocratie et pauvreté. Du quatrième ordre au quart monde*, 1991, p526.

37 cf L. PAULIAN, *Paris qui mendie. Les vrais et les faux pauvres. Mal et remède.*, Paris, Ollendorf, 1893, pp20-21, cité par A. GUESLIN, op. cit., p519.

d'éloigner"[38]. Plus que l'oisiveté, le reproche devient soupçon d'activité illégale et condamnable. L'image du vagabond est ici associée à l'enrichissement malhonnête. Les vagabonds sont pire que des fainéants, ils ne sont même pas pauvres : ils sont dangereux, ils se sont enrichis de manière trouble et ils ont choisi de ne pas avoir de domicile pour mieux masquer leurs turpitudes et tromper la compassion du bon peuple. Dans les discours des libéraux, les vagabonds ne sont pas seulement des oisifs qu'il faut mettre au travail : c'est une "vile multitude", une classe dangereuse à éloigner.

Au XIXème siècle, le dénuement des ouvriers favorise, face au libéralisme, la naissance des grandes doctrines sociales, comme les socialismes utopiques ou le marxisme. Pourtant les socialistes n'ont pas une meilleure image des mendiants et des vagabonds. Leur objectif est avant tout défendre les intérêts de la "classe laborieuse", spoliée selon Proudhon, exploitée selon Marx. Le principe de mettre tout le monde au travail n'est jamais remis en cause, ceux qui ne travaillent pas sont considérés avec méfiance ou mépris.

Par exemple, Fourier écrit : "Si pour satisfaire la classe pauvre on lui assure un bien-être, l'avance d'un minimum copieux en subsistance, vêtement etc., ce sera la pousser à la fainéantise ; on en voit la preuve en Angleterre où le secours annuel de deux cent millions aux indigents n'aboutit qu'à multiplier le nombre des mendiants. Le remède à cette fainéantise et aux autres vices qui désorganiseraient l'association, est donc la recherche et la découverte d'un mécanisme d'attraction universelle, transformant les travaux en plaisirs, et garantissant la persistance du peuple au travail, et le recouvrement du minimum qu'on lui aura avancé"[39]. Le mendiant reste donc suspect d'oisiveté et de penchant criminel ; on ne cherche à faire le bonheur que des "producteurs".

Marx aussi, qui focalise son intérêt sur la classe ouvrière, participe à cette image. Dans le *Manifeste du Parti Communiste*, écrit en collaboration avec Engels, il soutient que "seul le prolétariat est une classe réellement révolutionnaire" et ajoute : "Quant au prolétariat en haillons (Lumpenprolétariat), ce pourrissement passif des couches les plus basses de la vieille société, si une révolution prolétarienne pourra le précipiter ça et là dans le mouvement, toutes ses conditions d'existence font qu'il sera plus disposé à se laisser acheter pour des machinations

---

[38] cf L. CHEVALIER, *Classes laborieuses, classes dangereuses*, 1984 (1958), p602.

[39] cf Charles FOURIER, *Le nouveau monde industriel et sociétaire*, 1973 (1845), pp37-39.

réactionnaires"[40]. Dans *Le Capital,* Marx évoque l'"*armée industrielle de réserve*" qui permet aux capitalistes de suivre les fluctuations de l'activité économique et de maintenir des bas salaires. Mais il distingue à son tour des catégories de la misère et note : "Le dernier résidu de la surpopulation relative habite l'enfer du paupérisme. Abstraction faite des vagabonds, des criminels, des prostituées, des mendiants, et de tout ce monde qu'on appelle les classes dangereuses, cette couche sociale se compose de trois catégories...". [41]. Marx reste ainsi tributaire du point de vue dominant sur les vagabonds.

La pitié a-t-elle disparu ? Peut-être pas, mais elle prend une nouvelle forme. Au XIXème siècle, la médecine et notamment la psychiatrie viennent moins transformer l'image des vagabonds que la compléter d'un trait nouveau, en insistant sur leur caractère asocial. Dans les hôpitaux, l'amalgame physique entre les mendiants et les fous prend fin avec la loi de 1838 sur les aliénés, qui consacre la médicalisation de la folie. Mais l'image du vagabond malade mental ne va pas disparaître, bien au contraire. Le Pr. Charcot, fondateur de l'école de neurologie de La Salpêtrière, se penche sur le sort des errants, considérés comme les derniers rebelles à l'ordre industriel. Il invente le concept d'"automatisme ambulatoire", qu'il développe dans ses cours[42]. Si le vagabond marche ainsi, tel un automate, c'est qu'il est fou. D'autres psychiatres de l'époque inventent le terme de "dromomanie des dégénérés".

Au XIXè siècle, le dilemme n'est plus entre une image idéalisée et une image très dégradée des mendiants et des vagabonds. Ils ne sont plus les élus de Dieu, ils ne sont même plus pauvres. Les pauvres, ce sont les ouvriers qui travaillent mais ne parviennent pas à subvenir aux besoins de leur famille. Libéraux et socialistes sont d'accord pour présenter les vagabonds comme des plaies pour la société, des criminels ou des parasites. L'image sociale des vagabonds reste complètement orientée par la norme Travail. La répression est justifiée par la référence au contrat social. Les vagabonds sont ceux qui ne respectent pas leur part de contrat : travailler pour la collectivité. Le seul doute, qui est exprimé surtout par les psychologues et les médecins se résume dans une interrogation que l'on retrouvera au XXème siècle : sont-ils responsables ?

---

40 K. MARX, F. ENGELS, *Manifeste du Parti Communiste,* 1971, (1848), p101.

41 cf K. MARX *Le Capital,* T. III, section VII, chap. XXV (tome publié en 1885).

42 cf J.C BEAUNE, *Le vagabond et la machine,* 1983.

À la fin du XIXè siècle, le vagabondage n'a plus l'ampleur qu'il avait au moment du "Grand renfermement". On considère généralement que les errants disparaissent presque avec la première guerre. Le nombre d'indigents à Paris serait passé de 18% de la population à la veille de la Révolution à environ 5% à la fin du siècle[43]. Les Tsiganes sont une minorité que l'on espère sédentariser[44]. Pour toutes ces populations, la courbe démographique s'effondre au tournant du XXème siècle. Ce recul est pour partie lié aux effets de de la répression. À partir de 1880 jusqu'à la guerre 14-18, une grande chasse aux vagabonds et aux nomades est organisée. Hennion, soutenu par Clémenceau, lance en tant que directeur de la Sûreté une vaste campagne contre eux, qui sera le prélude à la création des brigades mobiles. En 1899, on procède jusqu'à cinquante mille arrestations par an pour motif de vagabondage! Mais la répression existe depuis des siècles, aussi on peut douter que ce soit la seule raison. Dans la mesure où elle a pu empêcher des familles de sombrer dans l'indigence, l'Assistance publique qui se développe est peut être aussi un des éléments qui contribue à expliquer la disparition de fait des vagabonds .

Surtout, la disparition des vagabonds se produit dans un contexte d'industrialisation sans précédent et d'urbanisation massive. Le vagabond était une figure de la campagne, qui cherchait le gîte et le couvert d'un soir dans quelque ferme. L'exode rural a rendu très aléatoire ce mode de vie. Par ailleurs, avec le progrès des transports, le colporteur a été éliminé par le rail et on ne peut plus confondre émigrant temporaire et errant, ce qui facilite les arrestations. Dans le même temps, le système productif peut absorber la demande d'emploi, le travail salarié industriel est devenu plus attractif en termes de rémunérations et de protections qui lui sont associées. On peut donc penser que les anciens vagabonds sont venus gonfler le nombre des ouvriers et ont bénéficié de l'augmentation générale des niveaux de vie - bref, du triomphe de la société salariale. Si le délit de vagabondage sanctionnait le non respect de la norme Travail, la disparition des vagabonds traduit une large acceptation de la norme par l'ensemble du corps social, dans un contexte favorable à sa réalisation. C'est alors le paupérisme ouvrier qui devient la "question sociale"[45].

---

43 cf Francis HORDERN, "Le droit des indigents aux secours. Naissance de l'assistance publique, 1880-1914", *Démocratie et pauvreté. Du quatrième ordre au quart monde*, 1991, pp 535-548.

44 cf la loi de 1912, dont il sera question plus loin.

45 Le problème est toutefois différent. A. Touraine dans ses nombreuses analyses du mouvement ouvrier a montré que les ouvriers ne sont pas exclus, ils ne sont pas en dehors de la société, selon lui parce qu'ils acceptent le "système industriel" et veulent le transformer de l'intérieur. Je le rejoins en disant que les ouvriers sont

Quelques années avant la Première Guerre Mondiale, un auteur publie un ouvrage intitulé *Le vagabond : déchet social*[46]. Ce titre est révélateur, tant du point de vue des représentations sociales que de la réalité du vagabondage à cette époque. Dans les représentations, ce jugement de valeur sanctionne la transgression à la norme Travail et au contrat social. Le domicile, condition d'inscription sur les listes électorales et d'obtention des droits à l'assistance publique, ne s'impose pas dans les représentations collectives, il ne fonde aucune catégorie.

Le vagabondage semble de toutes manières en voie d'extinction. La répression à elle seule, ne pouvait y suffire. La "bonne volonté" des individus à travailler s'exprime dans un contexte favorable, où l'industrie offre beaucoup de travail, où le salariat s'est largement imposé. Le véritable objectif des politiques de lutte contre le vagabondage, à savoir l'affirmation de la société salariale et de la Nation, est en réalité atteint depuis longtemps. La disparition de fait des vagabonds est une conséquence heureuse, dans un contexte économique favorable.

### Des années 1900 aux années 1980

Le XXème siècle semble multiplier les nouvelles catégories de la marginalité et de l'exclusion. Dans la première moitié du siècle, on parle du chemineau, qui est à la campagne et se loue pour des travaux saisonniers ; ou du trimardeur, un ouvrier jeune et rebelle qui va de ville en ville pour chercher du travail (ces termes sont attestés pour la première fois respectivement en 1853, et en 1894)[47]. Mais le principal héritier du vagabond dans un monde devenu essentiellement urbain est le le clochard, défini comme "sans travail et sans domicile" (la première trace écrite du mot remonte à 1908)[48]. Dans les années 1950, la catégorie des "sans-logis" émerge. À la même époque, plutôt que de "Bohémiens" ou de "Tsiganes", on parle de "Gens du voyage". Est-ce à dire que le vagabondage aurait disparu comme problème social, que les normes ont évolué ? Pour répondre, il faut distinguer les différentes catégories, en les situant par rapport à la norme travail et au contrat social.

---

dans la société parce qu'ils respectent la norme Travail. Ce n'est justement pas le cas des mendiants et vagabonds.

46 cf A. PAGNIER, éd. Vigot, 1910.

47 cf *Le petit Robert*, éd. 1986.

48 cf *Le petit Robert* , éd. 1986.

*Les Tsiganes*

Jusqu'au XXème siècle, les Bohémiens sont passibles du délit de vagabondage. Ils vont peu à peu se voir reconnaître un droit au voyage et à la différence.

La première moitié du siècle se situe pourtant dans la continuité des précédents. Sous la pression des parlementaires ruraux, une loi sur le nomadisme est adoptée le 16 juillet 1912. Elle définit comme nomade: "-les étrangers qui circulent en France sans avoir de domicile ni de résidence fixes, -tout individu, même de nationalité française, qui circule en France sans y avoir de domicile ni de résidence fixes, à moins qu'il n'exerce une profession foraine." L'expression "sans domicile ni résidence fixes" s'applique donc d'abord aux nomades. Mais en réalité, ce sont toujours les mêmes critères qui définissent leur identité et justifient la répression : l'appartenance à la Nation et le Travail. En effet, les nomades qui exercent la profession de forains échappent aux obligations prévues par la loi : en particulier celle de posséder un "carnet anthropométrique d'identité", où l'individu est identifié par ses caractéristiques physiques et ses mensurations. Le texte fut taxé de xénophobe, car il voulait surtout atteindre un groupe ethnique déterminé.

Après la deuxième Guerre mondiale, les horreurs de la répression nazie provoquent une réaction émotive : les études se multiplient, avec l'objectif avoué est d'apprendre à connaître ces populations. Ce mouvement est largement encouragé par les pouvoirs publics[49]. L'expression "Gens du voyage" commence à s'imposer, pour désigner un "style de vie" qu'on a du mal à définir, mais qui à la limite n'implique pas nécessairement l'errance. Cette évolution va de pair avec une amélioration du traitement qui leur est appliqué. La loi de 1969 vient remplacer le texte très critiqué de 1912. Le carnet anthropométrique d'identité est remplacé par un "livret spécial de circulation" pour toutes les personnes "sans domicile fixe" s'ils "logent de façon permanente dans un véhicule, une remorque ou tout autre abri mobile[50]". Les politiques menées dans la seconde moitié du XXème siècle sont présentées comme étant conçues *pour* eux, en leur faveur, c'est-à-dire pour les aider et favoriser leur intégration[51].

---

49 cf par exemple les "Etudes Tsiganes" parues avec leur soutien en 1955.

50 cf Loi n° 69-3 du 3 janvier 1969, Article 3, in Code Pénal, Annexes.

51 Les mesures ne sont pas toujours bien accueillies : c'est par exemple le cas des prescriptions ministérielles en matière de création d'aires de stationnement pour les caravanes, en 1972 et 1980 notamment ; beaucoup de maires ont été réticents, quelquefois par réel manque de place ; symétriquement, beaucoup des aires créées se sont révélées inadaptées à l'usage que les Gens du Voyage voulaient en faire. cf *Tsiganes : identité, évolution*, textes réunis par P. WILLIAMS, 1989, notamment

La relative tolérance vis-à-vis de ces populations, corrélative au fait qu'on ne les définit plus principalement par rapport au Travail, ne s'étend pas aux autres catégories.

*Les clochards*

Pour les pouvoirs publics, le chemineau, le clochard... restent passibles du délit de vagabondage défini par le Code Pénal. Il y a des condamnations pour ce délit jusqu'aux années 1980, même s'il y en a de moins en moins. Parallèlement, à la fin du XIXème siècle, la réalité du chômage non volontaire a amené les autorités locales à créer des asiles de nuit, avec des arguments qui sont les mêmes que sous la Révolution : "Les malheureux demandent du travail, et, comme le travail n'est pas organisé, vous conduisez à la misère et à la mort des hommes qui assureraient la richesse du pays. Car la richesse du pays vient du travail... Nous devons développer les asiles de nuit ; et nous pouvons le faire d'une façon qui ne soit pas onéreuse pour la Ville de Paris, du moment que les malheureux recueillis travailleront"[52]. Tout au long du XXème siècle, jusqu'aux années 1980 des "centres d'assistance par le travail" vont ainsi fonctionner. À Paris, il y a le Centre Nicolas Flamel pour les hommes, l'Asile Pauline Roland pour les femmes... Les femmes sont affectées dès leur admission à divers postes de travail, à la crèche, la cuisine, le ménage, la couture, la blanchisserie, elles traitent le linge en provenance des maisons de retraite pour personnes âgées du Bureau d'Aide Sociale. Elles ont une "indemnité journalière d'argent de poche" en fonction de l'assiduité, du rendement et de la motivation au travail[53]. Qu'il s'agisse de répression ou d'assistance par le travail, les pouvoirs publics continuent donc largement à voir et traiter le vagabondage, la mendicité et la pauvreté en amenant les pauvres à respecter leur part du contrat social par le travail.

Qu'en est-il des images collectives qui circulent, des normes sociales ?

Le clochard au XXème siècle n'a pas de domicile, cependant il n'est pas à proprement parler un errant. Il est sédentarisé en ville et généralement toléré, comme faisant partie du décor d'un quartier. Le clochard reste porteur du stigmate de l'oisiveté, avec un

---

"Les Tsiganes en France face aux normes sédentaires", J. CHARLEMAGNE, pp187-195.

52 cf Bulletin Municipal Officiel du 8 novembre 1887, pp 2446-2448, cité par A. DAUVERGNE, *1886-1986, centenaire centre Nicolas Flamel*, p38 (argument donné par M. CATTIAUX, conseiller municipal).

53 cf A. DAUVERGNE, *1886-1986, centenaire centre Nicolas Flamel*, pp125-149.

vice en plus : l'alcoolisme. Mais tout se passe comme si ce vice le rendait inoffensif. Il joue le rôle de figure-repoussoir mais on ne le craint plus. Ce sont ses faiblesses qui l'empêchent d'exercer un emploi. En s'appuyant sur les progrès de la psychologie, on le présente comme un être irresponsable, un "asocial" ou un "doux dingue"[54]. L'imagerie populaire fait du clochard un doux rêveur qui a "choisi" de ne pas travailler pour cultiver la sagesse et la méditation. On retrouve cette figure dans la chanson de Maurice Chevalier "ma pomme".

Les Chrétiens prônent la charité et la tolérance avec les mêmes arguments. En 1978, dans une brochure intitulée : "Clochard, mon ami", Frère Thomas de la Trinité écrit : "Le clochard c'est avant tout un homme qui a sombré, qui a baissé les bras (...). C'est un inadapté social (...). Or, le symptôme principal de l'inadaptation sociale est l'inaptitude au travail"[55]. La brochure recommande d'aider le clochard : le Chrétien doit se référer à l'exemple du Christ "qui a accueilli et aimé d'une manière privilégiée tous les méprisés et les parias rencontrés sur sa route" ; les autres doivent "aider et protéger les inutiles (dans la mesure bien sûr où ils demeurent dans une proportion raisonnable vis-à-vis de la population active)". Selon Frère Thomas, "l'inutile et le gratuit... sont les ingrédients essentiels d'une société de liberté". Aussi il dénonce le faible nombre de services sociaux ou d'oeuvres privées acceptant d'aider les clochards, et le drame de 200 clochardes qui, la nuit de la Saint Sylvestre, ont couché dans le froid et sous la pluie.

Pour les pouvoirs publics comme dans la conscience collective, le clochard est toléré à une condition, il ne faut pas qu'il serve d'exemple. La norme Travail et le contrat social par le travail restent le ciment de la société salariale, de la société de consommation. Les "indigents valides" restent des "mauvais" pauvres ou des "anormaux". On trouve au fond les mêmes réactions qu'au XIXème siècle. Mais entre la condamnation des oisifs et la pitié pour les asociaux, c'est ce dernier volet qui l'a emporté. Par rapport au vagabond, la figure du clochard présente quand même des changements. D'abord, on le définit comme un "sans travail", c'est-à-dire que la norme Travail glisse déjà du "faire un travail" à "avoir un emploi". Ensuite, la raison avancée pour justifier la norme a changé : au XVIIIème siècle, il s'agissait de contribuer à la richesse de l'Etat et de son Souverain ; Au XIXème

---

54 c'est le titre du premier chapitre de l'ouvrage d'A. VEXLIARD, *Le Clochard, Etude de psychologie sociale* , 1957, p35.

55 cf Frère THOMAS de la Trinité, *Clochard, mon ami,* 1978.

siècle, il fallait participer aux efforts productifs de la communauté, pour prétendre en retour à des droits ; à la fin des années 70, il faut contribuer au développement de la société de consommation. La tolérance vis-à-vis du clochard est rendue possible par le faible attrait de leur condition. La société salariale est suffisamment bien installée pour se permettre de ne pas contraindre les quelques marginaux, qui sont discrédités de toute manière aux yeux des foules par leur niveau de vie et leur mode de vie. La misère est une punition suffisante ; il faut avoir un travail pour la conjurer.

*Les sans logis*

Dans les années 1950, la crise du logement propulse sur le devant de la scène deux nouvelles figures : le pauvre sans-logement, et le pauvre mal logé. La France se relève péniblement de la guerre. Certaines villes ont subi de graves destructions. L'exode rural est considérable et le nombre de logements nettement insuffisant pour faire face à cette demande nouvelle. L'hiver 53-54 est l'occasion d'une prise de conscience collective du problème du logement.

Cette prise de conscience collective est liée à l'action d'un homme, ancien député, abbé, qui utilise pour diffuser ses idées et faire partager ses indignations les médias : la radio, et les journaux surtout. Cet homme, c'est l'Abbé Pierre. Dans des conférences qu'il donne en diverses villes de France de Février à Octobre 1954, il dit par exemple : "Lorsqu'il arrive que des petits enfants meurent dans une catastrophe quelque part sur la terre, par un raz de marée comme en Hollande, un tremblement de terre comme en Grèce, les inondations dans les Indes, quand une catastrophe de la nature se produit, c'est cruel, c'est horrible, c'est affreux, de voir mourir tant d'innocents, de voir tant de personnes perdre le fruit de leur travail, mais nous disons, après leur avoir de notre mieux apporté notre secours et montré notre amitié : "ce n'est la faute de personne". Par contre, lorsque c'est dans un pays comme la France qu'il arrive que des petits enfants de familles d'ouvriers, de travailleurs honnêtes, des gens qui ne sont ni des vagabonds ni des fainéants, meurent de froid ou de faim, lorsqu'il arrive qu'on ramasse dans les rues de Paris, morts de froid, des vieillards qui avaient travaillé toute leur vie, nous sentons au fond de nous -et il faut que nous sentions très profondément au-dedans de nous-mêmes- qu'en réalité, c'est cruel, c'est horrible et affreux, mais nous sentons que c'est pire encore parce que c'est idiot, parce que cela se produit dans un pays où, nous le savons bien, si les choses étaient conduites avec du coeur, du courage et de l'intelligence, ce serait impensable que cela puisse se produire"[56]. Pour l'Abbé Pierre, les morts par le froid sont une monstruosité, surtout quand le drame est si proche. Mais il ne remet pas en cause l'importance du Travail pour fonder l'intégration sociale ; bien plutôt, il s'en sert. C'est par la tension entre l'image traditionnelle du clochard oisif et la réalité d'ouvriers sans toit, qu'il caractérise la figure nouvelle du sans-logis comme un scandale et un problème social et moral.

La dimension morale est très claire dans certains discours : "Parmi les sans-logis, parmi les malheureux, c'est vrai qu'il y a des gens tarés, mais ce qu'il y a de vrai aussi, c'est qu'il n'y en a pas plus parmi les sans-logis qu'il n'y en a parmi les gens de salons et parmi ceux des bureaux d'affaires. La vérité, c'est que c'est la même humanité, ce sont les mêmes personnes, ce sont les mêmes coeurs, humains, avec des vices et des défauts. Bien sûr que, parmi les sans-logis, on en trouve qui se saoulent. Avec ça que, de l'autre côté, il n'y en a pas qui se saoulent au cocktail et au champagne ! La vérité, c'est qu'il y a des vertus et des vices des deux côtés...'"[57]. Pour l'abbé Pierre, la morale a pour ainsi dire changé de camp : si les sans-logis et les mal logés ne sont pas plus "mauvais" que les autres, l'idée d'une culpabilité reste mais elle est portée par les pouvoirs publics, à cause de la politique du logement qu'ils mènent ; et les Français ne disant rien sont leurs complices. L'Abbé Pierre dans les mêmes conférences veut exiger des élus qu'ils bâtissent autant en France qu'en Allemagne : "C'est cela la démocratie. C'est à nous de veiller. C'est à nous de prendre conscience. C'est à nous de commander et d'exiger"[58].

On peut encore citer la fameuse lettre de l'Abbé Pierre au Ministre en 1954, publiée dans toute la presse (on la trouve par exemple dans une brochure de vulgarisation publiée aux Editions du Seuil en 1954, *L'hiver est pour demain*). "Monsieur le Ministre, Le petit bébé de la Cité des Coquelicots, à Neuilly-Plaisance en Seine-et-Gise, mort de froid dans la nuit du 3 au 4 janvier pendant le discours où vous refusiez les "Cités d'urgence", c'est à 14 heures Jeudi 7 janvier qu'on va l'enterrer. Pensez à lui. Ce serait bien si vous veniez parmi nous à cette heure là. On n'est pas des gens méchants. On ne vous recevra pas mal, croyez moi. On sait bien que "vous ne vouliez pas ça" en renvoyant ceux qui couchent sous les ponts au sortir de l'usine. On sait bien que vous ne saviez pas...

---

56 cf *L'abbé Pierre vous parle*, Textes rassemblés par Melle M. C. REPLAND, 1955, p29.

57 cf *L'abbé Pierre vous parle*, Textes rassemblés par Melle M. C. REPLAND, 1955, pp 29,30-31,33.

58cf *L'abbé Pierre vous parle*, Textes rassemblés par Melle M. C. REPLAND, 1955, pp32-33.

On vous emmènerait après, voir de vos yeux Pomponne, et ses quatre-vingt gosses d'ouvriers dans la forêt, et les terrains qu'à force de souffrance et de labeur on est en train d'acheter justement pour le rêve d'une cité d'urgence. Vous verriez nos premières maisons à 300 000 francs qui ne sont pas indignes de Français, après avoir vu leurs indignes cabanes... Ce serait bon. Ne soyez pas une seconde fois l'homme qui aura dit Non...". Cette lettre pose un problème, et exige un traitement : la construction de logements et d'abord de cités d'urgence en 1954.

Les années 1950 ont fait émerger le logement comme un problème social. La menace que les sans-logis représentent, à cette époque, c'est l'image d'un monde où le travail ne suffit plus à assurer le logement et l'intégration, d'un monde où l'intégration à la société salariale ne permet plus de conjurer la faim et le froid. Mais la solution a passé par la construction de logements, dans une période où il y avait de l'emploi, où on avait besoin de bras et où les salariés voyaient leur niveau de vie augmenter. Quand la situation du marché du logement s'est assainie, la figure des sans-logis s'est estompée. Dans les années 60 et 70, on se souvient peut-être qu'à un moment, le travail ne suffisait pas à conjurer l'exclusion, mais on pense que c'était conjoncturel, exceptionnel : c'était "après la guerre".

Au milieu des années 70, l'image de la marginalité est à nouveau entièrement définie par la norme Travail et la référence au contrat social lié au travail. Le clochard est vu comme celui qui n'a pas le courage ou l'envie de travailler, soit qu'il a "baissé les bras", soit qu'il a "choisi la cloche". A côté de cette figure, on découvre les bidonvilles et le "quart-monde" dans les années 1970 pour désigner ceux dont la situation est expliquée par le cumul des handicaps et la misère héréditaire.

Le recours à l'histoire permet de déconstruire le mythe d'une image naturellement immuable du vagabondage. Les figures de la pauvreté changent, mais elles gardent un point commun avec celles héritées du XVIIIème siècle : l'image qu'elles véhiculent et les traitements qui leur sont appliqués sont orientés par la référence à l'obligation de travailler, assimilée à un contrat social. Les représentations collectives ont adopté et intériorisé la norme juridique imposée par les gouvernements successifs. C'est la norme sociale Travail qui structure les représentations de la marginalité et de la misère.

Les années 1980 et 1990 marquent un tournant qui ne prend plus son origine dans une croisade politique mais dans les représentations sociales. Les médias dénoncent d'abord la "nouvelle pauvreté" issue de la crise économique ; parmi ceux qu'elle englobe, l'attention se fixe de plus en plus sur les Sans-Domicile-

Fixe, qu'on distingue des clochards. L'expression, qui désignait dans la loi de 1912 les Gens du voyage, est maintenant utilisée pour parler des pauvres qui sont à la rue, qui squattent, qui sont en foyer d'hébergement. Pourquoi ? On peut déjà suggérer une réponse. L'expression est adoptée par les administrations au milieu des années 1950. Par exemple, à Paris, on a vu qu'à la fin du XIXème siècle, il existe des institutions "d'assistance par le travail". Pour guider vers ces institutions, les mairies d'arrondissement ont mis en place des guichets d'accueil, de secours et d'orientation. Avant les années 1950, il y a les "bonnes" et les "mauvaises" mairies et, là où l'accueil est plus favorable, on rencontre davantage de demandeurs. En 1954, alors que le problème des "sans-logis" occupe le devant de la scène, on décide de tout réorganiser en envoyant les personnes qui ne sont pas domiciliées au bureau d'aide sociale de l'arrondissement déterminé par leur initiale patronymique. Les "A" vont au 20ème arrondissement, les "B" au 19ème... les petits arrondissements (3ème, 2ème et 1er) ont les lettres terminales, quelquefois groupées sur un seul car peu courantes : V.W.X.Y.Z. C'est à cette époque, à l'intérieur de ces structures, que l'appellation "sans-domicile-fixe" s'impose[59]. En effet, il n'est pas question pour les municipalités d'aider des "vagabonds" puisque le vagabondage reste un délit, sanctionné dans le Code Pénal. En revanche, les Tsiganes sont désormais tolérés, la loi de 1969 consacre le droit d'être "sans-domicile-fixe". Les administrations appliquent alors le terme aux populations dont elles s'occupent, parce qu'ainsi leur action devient légale (elles n'aident pas des "vagabonds", mais des "sans-domicile-fixe")[60].

Dans les années 1990, cette catégorie s'impose avec force. Que faut-il en penser ? Quel problème social recouvre-t-elle ? Quels sont les objectifs des acteurs sociaux ? Il faut poser toutes ces questions avant de proposer des solutions.

## LES S.D.F., LA NORME TRAVAIL ET LA "NORME LOGEMENT"

L'idée que je vais développer ici est qu'à côté du chômeur "longue durée", le S.D.F. aujourd'hui est devenu une figure emblématique de l'exclusion parce que le Logement est une norme

59 cf F. VIEILLE, "Evolution et fonctionnement de la permanence d'aide aux hommes sans domicile fixe du Bureau d'Aide Sociale de Paris", in A. DAUVERGNE dir., *Centenaire centre Nicolas Flamel*, pp 247-273.

60 d'autres administrations ont très tôt utilisé ce terme, notamment les hôpitaux, pour la même raison sans-doute.

sociale, au même titre que le Travail. C'est pourquoi il ne sera pas ici question de l'augmentation du nombre de S.D.F. mais des manières de penser l'intégration/exclusion, des normes que la collectivité impose aux individus pour les accepter comme membres à part entière. L'émergence d'une norme sociale se situe dans les représentations sociales ; de ce point de vue, plus que le nombre de S.D.F., ce qui compte c'est leur visibilité, l'importance qu'on leur accorde socialement, et le fait qu'on les définisse par leur rapport au logement.

Les S.D.F. sont exclus juridiquement, même si aucune loi ne les condamne, parce que les procédures, les règlements, exigent comme préalable à l'exercice des droits civils et sociaux de présenter des justificatifs de domicile. Mais les S.D.F. sont aussi exclus socialement, parce que le logement s'impose dans les esprits comme une attente forte, que chaque individu doit satisfaire pour son propre compte. Travail et Logement sont deux attributs obligatoires pour être considéré, dans les représentations sociales, comme un membre à part entière de la communauté. Contrairement à ce que l'on pense souvent, ce ne sont pas deux facettes du même problème mais deux questions distinctes, qui nécessitent d'apporter des réponses chacune pour elle-même.

Après avoir tracé la genèse de la norme Logement et l'avoir définie, je montrerai sa présence et son importance dans l'inconscient collectif, en analysant les discours de deux acteurs majeurs de la société française contemporaine : les députés à l'Assemblée nationale et les médias.

### La norme Logement

Contrairement à la norme Travail, la norme Logement n'a pas été imposée par une volonté politique. Mais alors, comment a-t-elle pu prendre tant d'ampleur ? Pour l'expliquer, il faut prendre la mesure de la déconnexion entre logement et travail. Le logement était important avant, mais son importance était masquée par le lien systématique que l'on établissait entre avoir un logement, avoir un emploi, travailler. Dans ce contexte, l'apparition de formes d'emploi et de revenus qui ne permettent plus nécessairement d'accéder à un logement est essentiel. Autant que les revenus de transfert comme le R.M.I., les "petits boulots" ont été fatals à l'assimilation de la norme Travail et du contrat social, ils ont mis en lumière que pour être intégré, avoir un rapport reconnu au travail ne suffit pas : il faut aussi avoir un logement. Les médias, qui emploient l'expression relativement tardivement (dans les années 90 seulement à la télévision, alors que les députés l'emploient en 1988) sont surtout intervenus comme des instruments d'amplification.

On aura compris que l'expression "norme Logement" ne se limite pas aux règles de comportement et aux manières d'agir : pour être intégré socialement, il ne faut pas "faire" ou s'abstenir de faire quelque chose, mais on doit nécessairement avoir un logement. Aujourd'hui, à côté des sans-travail, les sans domicile sont devenus un vrai problème social. De même que le Travail est assimilable à une norme[61] - les chômeurs étant stigmatisés comme fainéants, "bons à rien" ou "inadaptés", et dès lors, rejetés symboliquement[62]-, de même, le Logement revêt le sens ou la forme d'une norme dans la mesure où la possession d'un toit et d'une adresse constitue une règle sous-tendue par des attentes particulièrement fortes, dont la violation peut être socialement dénoncée. L'absence de logement entraîne un discrédit largement partagé dans la collectivité.

Ces éléments posent la question des formes nouvelles de la cohésion sociale aujourd'hui et des représentations du lien social. Cette question, on la formulera plus précisément en se demandant par quoi s'opère le basculement dans un monde différent de celui des normaux. Est-ce l'absence de travail, l'absence de logement ? La réponse est souvent la suivante : c'est à cause de la situation sur le marché de l'emploi qu'il y a des problèmes d'accès au logement. La multiplication des S.D.F. n'est que la conséquence d'un chômage qui n'est plus compensé par des soutiens familiaux. Mais, du fait de la précarisation, différents cas de figure infirment ou compliquent ce schéma explicatif : un "petit boulot" ne suffit pas à payer un loyer ; un jeune à la rue ne peut pas trouver d'emploi ; un chômeur ne devient pas obligatoirement S.D.F. Au total, le lien emploi- logement se brouille. Petit à petit, dans les représentations sociales et dans les discours, la figure du S.D.F. se détache de l'emploi, pour être définie de plus en plus nettement par rapport à un "problème du logement", perçu comme spécifique. Cette dissociation et cette autonomisation se traduit par l'émergence, à côté de la figure emblématique du chômeur et surtout du chômeur de longue durée, de celle du "Sans-Domicile-Fixe". Qu'à l'expression "nouveau pauvre", omniprésente au début des années 1980, et utilisée pour désigner les agents sociaux que la perte de leur emploi avait conduit à la misère, se soit substituée, depuis le début des années 1990, le vocable "Sans-Domicile-Fixe", qui fait référence à l'absence de logement, ne relève pas du hasard.

---

61Dans la ligne de l'interactionnisme symbolique.

62On peut noter que ce n'est pas le fait de travailler mais celui d'avoir un emploi, qui est valorisé. Cette remarque renforce le parallèle avec l'obligation sociale d'avoir un logement.

L'observation empirique conforte l'hypothèse d'une évolution des images de l'exclusion, et du glissement d'une identité par le travail à une identité par le travail et le logement. Mais cette norme, comment est-elle définie ?

Un article des Cahiers *du travailleur social* (Automne 1990) propose la définition couramment admise par les services d'aide sociale : "*Le Sans-Domicile-Fixe est défini par l'absence de 'domicile de secours'. Cette notion est précisée aux articles 192 et 193 : le domicile de secours détermine la collectivité publique à laquelle incombe la dépense d'aide sociale liée à l'intervention auprès d'une personne ou d'un groupe familial. Le domicile de secours est départemental*[63]. *Il s'acquiert par une résidence habituelle de trois mois dans un département, et se perd par une absence ininterrompue de trois mois, ou par l'acquisition d'un autre domicile de secours...*".

Mais que traduit l'expression : "résidence habituelle de trois mois dans un département" ? Il n'y a pas d'interprétation unique. Une enquête de terrain révèle que la quittance de loyer est toujours acceptée, mais qu'en est-il des quittances d'hôtel ? Au début des années 1990, dans le Bureau d'Aide Sociale du 18ème arrondissement de Paris, on les accepte, mais à condition qu'il s'agisse toujours du même hôtel (voire qu'il y en ait plusieurs, mais toujours dans le 18ème !). On accepte aussi les certificats d'hébergement, si la personne qui héberge produit les justificatifs ; mais le service "enquêteurs-visiteurs" du B.A.S. fait alors les vérifications par des visites à l'improviste, pour dépister les "certificats de complaisance". L'enquêteur vérifie que le nom de l'hébergé est bien inscrit sur la boite aux lettres, et interroge le concierge ou le voisinage pour savoir s'ils le voient régulièrement...

Ces sources de confusion s'ajoutent à d'autres. Par exemple, sur les tableaux des recensements I.N.S.E.E., l'expression "sans-domicile-fixe" recouvre aussi les gens du voyage et les mariniers. Les consignes données aux agents recenseurs lors du recensement général de la population en 1990 montrent bien la confusion au niveau des termes. En effet, on lit en annexe, au sujet du recensement des habitations mobiles : "*On classe dans cette rubrique non seulement les caravanes, mais aussi les roulottes, les bateaux et de façon générale tous les abris mobiles utilisés comme logement. Par convention (voir remarque ci-dessous) les sans-abri y figurent également*"[64]. La perplexité est d'autant plus grande que

---

63 Depuis 1935.

64 cf *Manuel de l'agent recenseur*, Recensement général 1990, INSEE, document interne, p 84.

la catégorie des "sans-abri" excluent les squatters, et ceux qui habitent dans des logements surpeuplés ou hors norme[65]...

Il faut, pour éclaircir les débats, distinguer deux volets d'une définition. Le problème de l'adresse administrative est déterminant dans toutes les procédures légales concernant l'exercice des droits civiques et sociaux. Par ailleurs, quand les médias se mobilisent pour dénoncer ceux qui meurent de froid, le sans-domicile-fixe n'est manifestement plus définie par l'adresse, mais par l'abri, de toit. Ce sont les deux dimensions, abri et adresse, qui définissent la "norme Logement".

Cette réflexion permet de comprendre les ambiguïtés apparentes dans les pratiques administratives. Par exemple, dans les services de l'Aide Sociale à Paris, celui qui est dans un squat est considéré comme un "Sans-Domicile-Fixe" parce que son toit n'est pas "reconnu" , c'est-à-dire associé à une "adresse fixe". Les squatters savent que pour "légaliser" une occupation, il faut pouvoir mettre un numéro de rue à l'habitation et un nom sur la boite aux lettres. Symétriquement, à Paris, l'adresse d'une association de quartier suffit pour être renvoyé pour tout secours vers les services spécialisés dans l'accueil aux S.D.F. ("il n'y habite pas vraiment"). Une personne qui est hébergée par des parents ou amis disposés à le déclarer par écrit n'est pas "S.D.F." (car le toit et l'adresse coïncident). La personne qui est hébergée dans un foyer et qui a élu domicile auprès d'une association à une autre adresse est considérée comme S.D.F. ; mais pas celle qui est pour six mois dans un Centre d'Hébergement et de Réinsertion Sociale et qui peut recevoir le courrier à la même adresse, selon l'appréciation des employés de mairie.

Il faut toutefois encore s'interroger sur la question du délai, que la loi prévoit au sujet du "domicile de secours". Le domicile de secours se perd au bout de trois mois. Mais dans la pratique, dès qu'une personne se trouve sans logement, elle est partout rejetée et renvoyée vers les services spécialisés dans l'accueil aux S.D.F.. Par ailleurs, les personnes victimes d'un sinistre (incendie, effondrement...) sont généralement placées rapidement dans un hôtel, où elles font suivre leur courrier : dans le cas contraire, leur situation ne présente pas une différence de nature avec les S.D.F.

Un sans-domicile-fixe est donc une personne qui, à un moment donné, n'a plus à la fois une adresse, et une habitation à cette adresse.

---

[65]cf *Les sans-logis,* Rapport établi par le Groupe d'étude sur les sans logis, Programme de recherches coordonnées dans le domaine social, Les éditions du Conseil de l'Europe, pp 18-20.

Cette définition permet de distinguer le S.D.F., de la personne hébergée ou qui risque de perdre son logement, ou de celle dont le logement n'est pas tout à fait "aux normes". Dans ce cas, il s'agit de "mal logés" (cette catégorie se définit elle-même d'après des exigences concernant la qualité de l'habitat). Malgré l'accord très large qu'elle semble recouvrir, je dois reconnaître qu'elle n'est pas totalement satisfaisante. Mais elle ne peut pas l'être, pour une raison qui caractérise toutes les normes : leur caractère toujours mouvant, "en construction". L'existence de la norme Logement n'est pas mise en cause. Simplement, il apparait que "la" norme n'est pas tout à fait fixée et que sa définition est encore l'enjeu de luttes ; c'est une des raisons essentielles des approximations dans les définitions qui circulent.

Parmi ces approximations, on peut noter que la définition ne permet pas de distinguer nettement les "S.D.F." et les "gens du voyage". De fait l'expression définit encore ces derniers dans la loi de 1969, et les deux populations sont parfois confrontés aux mêmes problèmes[66] Mais les "gens du voyage", depuis la seconde guerre mondiale en particulier, se sont vus reconnaître un statut à part. Ces remarques mettent sur la voie d'un aspect implicite de la définition. Dans la société française contemporaine, le toit n'est pas seulement une protection contre les intempéries : il constitue également un espace de vie privée, dont l'adresse symbolise la reconnaissance sociale. La norme Logement correspond ainsi à la légitimité de jouir d'un "chez-soi", d'un espace d'intimité. Dans le cas des "Gens du voyage", la caravane est reconnue comme lieu de vie privée. En ce sens, plutôt que de parler de "sans-domicile-fixe" à leur propos, on pourrait parler de : "avec domicile roulant". Par opposition, les S.D.F. sont des sédentaires déracinés. Ainsi, on peut compléter la définition en restituant aux mots "toit" et "adresse" leur signification symbolique : le toit symbolise l'espace de vie privée, et l'adresse la reconnaissance sociale d'une légitime jouissance de cet espace. Le S.D.F. est ainsi un individu sans espace de vie privée légitime.

### Normes et contrat social

Quand certains observateurs prétendent que l'exclusion n'existe pas, parce que les exclus font en réalité partie de la société et parce qu'ils sont la partie immergée de l'iceberg des précarités, ils oublient que l'exclusion a d'abord une portée symbolique, qu'elle existe parce qu'elle s'impose dans les consciences, dans nos consciences. À ce niveau, la question des sans-domicile comme

---

66 cf *Tsiganes, identité, évolution : Actes du Colloque pour le trentième anniversaire des Etudes Tsiganes*, dir.: WILLIAMS Patrick, 1989.

révélateur de la "fracture sociale" dans la campagne présidentielle du candidat Jacques Chirac en 1995 montre la reconnaissance d'un lien de plus en plus étroit entre exclusion et logement.

C'est là le sens de la thèse de l'affaiblissement de la "norme Travail". Cette thèse ne signifie pas sa disparition, mais sa conjugaison avec les attentes relatives à la norme Logement. Cette dernière est elle-même au principe, dans les représentations sociales, d'une autre dimension fondamentale de l'intégration et, corrélativement, d'une nouvelle figure de l'exclusion. Aujourd'hui, la norme Logement se trouve hissée au niveau de la norme Travail (et leurs effets se cumulent), c'est pourquoi l'étude de l'exclusion sociale doit se pencher sur cette nouvelle ligne de partage commandant dans les esprits l'intégration à la société. C'est dans cet esprit qu'on étudie le discours d'un acteur collectif majeur, à la fois parce qu'il a une fonction de représentation des citoyens dans une démocratie politique et parce qu'il exerce un pouvoir d'élaboration du Droit : l'Assemblée Nationale.

*Le discours des députés*

Les débats relatifs au texte de loi sur le Revenu Minimum d'Insertion de 1988[67] sont révélateurs de la manière dont les députés perçoivent l'enjeu de l'exclusion, qu'ils abordent à partir de la notion "d'insertion". La lecture des débats que je propose s'efforce de préciser la relation établie entre travail et insertion d'une part, logement et insertion de l'autre.

Du travail à l'insertion

Au début, les députés ne reconnaissent pas le logement comme un critère d'intégration essentiel. L'emploi est posé comme objectif de toute politique sociale, et l'idée d'insertion est considérée comme indissociable du travail. Le travail est la voie légitime pour acquérir un revenu, le revenu étant l'indice et le moyen de l'intégration. Ces idées sont présentes dans tous les discours des responsables politiques. Dans ces conditions l'accord pour que le niveau du R.M.I. soit sensiblement inférieur au S.M.I.C., se réalise sans opposition majeure. Le risque évoqué par le gouvernement socialiste est celui d'une désincitation au travail alors que certains députés socialistes préfèrent invoquer la question de la "dignité" de ceux qui travaillent. Les députés de l'opposition U.D.F.-R.P.R. ne contestent pas le bien-fondé de ces arguments, et seul le Parti Communiste propose des montants plus élevés (3 000 F) mais qui demeure là encore en deçà du S.M.I.C..

Ce consensus ne va pas sans ambiguïtés. Si tous les partis insistent sur l'idée que l'instauration du revenu minimum

---

67 Il s'agit des débats de première lecture.

d'insertion est seulement un pis-aller, s'ils le présentent comme une solution d'attente orientée vers la recherche d'un emploi et d'un revenu grâce à leur travail, les discours confessent souvent prêcher un idéal, malheureusement inaccessible, contredit par une réalité rebelle faite de chômage "involontaire" et de l'impuissance des politiques.

*J.P. Sueur*, P.S., p 693, (séance du 5 octobre) : "Ce n'est pas à court terme que chacun, dans ce pays, aura un emploi, ni même sa part d'activité, d'insertion professionnelle effectives".

*F. Perrut*, U.D.F., p 705, (séance du 5 octobre) : "Nous sommes bien obligés de constater que les conditions économiques traversées -et durables- ne permettent plus de satisfaire ce droit au travail pour chacun."

L'affirmation des valeurs du travail est ainsi tempérée par des références implicites ou explicites à la situation sur le marché de l'emploi. D'où des "aménagements" avec l'idéal et avec le principe selon lequel le travail doit être considéré comme la condition du revenu. Ces aménagements aboutissent en fait à la remise en cause de la superposition entre norme Travail et contrat social. L'insertion joue alors un rôle de transition : elle permet, à la fois à l'opposition R.P.R., U.D.F. et U.D.C., mais aussi au gouvernement socialiste et à sa majorité, de rester dans la logique du contrat social par le travail, mais elle ouvre aussi la possibilité pour certains élus du P.S. et pour le P.C. de raisonner dans le cadre d'une autre contrat, fondé sur le "droit à l'existence".

La première conception de l'insertion - la plus conforme à la norme Travail - conditionne le revenu à des "activités" d'insertion. Elle est défendue surtout par des représentants du R.P.R.

*J. Godfrain*, R.P.R., p 700, (séance du 5 octobre) : "En aucun cas, le lien entre revenu et activité ne doit être rompu. Rien ne serait plus grave que de laisser se développer l'idée folle selon laquelle il serait possible en France d'être payé à ne rien faire. Au revenu minimum doit être indissociablement lié une activité minimum".

*J.P. Delalande*, R.P.R., p 695, (séance du 5 octobre) : "Il y a risque à créer une simple allocation sans mettre en avant l'insertion ou ne la rattacher qu'artificiellement à un revenu pour faire "comme si"... Il me paraît préférable - et c'est aussi le sentiment de mes collègues du groupe R.P.R. - de créer les conditions... d'une insertion et sur cette base, d'un droit à revenu minimum comme si cette insertion était un travail normal..."

Mais un premier glissement est perceptible à partir du moment où s'impose l'idée que l'insertion n'est pas nécessairement professionnelle, et qu'elle peut aussi être "sociale".

*J.Y. Chamard,* R.P.R., p 689, (séance du 5 octobre) : "Mais au fait, qu'entendons nous par insertion ? Si l'on veut être au plus près des problèmes à traiter, il est indispensable de mettre en oeuvre une très grande variété de solutions. Cela pourra aller de la cure de désintoxication ou du cours d'alphabétisation jusqu'à une occupation à temps partiel dans une collectivité locale, une association voire -et ce sera une nouveauté- une entreprise agréée pour accueillir des personnes en voie de réinsertion".

*D. Cacheux,* P.S., p 822, (3ème séance du 11 octobre) : "On ne peut pas écrire noir sur blanc dans un texte : l'insertion, c'est ça... C'est d'imagination dont nous devons faire preuve... Il peut s'agir simplement, avant même d'une insertion professionnelle, d'une insertion sociale. Regardons la réalité sur le terrain. Certaines familles ont totalement perdu la notion des horaires, de l'obligation de vivre normalement, de se lever le matin, de faire sa toilette etc.. On pourrait exiger d'une famille qu'on réinsère que, en contrepartie, elle reprenne l'habitude d'envoyer les enfants régulièrement à l'école, d'aller à des réunions de parents d'élèves. Les formes peuvent être multiples".

*J. Toubon,* R.P.R., p 823, (3ème séance du 11 octobre) : "(l')insertion peut prendre, comme l'ont dit très justement Mme Cacheux et M. Sueur, beaucoup de formes, (mais principalement et par essence la forme du travail)".

En dépit de leurs divergences politiques, ces parlementaires ont en commun de rester dans la logique du revenu lié à une contrepartie ou à un "effort". Pourtant même les plus "orthodoxes" en viennent à reconnaître que le Travail-emploi ne peut pas ou ne peut plus rester la seule voie légale pour accéder à un revenu.

Entre "droit au travail" et "droit à l'insertion", le glissement était inévitable. Ou bien le problème était simplement nié par une assimilation de l'insertion à un travail, ou bien il était résolu par un élargissement de la notion de travail, ce qui débouchait sur l'enjeu de la définition du travail.

*J.P. Delalande,* R.P.R., p 696 (séance du 5 octobre) : "Notre proposition de loi, en mettant l'accent sur (la primauté de l'insertion), ne fait que mettre en oeuvre un droit inscrit dans le préambule de la Constitution de 1946 selon lequel tout Français a droit à un travail. Dans notre esprit, encore une fois, c'est sur la base de ce droit à l'insertion qu'est accordé le revenu minimum. C'est pourquoi nous aurions préféré parler de la création d'une "activité minimum d'insertion" donnant droit à un revenu minimum d'insertion..."

*J. Toubon,* R.P.R., p 831 (3ème séance du 11 octobre) : "L'insertion et le revenu minimum passent par une extension, un développement, de la notion d'emploi et de celle de travail... Il faudra veiller à ce que ce texte... permette bien la multiplication des activités d'insertion, car la solution du problème réside dans le minimum vital et... dans le développement d'un nombre suffisant d'activités d'insertion, de petits boulots et d'emplois temporaires".

A travers la référence à des "activités d'insertion", on constate donc à la fois un attachement au contrat social basé sur le travail mais aussi une certaine mise en cause de la norme, au moins sous sa modalité d'emploi salarié à temps plein et à durée indéterminée.

D'autres députés (P.S. ou P.C. mais pas seulement) mettent plus radicalement en cause les schémas antérieurs, en avançant une seconde conception de l'insertion, vue comme un objectif pour la collectivité.

*J.C. Boulard,* P.S., p 692 (séance du 5 octobre) : "Rappelons tout d'abord clairement que la réinsertion n'est pas une contrepartie... mais une obligation complémentaire de la collectivité à l'égard des personnes aujourd'hui sans emploi".

*U. Battist,* P.S., p 695, (séance du 5 octobre) : "Je ne comprends pas ce discours sur une insertion "pénitentielle". Les pauvres, il faut quand même qu'ils paient quelque chose si on leur donne à bouffer, n'est-ce pas ? C'est inadmissible ! L'insertion vise à dispenser les gens du recours au revenu minimum d'insertion et pas du tout à exiger d'eux une contrepartie..."

Que l'intégration sociale puisse se penser hors statut du travail est justifié au nom d'une "compensation" au droit au travail et surtout d'un "droit à la vie".

*J.C. Boulard,* P.S., p 692 (séance du 5 octobre) : "Les constituants de 1946, en même temps qu'ils consacraient le droit au travail, avaient suffisamment de lucidité pour savoir qu'il n'était pas toujours facile de donner un contenu concret à ce droit garantissant un emploi. Ils ont donc proclamé un droit au revenu de remplacement qui s'analyse comme un droit à réparation au profit de ceux qui se trouvent dans l'impossibilité d'exercer leur droit au travail".

*R. Bachelot,* R.P.R., p 657, (2ème séance du 4 octobre) : "L'essentiel c'est que le droit au travail est inscrit dans la Constitution et qu'il doit être honoré ou compensé. Le citoyen privé de ressources a un droit à faire valoir qui n'est pas uniquement un droit à subsistance, mais qui commence quand même par là et qui est tout autant un droit à la dignité."

*F. Perrut,* U.D.F., p 705 (séance du 5 octobre), (après avoir rappelé que les "conditions économiques" ne permettent plus de "satisfaire (le) droit au travail pour chacun) : "D'où la nécessité de créer en quelque sorte un droit de substitution au droit au travail, un droit que je qualifierai de droit à la vie."

*J. Le Garrec,* P.S., p 644, (1ère séance du 4 octobre) : "Poser le problème du revenu minimum d'insertion, c'est poser à la fois celui du droit à la vie et celui du droit à la citoyenneté."

Face à la réalité du marché de l'emploi, les députés en viennent donc à poser comme priorité le "droit à la vie" et à la citoyenneté. Autrement-dit, ils pensent qu'on peut et qu'on doit considérer des individus comme membres de la société même quand il n'y a pas de participation reconnue à la richesse productive de la Nation, s'il y a un "effort d'insertion". C'est-à-dire qu'ils mettent en cause la définition de la norme Travail, et qu'ils dessinent les contours d'une nouvelle norme Effort d'insertion. Mais pour autant, ils ne parviennent pas à éclaircir le rapport avec le contrat social par le travail. Pour combattre l'exclusion, il faudrait que l'effort d'insertion attendu suffise pour être intégré. Or, ce n'est pas le cas : il y a une autre dimension du lien social.

L'insertion par le logement

L'analyse des débats parlementaires montre que sur tous les bancs de l'Assemblée, l'intégration sociale est associée à la possession d'un logement.

*R. Bachelot,* R.P.R., p 658, (2ème séance du 4 octobre) : "Avant même un salaire, la réinsertion passe par un logement décent et la perte de celui-ci signifie une marginalisation inexorable, même avec des ressources".

*E. Koehl,* U.D.F., p 707 (séance du 5 octobre) : "Au-delà du R.M.I., au-delà des procédures de réinsertion, le logement et le droit au logement sont la base de la lutte contre la précarité".

*B. Desrosier,* P.S., p 663, (2ème séance du 4 octobre) : "Si l'on veut bien considérer que l'insertion sociale, c'est aussi, et d'abord, un logement correct, l'articulation doit être trouvée entre le droit au logement et le droit au revenu minimum".

*M. Jacquaint,* P.C., p 724 (1ère séance du 10 octobre) : "Il y a des mesures à prendre pour que les familles qui vont bénéficier du revenu minimum d'insertion ne soient plus menacées de saisie, d'expulsion, de coupures de gaz et d'électricité. Si l'insertion veut bien dire ce que cela veut dire, je vois mal comment une famille pourrait se réinsérer si on lui en retire toutes les possibilités".

On voit la confusion entre insertion, effort d'insertion, et intégration sociale. L'insertion, interprétée comme droit de vivre et d'avoir un revenu même quand on n'a pas un emploi, est synonyme d'intégration sociale, donc elle tend à impliquer l'accès à un logement. Mais si c'est le cas, le contrat social par le travail pourrait s'en trouver menacé. La contradiction apparaît particulièrement dans le débat sur le montant de l'allocation. Le R.M.I. en effet est une allocation différentielle, c'est-à-dire que son montant (en 1988, 2000 francs pour la première personne au foyer, 1000 francs pour la personne suivante, 600 francs par unité supplémentaire) n'est versé en totalité qu'aux personnes et familles considérées comme "sans revenu". Pour les individus ou les familles dont les ressources sont inférieures aux minima fixés, l'Etat s'engage à verser "seulement" la différence. D'où le problème des modalités de calcul des ressources "avant R.M.I.". La question du logement intervient alors. Faut-il intégrer les aides au logement dans les ressources ? Un exemple chiffré permettra d'expliciter rapidement l'enjeu. Une personne seule avec une pension de 1500 francs par mois, et aucun autre revenu, percevra au titre du R.M.I. : 2000-1500=500 francs. Si outre sa pension elle perçoit 600 francs au titre de l'aide au logement, et si cette aide est considérée comme une ressource, elle ne touchera plus rien. Pour un loyer de 1000 francs par mois, il ne lui restera pour vivre que (1500+600)-1000=1100 francs. A ce raisonnement, qui s'inscrit dans la logique du droit à la vie, le ministre Claude Evin va en opposer un autre, inspiré par le référent travail. Les revenus d'une famille avec deux enfants, bénéficiant d'une aide au logement d'un montant de 1000 francs vont être de (2000+1000+600+600)+1000=5200 francs. Or, ce montant vient télescoper le revenu d'une famille dont le chef est au S.M.I.C., ne percevant pas d'aide au logement.

Lors des débats parlementaires, dans une logique implicite de contrat social, le revenu minimum est pensé comme devant rester inférieur au S.M.I.C.. L'emploi est la voie royale d'intégration, celle que l'on souhaite valoriser. Mais pour insérer les sans-emploi, on est près à admettre que des "efforts d'insertion" peuvent suffire. La question du droit au logement met en cause le fragile équilibre construit pour laisser le travail au coeur du dispositif. Si l'allocation du R.M.I. doit permettre l'accès au logement, son montant pour un couple avec enfants atteindra au moins le S.M.I.C. En revanche, l'idée d'un revenu "pour vivre", calculé "hors logement", avancée par certains implique que l'intégration présuppose le logement. Le logement apparait donc bien alors comme un autre élément essentiel dans la représentation symbolique de l'appartenance à la collectivité.

Au nom des exigences du contrat social par le travail, la loi sur le R.M.I. retiendra en définitive de n'intégrer que partiellement les aides au logement dans le mode de calcul des ressources. La crainte de mettre en péril le contrat social, associée au glissement de sens de la norme Travail, empêche de tirer les conséquences de la norme Logement, dont l'importance semble s'être imposée à tous.

*C. Evin,* ministre, p 719 (1ère séance du 10 octobre) : "Nombre d'entre vous, de divers horizons politiques, ont souhaité un cumul total (du montant versé au titre du R.M.I.) avec les aides au logement. Je vous ai dit notre souci d'éviter tout "télescopage" par rapport aux ressources d'un foyer au S.M.I.C.. J'ai même été étonné d'entendre certains intervenants demander le cumul avec toutes les prestations sociales et s'interroger dans le même temps sur les risques de désincitation au travail... Je vous confirme donc que le Gouvernement ne retiendra pas l'hypothèse d'un cumul total...".

*M. Jacquaint,* P.C., p 661, (2ème séance du 4 octobre) : "Le système se heurte à ses propres limites. Le gouvernement ne souhaite pas que les familles en difficulté aient plus de 80 p. 100 des ressources d'une famille de smicards, d'où de multiples contorsions intellectuelles... Prendre en compte ces allocations (l'A.P.L. et les prestations familiales) dans le revenu minimum revient à exclure une grande partie des familles du dispositif, en particulier ces milliers de familles qui arrivent à peine à joindre les deux bouts...".

*J.Y. Chamard,* R.P.R., p 743 (2ème séance du 10 octobre) : "Le débat commence à s'éclairer. En commission on avait beaucoup parlé du problème de l'allocation logement et on n'y voyait pas très clair... Aujourd'hui, nous sommes au coeur de la réalité, et il faut aller jusqu'au bout, monsieur le ministre. Et la réalité, quelle est-elle ? C'est ce qui a été écrit dans la "Lettre aux Français" - à "tous" les Français. Selon la logique, ainsi que l'ont dit tous les orateurs, le logement, c'est quelque chose de différent. Je suis président d'une société d'H.L.M. et je sais que mes locataires ne touchent pas l'A.P.L.. Mais le vrai problème, c'est que si l'on applique le système de 2000 francs, plus 1000 francs plus n fois 600 francs on risque dans certains cas excéder le S.M.I.C.... Ayez le courage de le dire ! Excluons le logement et ce sera plus clair pour tout le monde car on saura alors ce que rapporte le R.M.I. hors logement !"[68].

(Après les précisions données par le ministre sur le forfait d'abattement sur les aides au logement, J.Y. Chamard calculera que le R.M.I. hors logement sera de 1860 francs pour un isolé, de 2520 francs pour un couple, de 3000 francs pour un couple avec une personne à charge - ce qu'il considérera comme n'étant "pas nécessairement mauvais". Cf 2ème séance du 10 octobre, p 744).

---

[68] Cette citation semble indiquer que l'accent mis sur le logement dans ces débats n'est pas une volonté délibérée des parlementaires, mais que l'importance du logement s'est plutôt imposée à eux au cours de leur réflexion sur les moyens d'assurer l'intégration de tous les Français.

L'analyse du discours politique manifeste la montée en puissance de la "norme Logement" dans les représentations liées à l'intégration/exclusion. Les discussions autour des contreparties du revenu, de la prise en compte des aides au logement dans le calcul des ressources... révèlent que le logement est quelque chose "à part" ("*c'est différent*" , dit Jean-Yves Chamard). Il apparait à côté des activités d'insertion comme un autre élément fondamental dans les représentations de l'intégration sociale. Tout se passe comme si un élargissement s'opérait dans les critères qui déterminent le sentiment et la définition de l'appartenance à la communauté. Cet élargissement a d'ailleurs pour effet l'émergence des "Sans-Domicile-Fixe" dans le débat.

*G. de Robien*, U.D.F., p 698 (séance du 5 octobre) : "Et comment le R.M.I. touchera-t-il les "sans-domicile-fixe", cette couche de population de plus en plus jeune et de plus en plus nombreuse ?"

*J.P. Delalande*, R.P.R., p 763 (2ème séance du 10 octobre), après que *C. Evin*, Ministre, ait expliqué que la demande d'allocation doit être adressée "à la commission locale d'insertion dans le ressort de laquelle réside l'intéressé" : "- En ce qui concerne les S.D.F. !

(Réponse de *C. Evin)* : - Ce problème sera résolu puisque le Gouvernement propose que les S.D.F. soient rattachés à une association agréée par le Préfet".

Dans ces discours, les Sans-Domicile-Fixe apparaissent comme une population marginalisée, même parmi les pauvres. Ils sont tellement exclus qu'on a du mal à penser une politique qui les intègre. A travers leurs hésitations, il apparaît aussi que cette exclusion n'est pas le fruit d'une volonté politique délibérée, elle est plutôt une réalité qui s'impose aux députés.

En effet, les députés s'empêtrent dans des exigences contradictoires. Ils n'arrivent pas à déterminer si l'insertion est un droit pour les membres de la collectivité, ou une exigence préalable, un effort qu'il faut demander avant d'intégrer, parce qu'ils pensent à la fois qu'il faut récompenser le travail, et qu'on ne peut plus exiger des citoyens qu'ils aient un emploi pour les intégrer. En fait, ils ne remettent pas vraiment en cause le contrat social par le travail, et ils entretiennent une confusion entre avoir un emploi, faire des activités, et faire des efforts, comme le montrent les différences d'interprétation de la notion d'insertion (économique ou sociale).

Les députés ont aussi l'idée que l'intégration nécessite d'avoir un logement. Or, dans la logique du contrat social par le travail, le logement est une récompense qu'il ne faut pas donner trop facilement. D'où les ambiguïtés quand il s'agit de penser les aides au logement. Comme ils considèrent implicitement l'emploi comme le vrai travail, ils ne parviennent ni à renoncer à l'idée d'une contrepartie, ni à la définir. Et comme certains emplois permettent tout juste d'avoir un logement, ils s'interdisent eux-mêmes de penser que la contrepartie mal définie pourrait faire mieux. Par conséquent, ils s'interdisent de penser les moyens de résoudre le problème. On voit pourquoi il est nécessaire de redéfinir les termes du contrat social, avant de concevoir les moyens d'assurer l'intégration si la contrepartie est réalisée (par exemple en précisant s'il faut faire des efforts pour toucher le revenu minimum, lesquels, et en prévoyant systématiquement des possibilités d'accès au logement pour ceux qui n'ont que cette ressource).

*L'analyse des médias*[69]

L'analyse des articles de la presse écrite confirme l'émergence de la norme Logement dans la conscience collective, ainsi que les glissements de sens de la norme Travail et la confusion qui règne entre ce qu'il faut avoir et ce qu'il faut faire pour avoir, dans les représentations de l'intégration / exclusion. La figure du Sans-Domicile-Fixe apparaît dans les années 1990 comme un révélateur de la norme Logement et de l'importance qui lui est désormais reconnue, à côté de la norme Travail.

Les nouvelles figures de la crise ont d'abord été définies par rapport à la norme Travail-emploi. Le "nouveau pauvre" dans les années 1980, c'est celui qui n'a plus des revenus réguliers liés à son activité professionnelle. Les articles qui utilisent cette expression s'attardent sur la question du chômage ou des emplois précaires.

*Le Quotidien de Paris,* mardi 24 février 1987 : "Le nombre des "nouveaux pauvres" apparus à la fin des années 70 ne cesse, lui, de grossir... Le processus de cette paupérisation est à peu près connu. Il y a d'abord la perte de l'emploi...".

*La Vie ouvrière,* 23-29 décembre 1985, p16 : "D'où viennent-ils, ces "nouveaux pauvres ? Ils ne sont pas descendus d'une autre planète ! Si un nombre de plus en important de sans-travail se trouvent dans une situation dramatique... (les responsables sont le patronat, etc.)... Cependant, les sans-travail ne réclament pas de charité. Ils veulent trouver un travail..."

*Le Monde diplomatique,* juillet 1985, p19 : "C'est la croissance elle-même, inlassablement, qui crée des "nouveaux

---

69A titre d'exemple, sachant qu'il ne s'agit pas d'un échantillon construit scientifiquement, j'utilise ici les résultats d'une analyse de contenu des dossiers "Quart Monde" et "sans-abri" dans la revue "infopresse" de la Bibliothèque G. Pompidou à Paris, complétés par la retranscription et l'analyse d'émissions télévisées.

pauvres"... Les exclus du travail se retrouvent avec des revenus à la fois incertains et chichement accordés... La pauvreté qui s'étend pose le problème du droit à l'emploi".

Toutefois, au fur et à mesure que l'on avance dans la décennie 1980, les "Sans-Domicile-Fixe" deviennent la figure symbole de l'exclusion. Dans les années 1990, ils tiennent le haut de l'affiche. A la télévision, les émissions qui leur sont consacrées se multiplient après le reportage "Passagers de nuit" du le magazine *Envoyé Spécial* en février 1992 sur France 2 (qui décrit l'évacuation des S.D.F. de l'aéroport de Roissy en décembre 1991). Dès les premiers grands froids et les premiers morts qu'ils provoquent, les "S.D.F." font la "une" des journaux. *Macadam* en 1994 inaugure l'apparition de multiples journaux "pour S.D.F." (en fait, vendus à la criée par des sans-domicile-fixe)...

Leur appellation même est un indice qu'ils sont caractérisés par le rapport au Logement. Les articles et les émissions télévisées s'attardent alors sur les problèmes spécifiques posés par l'absence de logement, les morts dues au froid en hiver, bien sûr, mais aussi les difficultés quotidiennes comme la consigne pour poser ses affaires, l'absence d'endroit pour se reposer. On trouve aussi, de plus en plus, le thème de l'engorgement du marché du logement.

*L'Express,* 14 janvier 1993, p59 : "Un mort en hiver... "Mort de froid et de misère physiologique", a seulement constaté le médecin, au matin du 29 décembre, après avoir examiné Patrick Mabille. Il avait trente cinq ans. C'était la première de douze victimes..."

*L'Evénement du Jeudi,* 23 au 29 juillet 1987, p26-27 : "Domicile fixe : une consigne de gare... "La consigne, c'est notre repère" (repaire ? ), indique Jean-Louis. Un placard, un refuge, le seul lieu fixe d'une vie de couple. Avec Yvette, ils y amassent toutes leurs richesses : Butagaz, vêtements, casseroles... Bernard... n'a plus où aller. Les centres d'accueil ne permettant pas le dépôt d'effets personnels, il a, lui aussi, entassé sa vie dans une consigne automatique... Le phénomène n'est pas propre à la gare Saint-Lazare : 40% des 5 900 casiers parisiens sont occupés par des habitués".

*Macadam journal,* 15 octobre-15 novembre, (n°5 consacré au Logement), édito, p3 : "L'hiver, synonyme d'angoisse pour au moins un million de sans logis -ou de mal logés de France, de Belgique... ce dossier veut relever toute la symbolique du toit dans notre société. Sans "maison", sans point d'attache, comment se construire une vie, comment pouvoir se structurer son existence, comment songer à un autre avenir que celui, immédiat de trouver un endroit où poser son balluchon la nuit ?".

*Libération,* mercredi 6 janvier 1993, p3 : (une photo de femme, avec cette légende) : "Isabelle, S.D.F. à Montreuil. En 1990, on a construit 100 000 logements aidés de moins qu'en 1980". (En dessous, cet article) : "Des maires à l'Etat, chacun se renvoie la balle. Le gouvernement n'arrive pas à pallier le manque de logements...".

*Le Parisien,* lundi 22 novembre 1993, p2 (à propos des premiers morts de froid de l'hiver, et des campagnes de sensibilisation menées) : "A quoi bon tout cela, dirait l'abbé Pierre, qui n'a pas hésité hier à parler de "bouffonnerie" en évoquant la situation d'un pays qui s'étonne de compter autant de sans-abri alors qu'il ne construit plus de logements ou presque. Hier, le gouvernement réuni en séminaire est tout de même convenu que la solution passait d'abord par la construction de logements".

On voit le lien étroit entre la figure des S.D.F. et la norme Logement : il faut avoir un logement pour respecter la règle du jeu social ; la catégorie S.D.F. désigne les personnes qui n'en ont pas et qui pour cette raison, sont exclus. Le fait de ne pas avoir de logement suffit à faire de quelqu'un, un exclu.

Pour autant, le fait d'avoir un logement ne suffit pas à être intégré. C'est à ce niveau qu'intervient la norme Travail. Le logement s'impose comme une dimension essentielle de l'exclusion, mais l'attention qui lui est portée ne diminue pas celle portée au chômage dans l'actualité et dans les médias : d'ailleurs, s'il fallait mesurer l'importance de chaque norme au nombre d'articles ou d'émissions consacrées respectivement au chômage et au logement, la norme Travail resterait incontestablement vainqueur d'une telle comparaison.

Cependant, la place du chômage dans les médias n'est pas seulement un reflet de la norme Travail. Elle traduit aussi une idée, celle que l'exclusion prend sa source dans la situation de l'emploi. C'est justement là qu'intervient la confusion. L'importance reconnue au logement, la catégorie S.D.F. qui vient symboliser l'exclusion, sont difficiles à concilier avec l'idée que l'accès au logement dépend "naturellement" d'un emploi. La contradiction apparente alimente les doutes. Comment justifier la place qu'on accorde au logement, si la vraie cause de tout est le chômage ?

Cette interrogation n'est pas absente dans les médias. Le passage de la figure des "nouveaux pauvres" à celle des S.D.F. s'accompagne d'une évolution dans les manières de raisonner. Alors qu'au début des années 1980, le chômage était systématiquement présenté comme le premier pas vers la nouvelle pauvreté, dix ans plus tard, on présente le logement et le travail comme deux éléments qui s'entraînent mutuellement dans un cercle vicieux de l'exclusion. Au lieu du "sans travail, pas de logement", à propos des S.D.F., on lit de plus en plus souvent : "sans logement, pas de travail, sans tràvail, pas de logement".

*Le Point,* 9 janvier 1993, p53 : "Malgré l'instauration du R.M.I. et le développement des allocations, le cercle de l'exclusion ne s'est jamais brisé : le chômage durable entraîne parfois la perte du logement. Et celle-ci, en retour, interdit de retrouver un emploi : "Quand on va se présenter pour un travail, explique cet habitué des centres d'accueil, l'employeur vous demande votre adresse. Si vous donnez celle d'un foyer, vous n'avez jamais plus de nouvelles.""

*Le Figaro,* mardi 5 janvier 1993, p9 (citation de Michel Lefebvre, secrétaire général d'Emmaus) : "Un chômeur sans domicile ne peut pas trouver de travail et sans travail il ne peut pas trouver de logement. Sa situation est bloquée."

*La Rue,* n°1, 21 octobre 1993, p5 : "Dans les conditions actuelles, un sans-domicile désargenté qui a la possibilité de travailler, pas forcément dans Paris, ne pourra pas prendre un petit déjeuner et une douche gratuite car les services sociaux n'ouvrent pas avant huit heures du matin... Si, le soir, il ne peut se présenter à 19 heures au plus tard dans un des services proposant des repas gratuits, il jeûnera encore. Et, à cette heure, il n'y a hélas plus de douches gratuites. Le comble est qu'il passera la nuit dehors : évidemment il a raté l'heure de la fermeture des centres... Et le linge ??? Comment le laver, alors que les rares machines à laver gratuites gratuites ne sont accessibles qu'aux heures de bureau... ???... Ces problèmes quotidiens sont des freins multiples à son droit au travail...".

Les citations aident à comprendre là où se situe le brouillage. Dans les médias comme dans les discours des députés, le logement est un problème social et l'expression "Sans-Domicile-Fixe" s'attache à ce problème. Le logement est une norme sociale, c'est-à-dire une des conditions qu'on s'attend à voir respectées de la part d'un membre à part entière de la collectivité : il doit avoir un emploi, avoir un logement. Mais tout devient confus quand on quitte le niveau des images sociales de l'intégration, et qu'on cherche à comprendre comment les individus en sont arrivés à ne pas ne respecter une des conditions. C'est alors que revient systématiquement la référence au contrat social, que les exclus ne respectent pas : pour être intégré, il faut participer, faire un effort, travailler. Si on n'exige plus ça, il n'y a plus de société. C'est dans cette logique que l'importance du logement est ramenée à un statut de pont vers l'emploi. Et comme on continue de penser le logement comme une récompense de l'effort à fournir, il en résulte l'idée d'un cercle dont on ne peut pas sortir.

Présenter Travail et Logement comme deux problèmes qui s'enchaînent, qui rendent l'intégration sociale difficile, empêche de voir qu'il s'agit de deux attributs distincts qu'il faut posséder pour être intégré. Le logement n'est pas important parce qu'il facilite la recherche d'un emploi, mais parce qu'en avoir un est en soi une norme sociale, une dimension essentielle de l'intégration. En ce sens, il y a du vrai sans-doute, quand on pense que le désir d'accéder au logement incite à faire des efforts. Mais cette part de vérité contribue à obscurcir le débat. On continue de raisonner comme s'il y avait des choses à faire pour être intégré, comme si tout s'enchaînait alors logiquement, alors qu'il faut avoir des choses, et que la manière de les avoir n'est pas bien définie. On ne sait pas bien ce qu'il faut faire pour avoir un logement. On ne sait plus vraiment ce qu'il faut faire pour avoir un emploi. On sait qu'il faut les deux pour être intégré. Les attributs qui définissent l'intégration sont déconnectés du contrat social, mais la référence omniprésente à ce contrat, combinée au grand flou qui entoure ses termes exacts, empêche de bien percevoir le problème et de prendre les moyens d'agir.

En effet, alors que la norme Logement s'impose dans les représentations sociales, on n'arrive pas à penser l'exclusion par le logement sans la ramener aux problèmes du chômage et de la précarité. Il faut distinguer les deux. Pour être intégré, il faut avoir un emploi *et* avoir un logement. En disant cela, on se situe dans une simple logique de définition de l'intégration. Or, dans cette logique, il est de plus en plus admis qu'on ne peut pas exiger comme emploi, un emploi "classique", à temps plein et à durée indéterminée, c'est-à-dire que les attentes relatives à la "norme Travail" sont en train d'évoluer. Mais le contrat social ne suit pas. Le contrat social, c'est une autre logique, dans laquelle la société récompense le travail, en donnant accès à des droits (parmi lesquels, le droit au logement). Dans cette autre logique, on n'arrive pas à comprendre l'importance du logement aujourd'hui. Le problème du logement paraît une conséquence, un épiphénomène. Mais si on accepte de le poser, il est clair que le logement n'est pas un droit, et qu'il ne pourrait l'être que si les formes particulières d'emploi, les efforts d'insertion... permettaient facilement d'y avoir accès.

Les conditions qui définissent l'intégration aujourd'hui ne correspondent pas à un contrat social. Au niveau des représentations collectives, on attend d'un citoyen qu'il ait un emploi (ou un statut reconnu vis-à-vis de l'emploi) et un logement ; mais le rapport avec ce qu'il doit faire pour la collectivité, avec le contrat social est complètement brouillé. Pour que le logement devienne ou redevienne un droit, il faut redéfinir le contrat social, et penser les moyens de permettre l'accès au logement pour tous les individus qui le respectent. C'est pourquoi les solutions pour multiplier les formes d'emploi ou d'"activités", pour transformer les "assistés" en "actifs", ne répondent qu'à une des dimensions de l'intégration sociale : si elles ne prévoient pas en même temps l'accès au logement, elles échoueront nécessairement à lutter contre l'exclusion.

L'émergence de la figure du S.D.F. traduit un changement dans les représentations sociales de l'intégration. Cette figure reflète l'importance prise par la norme Logement, au côté de la norme Travail. Les normes sont toujours en construction, mais les personnes qui ne répondent pas aux attentes définies par ces normes sont exclues socialement. Pour justifier cette exclusion, on invoque le non respect du contrat social. Si on reste au niveau des représentations collectives, on se trouve alors amené à poser la question des images que la catégorie véhicule, des jugements de valeur et du traitement associés à la catégorie. Les réactions sociales au phénomène S.D.F. sont-elles justifiées par les trajectoires et les personnalités des individus ainsi étiquetés, ou bien s'agit-il d'une peine largement arbitraire infligée à ceux qui transgressent une norme désormais reconnue comme telle et ressentie comme fondamentale, la norme Logement ?

Chapitre 2

# S.D.F., une étiquette et un mythe

La catégorie S.D.F. désigne l'ensemble de ceux qui ne respectent pas la norme Logement. Cette norme est définie par un "avoir", mais la confusion avec le contrat social autorise des glissements, qui font apparaître les S.D.F. comme des "transgresseurs" de la norme. On peut alors se demander si l'image des S.D.F. n'est pas une sanction sociale à cette "transgression". Ceci revient à étudier si l'appellation S.D.F. est une étiquette, au sens d'un petit écriteau qui décrirait les personnes a priori et recommanderait d'adopter envers eux un certain nombre de comportements[1].

On m'objectera sans-doute que cette manière de considérer les choses tend à présenter les S.D.F. comme des victimes et que toutes les parties en présence contribuent à la définition d'une situation sociale : l'étiquette n'est pas seulement subie mais elle est aussi "négociée" par les individus[2]. Cependant, nous savons tous qu'il y a une image des S.D.F. qui circule, dans les médias et plus généralement dans les consciences collectives, de manière largement indépendante des relations directes avec des personnes sans-domicile-fixe. Autrement-dit, il existe des stéréotypes, que je propose de rappeler avant de chercher s'ils correspondent à un mythe ou une réalité[3].

---

[1] Je m'inspire ici des travaux des sociologues interactionnistes, notamment H.S. BECKER dans *Outsiders*, 1963.

[2] cf H.S. BECKER dans *Outsiders*, E. GOFFMAN dans *Asiles* et *Stigmates*...

[3] La manière dont les S.D.F. gèrent cette étiquette dans leur vie quotidienne sera étudiée dans la deuxième partie de cet ouvrage.

## LES REPRÉSENTATIONS COURANTES DES S.D.F.

Nous ne portons pas tous les mêmes jugements sur les S.D.F. ; mais quelle que notre personnalité, notre sensibilité, nous avons tous connaissance des soupçons qui pèsent sur eux, de leurs caractéristiques et leurs traits de caractère supposés. Ces soupçons, véhiculés par la presse écrite et télévisée, sont aussi présents dans les discours d'autres acteurs. Tous les discours sur les S.D.F. se ressemblent, avec quelques variantes.

### Portraits types

Les portraits de S.D.F. qui circulent dans les médias superposent l'héritage historique des "mauvais pauvres" et des "dégénérés mentaux", dans un vocabulaire parfois à peine actualisé. Comme les "mauvais pauvres" de l'Ancien Régime, comme les "mauvais citoyens" qui ne respectent pas le contrat social de l'après Révolution, les S.D.F. sont souvent décrits à partir de traits qui les désignent comme responsables de leur situation et finalement coupables : fainéantise ou mauvaise volonté à travailler, imprévoyance, manque d'hygiène, violence latente ou déclarée, alcoolisme. En voici quelques illustrations.

*La mauvaise volonté à travailler*

*Le Figaro,* 29 mai 1980 : ""Paul a cinquante ans, divorcé, sans enfants... Ayant depuis longtemps renoncé à travailler, il parcourt le nord de la France, allant de foyer d'hébergement en foyer d'hébergement... René a trente huit ans... Depuis huit ans il "fait la route", son unique but réel dans l'année étant les vendanges... On lui a parfois proposé un emploi à l'année. Mais chaque fois il s'est senti "exploité" et a préféré reprendre sa liberté" ; Le Figaro, 30 mai 1980 : "Vagabonds sans-domicile fixe... Les problèmes de cette importante frange de jeunes totalement marginaux qui refusent le travail et l'insertion sociale...".

*Libération,* 13 et 14 juin 1992, p20 : "Roberta, vingt-quatre ans : tombée dans la came avec son copain, elle a lâché il y a trois ans appartement et boulot pour la rue... (elle) veut trouver du travail mais ne cherche pas vraiment".

*L'Express,* 9 décembre 1993, p111 (relate l'histoire d'un des vendeurs S.D.F. du journal "La Rue", et cette réaction d'une "cliente type") : "C'est une affaire de dignité, dit la dame, si je peux les aider à retrouver le sens du travail".

L'omniprésence du reproche est surtout montrée a contrario, par les dénégations selon lesquelles les S.D.F. ne sont "pas tous" des fainéants, mais "pour certains" des victimes impuissantes de la montée du chômage. D'autre traits suggèrent leur responsabilité individuelle.

*L'imprévoyance et le manque de projets d'avenir*

*Le Monde diplomatique,* septembre 1993, p8 : "Jérome a même un métier : il est électricien-chaudronnier... Mais quand il en a assez, il ne faut pas essayer de le retenir : il part, s'éclate, claque tout. Restaurants chers, voyages en voiture, blousons craquants, prostituées... Quand il est à court, un petit coup de fil à la boite d'intérim, et cela repart pour trois mois. Jusqu'à ce jour d'août où la machine se grippe. L'intérim reste muet. Jérome n'a plus un centime. Il a été, lui aussi, rattrapé par la crise. Et le trottoir qui l'avait lâché le matin, joyeux fêtard, le récupère le soir même, grisé, hagard. Un an après, il y est toujours".

*Télérama,* 3 février 1993, pp10-11 (citant Bruno DABOUT, directeur du Centre de promotion familiale de Noisy-le-Grand) : "les anciens, comme les autres, ne résistent qu'au jour le jour. Incapables, eux aussi, d'échafauder un projet même quand la possibilité se présente"."

*Le manque d'hygiène*

*Le Point,* 9 janvier 1993, p54 : "La glissade commence souvent par la difficulté de rester propre. Dans la rue depuis plusieurs semaines, cet homme qui "présentait bien", comme l'on dit, ne parvient plus à se laver, à se raser, à se vêtir convenablement. Peu à peu, il se voit refuser l'accès aux toilettes des cafés, indispensables auxiliaires de sa dignité menacée. Un jour, il fait ses besoins sur lui. "C'est une brisure, souligne Patrick HENRY, une terrible atteinte au narcissisme..."".

*Envoyé Spécial, émission télévisée sur France 2* , 20 février 1992, consacrée aux S.D.F. de l'Aéroport de Roissy. La propreté est présentée à la fois comme ce qui permet encore de distinguer le S.D.F. du clochard, et pourtant ce qui le sépare déjà des personnes "normales", dès la présentation : "Les héros de ce reportage ce sont les S.D.F., les sans-domicile-fixe. A la mi-décembre, ils sont environ 200, à Roissy. Pourquoi ce choix ? Eh bien parce que la nuit, un aéroport c'est vide et qu'il existe des toilettes, des douches, et des fauteuils que personne n'utilise..." Le thème revient régulièrement, en voix off : "Chaque nuit, par petits groupes, on se relaie aux toilettes, les seules qui soient ouvertes 24h sur 24 (l'image montre des hommes en train de se raser). Rester propre, c'est vital. C'est la preuve qu'on n'est pas clochard...". "Chaque jour, il faut faire le ménage... Les occupants ont vite senti que s'ils ne réussissaient pas à maintenir la propreté des lieux, la tente ne tiendrait pas jusqu'à la fin de l'hiver" (l'image montre des S.D.F.

avec des balais et des seaux, dans la tente installée par la Direction). "Visite quotidienne dans les entrailles de Roissy Charles de Gaulle. Vitrine internationale, l'aéroport est un monde de richesses, d'opulence ; un tas d'ordures est un tas d'ordures, mais ici les poubelles sont plutôt plus généreuses qu'ailleurs (on voit un S.D.F. fouiller dans une benne, "Camel, 23 ans" ; l'image constituait la bande annonce de l'émission). "Même si la plupart des S.D.F. ne passent pas la journée ici, leur présence dénote, et dérange, dans l'univers propre, et impeccable, de l'aéroport" (on voit des fontaines couler)...

*La déchéance physique, l'aspect repoussant*

*Le Nouvel Observateur*, 2-8 avril 1992, p21 : "Jean-Pierre éclate de rire. La déchéance des autres le rassure. Ceux qui viennent de se battre sont tombés plus bas que lui encore. Ils ne sont plus que boursouflures et crasse ; ils sentent mauvais ; leurs corps sont rongés par la vermine, couverts de puces et de morpions...".

*Paris Match,* 11 septembre 1987, p106 (extrait de Zone, de Jean-Louis Degaudenzi) : "Il m'est assez difficile d'admettre que je suis à la même étoile que lui, cet errant crasseux, dépenaillé et sûrement plein de poux. Il se grattait tout à l'heure, quand j'ai ouvert les yeux".

*Envoyé Spécial,* France 2, 3 juin 1993 ("S.D.F.. L'été aussi" ; entretien du docteur EMMANUELLI, remplaçant de P. HENRY à la Maison de Nanterre) : "les gens arrivent dans des états... de chute, de déchéance. Ce que mes yeux voient, les yeux d'un médecin du 19ème siècle, du 18ème siècle, de l'Antiquité le voyaient pareil. Les lésions des pieds, lésions de la misère, de la dénutrition, de l'hygiène... ".

*Le Réverbère,* n° 001, août 1993, p2 : "L'exclu, est-il seulement celui qui est laid, qui a faim et qui pue ?".

Cette image négative est présente aussi dans tous les développements sur la perte de dignité, les difficultés à rester digne ou la "honte" d'en être arrivé là. Le tableau devient parfois franchement apocalyptique, dans la veine d'inspiration des "classes dangereuses", avec la mise en scène de la violence dont les S.D.F. sont capables, surtout entre eux.

*La violence*

*Marie Claire,* avril 1991, p92 : "Momo qui a échappé à trois agressions, et qui s'est fait rouler par une ex-prostituée toxico, crie sa méfiance : "Dans la rue, dit-il, on se fait toujours avoir. Alors on comprend qu'on est seul, pour toujours".

*Le Monde diplomatique*, septembre 1993, p9 : "Entre eux, une agressivité permanente. Les bagarres éclatent pour un rien : un regard, une parole, un "manque de respect", une bousculade ou un pied écrasé dans une distribution...".

*Envoyé Spécial*, France 2, 20 février 93 (entretien de Camel, 23 ans) : "C'est la guerre entre tous pour celui qui trouvera le premier quelque chose, pour bouffer, pour se vêtir, pour quoi que ce soit".

L'image des S.D.F. véhiculée dans les médias emprunte donc à des stéréotypes très anciens, portés par la condamnation morale des individus. On a rappelé qu'au XIXème siècle, les psychiatres ont apporté une autre interprétation, qui fonde l'absence de culpabilité sur la dégénérescence ou l'inadaptation de ces populations. On retrouve aussi cette idée, de manière superposée, dans les mêmes médias, parfois dans les mêmes articles ou les mêmes émissions. Une autre série de portraits privilégient donc l'idée du S.D.F. incapable de réagir, handicapé, vulnérable[4]. L'image du S.D.F. avec un litre de gros rouge, l'omniprésence du thème de l'alcoolisme, permet de faire le lien entre les deux déchéances, physique et morale et de laisser planer le doute sur l'alternative entre culpabilité et "souffrance" psychique.

*L'alcoolisme*

*Le Figaro*, 29 mai 1980 : "L'amitié ? Quelques instants, l'heure du partage d'un litre de vin car presque tous sont alcooliques".

*Le Nouvel Observateur*, 2-8 avril 1992, p21 : "A l'autre bout du quai, une bande d'ivrognes s'insultent. Scène classique... au terme de cette journée nulle, Jean-Pierre, ivre et haineux, va taper la manche une dernière fois dans le métro. Il bafouille, incapable de maîtriser son élocution, invective les passagers...".

*Le Point*, 9 janvier 1993, p54 : "Tous ceux qui côtoient les S.D.F. le soulignent : il est très rare de trouver quelqu'un qui n'a jamais bu avant d'être dans la rue. Et, une fois le processus enclenché, l'ingurgitation massive d'alcool annihile toute volonté. A titre d'exemple, les clochards du métro consomment en moyenne six litres de vin par jour".

*L'express*, 14 janvier 1993, p61 ( Sous la photo de l'intérieur d'un foyer, on lit ce commentaire après la mort d'un sans-abri): "Les locaux de l'Armée du Salut, dans le quartier de l'Eure. Discipline stricte, horaires impératifs, vin interdit. Beaucoup de sans-domicile-fixe ont du mal à se plier à ces règles. Patrick Mabille était de ceux-là".

---

[4]Il s'agit parfois de touches superposées dans les mêmes portraits.

Le thème d'une incapacité, d'une inadaptation, peut être déclinée sur plusieurs modes : l'instabilité, le handicap, l'inadaptation sociale... Lorsque cette variante de l'image type est privilégiée à celle des "classes dangereuses", les traits qui reviennent le plus souvent sont l'insuffisance du cursus scolaire ou pré-professionnel, l'isolement, les problèmes mentaux et le manque de volonté. Quand on présente des S.D.F. qui font des efforts, qui ne boivent pas..., on sent alors peser sur eux l'immense soupçon d'une infirmité sociale, affective, psychologique.

*Le manque d'instruction et de formation*

*Le Figaro,* 30 mai 1980, (en sur-titre) : "Sans domicile fixe : illettrés, instables, parfois délinquants...".

*Marie Claire,* avril 1991, p87 : "Georges-André, chauffeur intérimaire, Anita, secrétaire volante, Tony, garçon de café extra, et Diego, le coursier endetté, ont tous le même problème, une scolarité perturbée et des revenus insuffisants ou encore irréguliers...".

*Le manque d'affection (thème chrétien)*

*Bas les masques,* France 2, novembre 92 (entretien de Denise BRIGOU, officier à l'Armée du Salut, par Mireille DUMAS) : "-Quelle est la plus grande demande ? -La plus grande demande du sans-domicile ici à Paris, c'est le côté affectif. La vraie pauvreté, en France en tous cas, c'est un problème de solitude. C'est une véritable pauvreté. Et quelque part aussi, c'est un SIDA, ça tue les gens ; ça tue les gens dans leur tête, de se retrouver seuls".

*Le Figaro,* 30 mai 1980 : "Sans domicile fixe... souvent moins de 25 ans... Beaucoup ont été retirés très jeunes à leur famille par la direction de l'Aide sanitaire et sociale : mauvais traitements, manque de ressources. D'autres sont orphelins ou ont été simplement abandonnés. D'autres encore ont grandi seuls près d'un père alcoolique ou d'une mère malade. Tous souffrent de problèmes affectifs graves, de difficultés de communication, d'une instabilité extraordinaire".

*Les problèmes mentaux, le manque de volonté*

*Le Figaro,* 29 mai 1980 : "Qui sont-ils ces passagers de nulle part... ? "Ce sont les infirmes de la société", dit un éducateur. Les pas doués, les pas bien malins, les pas bien costauds. Sachant le plus souvent à peine lire et écrire, parfois totalement analphabètes, ce sont d'anciens malades mentaux plus ou moins diminués, des malades chroniques ou mentaux (souvent entre deux crises), des instables qui ont laissé passer leur chance, des ouvriers agricoles mis à pied au hasard des remembrements et des mécanisations, des anciens combattants trop vieux, trop diminués ou trop limités pour se recycler, d'anciens détenus... ".

*Le Monde,* 1er janvier 1993, (à propos des douze à quinze mille S.D.F. de la capitale) : "Il y a les pittoresques et traditionnels clochards, rebelles à toute assistance, auxquels une longue expérience a enseigné les mille et une ficelles de la marginalité... Mais tous les autres, les nouveaux pauvres, les paumés débarquant de province, les doux dingues en rupture d'hôpital psychiatrique, les réfugiés étrangers, les vagabonds imprévoyants, ceux-là qui ignorent encore les règles de survie dans la jungle urbaine, sont surpris par l'hiver".

*Le Monde diplomatique,* septembre 1993, p8 : ""S.D.F., on l'est d'abord dans sa tête"... Ce n'est pas un hasard si 91 % des S.D.F. sont des hommes célibataires, si 85% viennent de milieux sociaux déjà défavorisés avec des études arrêtées en troisième, si 13 % ont des problèmes neuropsychologiques graves."

*Le Quotidien de Paris,* mercredi 6 janvier 1993 (propos d'un psychiatre) : "Les lits dans les centres d'accueil pour sans-domicile-fixe ne manquent pas. Ce n'est pas seulement faute d'information. Il faut aussi tenir compte de l'esprit de résignation dans lequel vivent ces marginaux".

Au total, on voit bien se dessiner derrière ces citations des portraits types, qui empruntent leur contenu à l'image des vagabonds et des classes dangereuses, et qui superposent à cette image l'idée de personnes limitées, diminuées, avec des handicaps cumulés et des problèmes psychologiques. C'est ce que j'appelle la "psychiatrisation" de la catégorie. Cette étiquette fait peser un soupçon sur tous les S.D.F., non seulement dans la mesure où ces portraits types se répètent, mais aussi parce qu'ils sont généralisés. En effet, les émissions et les articles qui mettent en scène des individus sans-domicile-fixe les présentent presque toujours comme un exemple parmi d'autres ou comme "la réalité humaine" qui se trouve derrière les chiffres.

*Les portraits sont généralisés à "la plupart" des S.D.F.*

*Le Figaro,* 29 mai 1980 : "Paul, René, Gérard, des exceptions, direz-vous. Mais peut-on parler d'exceptions quand une récente enquête révèle qu'en deux mois, et sur sept départements seulement, près de cinq cent personnes sans domicile fixe sont venues demander de l'aide au Secours Catholique...Tous ont en commun leur total dénuement, leur incapacité à s'insérer dans la société".

*Le Nouvel Observateur*, 2-8 avril 1992, dans le sommaire, p3 (pour présenter l'article "La complainte de Timy", p12 à 26) : "C'est l'histoire de Jean-Pierre, de Yann, de Timy. C'est la vie de tous les jours des "sans-domicile-fixe" dans un monde de richesses dont ils sont exclus".

(Ou encore, de manière plus voilée) *Envoyé Spécial,* France 2, 3 juin 1993 ("S.D.F., l'été aussi) : "La frontière, au-delà de laquelle on devient un marginal, Jean Gagneux, 55 ans, l'a franchie... (Suit un entretien, puis une voix off reprend). Jean fait partie de ceux qui n'ont pas complètement décroché. Parce que sur les 16 000 S.D.F. de la région parisienne, 8000 seraient totalement désocialisés et sur ces 8000, il y aurait environ 2000 psychotiques" (suivent des entretiens de S.D.F. à la Maison de Nanterre).

Pour légitimer les généralisations, on fait parler ceux qui sont censés "les" connaître.

*Le Monde,* 6 décembre 1985 : "Pourtant, aucun des trois hommes qui connaissent le mieux le monde des sans-abri, Patrick Declerck, le docteur Patrick Henry et Gérard Lecomte, directeur de la maison de Nanterre, ne partage l'idée selon laquelle "la cloche, c'est facile". Tous trois affirment : "Les sans-abri sont des êtres fragiles, malades mentaux d'une manière ou d'une autre".

*Bas les Masques,* France 2, novembre 92 (entretien de D. Brigou par M. Dumas) : -"Vous qui avez été, auparavant, sans domicile fixe, vous êtes mieux que quiconque amenée à les comprendre ? -Oui, certainement. Il y a une mentalité, évidemment. -J'imagine." (D. Brigou est aussi passée dans de nombreuses autres émissions, comme *Envoyé spécial* du 3 juin 1993).

Les stéréotypes diffusés par les médias se retrouvent aussi dans les déclarations de nombreux acteurs, même quand ils prétendent vouloir réhabiliter le pauvre. Par exemple, lors des débats à l'Assemblée Nationale sur le texte de loi sur le R.M.I. en octobre 1988, le député A. Zeller (U.D.F.) cite un texte d'une institution spécialisée dans l'accueil aux sans-abri[5] ; le président de la commission et rapporteur de la loi J.M. Belorgey (P.S.) réplique alors en mettant en avant l'image des S.D.F.

*J.M. Belorgey,* 3ème séance du 11 octobre 1988, pp827-828 : "Je respecte infiniment... la fédération nationale des associations d'accueil et de réadaptation sociale. Mais si cette fédération a affaire à une clientèle particulièrement difficile, celle-ci ne représente pas... plus de 8 p. 100 au grand maximum de celle qui va recevoir le revenu minimum d'insertion".

---

[5]La F.N.A.R.S., Fédération nationale des associations d'accueil et de réadaptation sociale. On peut noter que ce nom même désigne les-dites populations comme "inadaptées".

Dans les mêmes débats, J.M. Belorgey propose de laisser la possibilité aux associations de ne plus domicilier certains S.D.F. quand elles pensent qu'il faut d'abord les "responsabiliser"[6]. On trouve des réactions similaires du côté droit de l'Assemblée Nationale.

*D. Jacquat,* (U.D.F.), 1ère séance du 10 octobre 1988, p731 : "Bien entendu, (l'insertion) doit être adaptée en fonction des situations. Nous sommes bien conscients, par exemple, qu'il peut être difficile de réaliser l'insertion des sans-domicile-fixe. Mais il y a sur le terrain des travailleurs sociaux qui accomplissent un labeur énorme. Faisons leur confiance...".

Cette représentation des S.D.F., nous la connaissons tous. C'est elle qui justifie l'appellation d'indésirables par la R.A.T.P. et la S.N.C.F., dont les responsables accusent les S.D.F. de donner une mauvaise image de l'entreprise et d'exercer une "influence négative sur la clientèle", à cause de leur d'hygiène et du sentiment d'insécurité qu'ils provoquent[7]. C'est elle encore qui motive les réactions des riverains qui refusent l'installation près de chez eux d'une "Boutique solidarité" de l'Abbé Pierre[8]. Ces réactions constituent une sanction sociale, frappant indistinctement tous ceux qui ne respectent pas la norme Logement.

**Facteurs types**

Les traits communément utilisés pour décrire "la plupart" des S.D.F. sont aussi interprétés en termes de causalité. L'analyse des médias permet de mettre en évidence des facteurs types et des trajectoires types, qui contribuent à donner des S.D.F. l'image d'individus isolés et désaxés .

*La fragilité antérieure.*

*Le Figaro,* 29 mai 1980 : "Presque tous aussi crèvent de ne pas être aimés car presque tous ont connu un drame affectif enfant ou adulte. Là est la racine de leur errance et de leur instabilité".

---

6 1ère séance du 11 octobre 1988, p774.

7 cf *Les "indésirables" dans les espaces de transport. Les exemples de la R.A.T.P. et de la S.N.C.F.*, recherche effectuée pour le compte de la direction Grandes lignes S.N.C.F. par Julien DAMON, septembre 1993.

8 (Par exemple à Fontenay-sous-Bois, la présidente du Comité de quartier concerné "ne rejette pas le projet mais s'interroge sur l'environnement : "Les algécos ne sont agréables pour personne. De plus, cela va occasionner de nombreuses allées et venues. Il serait souhaitable de trouver des locaux mieux adaptés à cette activité, peut-être dans un autre quartier. Nous y réfléchissons pour faire des propositions"", *Connaissance du Val de Marne,* le journal du Conseil Général, janvier 94, n°90, p12.

*Bas les masques,* France 2, novembre 92 (entretien de Denise Brigou, ancienne routarde, officier à l'Armée du Salut, par Mireille Dumas) : "Paulo, y a 75 ans maintenant... quand il avait bu, et qu'il était saoul dans la rue, il hurlait en me voyant, en disant : "Maman, maman". Il m'appelait maman. Le problème remonte loin, hein... Et je me suis souvenue, pour moi, toute enfant, ma mère avait divorcé avec mon père, elle a dû me mettre chez mes grand-parents, elle est partie en Afrique, elle s'est mariée, elle m'a fait revenir que 2 ans, 3 ans après, et j'ai compris pourquoi mon instabilité".

*Le Monde diplomatique,* septembre 1993, p8 : "Les causes sont souvent les mêmes : chômage, bien sûr, mais aussi alcoolisme, drames personnels, ruptures sentimentales".

Les discours glissent des portraits types à des facteurs types, en suggèrant de manière implicite ou explicite que les caractéristiques des individus aujourd'hui sont une explication de leurs trajectoires hier. L'alcool, le manque d'affection, les problèmes psychologiques, sont réinterprétés comme les causes originelles de la "chute" dans la marginalité. Sur l'étiquette, il y a donc la mauvaise volonté et/ou la faiblesse psychologique, mais aussi une histoire individuelle. Les récits de vie sont également stéréotypés, avec seulement quelques éléments interchangeables : l'enfance malheureuse *ou* la trahison de la petite amie, le manque d'instruction et de formation *ou* le goût pour l'alcool, l'imprévoyance et l'instabilité *ou* la faible combativité... Le chômage, le problème du logement sont mis au second plan, comme des éléments d'un environnement plus difficile pour les moins volontaires ou les plus fragiles.

Même lorsque le contexte économique est évoqué, les problèmes individuels sont presque toujours mis en avant, comme la cause déterminante et le point de rupture de la trajectoire.

*Libération,* 6 janvier 1993, p2-4: "De bas en haut, la chaîne du logement est grippée. Pour fournir à chacun un habitat décent et indépendant, il faudrait construire 1,3 million de logements, soit plus de 40% du parc locatif H.L.M. actuel" ; "Gérard, la quarantaine, explique... : la perte de sa "raison sociale" a commencé par le départ de sa concubine avec leurs deux enfants. Dépressif, il séjourne en clinique. Perd son emploi, retrouve un job temporaire, puis plus rien. Il y a un an, faute de pouvoir payer son loyer, il rejoint le domicile de son frère... (puis se trouve incompris par les siens, préfère partir, et se retrouve à la rue).

*Le Point,* 9 janvier 1993 (citant le Docteur Patrick Henry) : "Ce n'est que confrontées à une situation donnée que certaines personnes révèlent une fragilité bien antérieure. Ce qui est vrai, c'est que le chômage multiplie les occasions de révéler ces fragilités".

Le thème de la fragilité, emprunté à la psychologie individuelle, est omniprésent dans les idées reçues sur les S.D.F. aujourd'hui. Le sociologue S. Paugam n'y échappe pas quand il emploie le mot "fragiles" pour qualifier ceux dont la situation financière est précaire. On le retrouve dans les études d'analyse politique faites par des organismes "sérieux" comme le Bureau d'Information et de Prévision Économique (BIPE), ou l'Observatoire Européen des Sans-Abri. Même quand les rapports commencent par dénoncer les stéréotypes, ils suggèrent toujours que le manque de volonté ou les incapacités individuelles sont l'obstacle majeur qui empêche finalement de surmonter les difficultés matérielles.

*Les sans-abri, état des lieux,* 1992, p79, rapport BIPE. "L'exclusion découle le plus souvent de l'incapacité à maîtriser une situation difficile ; garderont leur chez-soi ceux qui restent convaincus qu'ils peuvent encore se construire une vie".

*Laissés pour compte : Profil des Sans-Abri en Europe,* par Mary Daly, 1993, p6, rapport de l'Observatoire Européen des Sans-Abri. "L'image stéréotypée du sans-abri vivant dans la rue du fait de l'alcoolisme, de toxicomanie, d'échec personnel ou de comportements asociaux est révolue...Voici, par ordre d'importance, 4 séries de facteurs générateurs du phénomène des sans-abri : -les facteurs matériels (perte de logement, situation financière précaire...) -les facteurs relationnels (difficultés familiales, violence au foyer, isolement...) -les facteurs personnels (concernant la santé physique et mentale) -les facteurs institutionnels (détention pénitentiaire, exil,...)". Le rapport souligne "le caractère complexe des implications de ces facteurs"...

Tout se passe comme si les trajectoires passées pouvaient logiquement être déduites des constats actuels, pourtant rien n'autorise un tel glissement : quels sont les effets, quelles sont les causes de la marginalité sociale ? Le stéréotype de la fragilité repose sur une somme d'approximations que l'on peut approcher par ce raccourci : "la plupart des S.D.F sont comme ça, et d'ailleurs ils ont sûrement toujours été plus ou moins comme ça, puisque justement ils en sont arrivés là".

**Prédestinations**

Le stéréotype de la fragilité, la confusion entre les portraits et les trajectoires reposent sur une croyance en la prédestination des S.D.F.. Cette croyance a quelque chose de rassurant pour les non S.D.F., dans la mesure où elle suggère la fatalité d'un "destin" dont eux-mêmes peuvent se penser préservés. Le plus souvent, elle reste au niveau de l'inconscient des discours. Le pas est pourtant quelquefois franchi.

*Libération*, mardi 5 janvier 1993, p4 : (en sur-titre) "Il y aurait en France entre 200 et 400 000 S.D.F.", (et en titre) "QUATRE DESTINS QUI CONDUISENT A LA MISERE". (Suivent quatre histoires de vie) "Lade, 33 ans, quinze ans de galère. Toxicomane et séropositif, ce R.M.I.ste sans formation n'a jamais réussi à s'insérer... Franck, 26 ans, fier et amoureux... Des études interrompues en troisième, des petits boulots au noir, un stage sans débouchés, quelques mois vendeurs à la Fnac, et puis le chômage. Paris devient sa dernière issue... Marie, 48 ans, une vie qui se délite... Ancienne vendeuse... Au fil des lettres de candidature sans réponse, elle a progressivement perdu pied. Jusqu'à la dépression nerveuse qui l'a conduite dans un service psychiatrique... Jean-Pierre, 41 ans, le flambeur déchu... Tout a basculé il y a deux ans, lorsqu'il a claqué successivement la porte de son entreprise et celle de l'appartement de son amie... Il se retrouve à la rue... Jean-Pierre finit par réaliser ce qui lui est arrivé. "C'est à cause de mon mauvais caractère, explique-t-il... Et de mon inconscience".

*Le Monde diplomatique*, septembre 1993, p8 (l'auteur se réclamant de l'analyse de P. Henry) : "Les causes sont souvent les mêmes... Fragilité, instabilité, solitude, voire problèmes psychiatriques, ont déjà désigné ceux que la crise pousse vers la chute".

*Le Nouvel Observateur*, 14-20 janvier 1993, p69 (pour présenter le livre "SDF, sans domicile fixe", par A. Silber et R. Keita) : "Vous le verrez, on ne devient pas S.D.F. du jour au lendemain... 'Ces gens ont tous un problème d'intégration à la société. Nous avons cherché à cerner l'origine de la fragilité qui les caractérise', expliquent les auteurs. C'est cette infirmité de l'âme qui les précipite dans la marginalité".

*Le Point*, 9 janvier 1993 (citant le Docteur Patrick Henry) : " Il y a des gens qui ne se retrouveront jamais dans la rue. Mais ils ne le savent pas. La marginalisation, ça peut arriver à tout le monde, mais dans les faits, ça n'arrive pas à n'importe qui" (suit un développement sur la "fragilité antérieure", "révélée" par le chômage).

*Les sans-abri, état des lieux*, Rapport BIPE, 1992, p79 "Si la vie est une course à handicap, l'égalité n'est pas la règle. L'hérédité ou le hasard se chargent de la distribution des handicaps dont la caractéristique générale est de fabriquer de la dépendance par rapport à autrui...".

Le raisonnement qui donne son unité et sa cohérence aux représentations courantes des S.D.F. peut donc être résumé comme suit : les clochards, les S.D.F. portent dans leur vie, sur leurs visages, la marque d'une déchirure, d'une cassure. Mais cette cassure s'est produite parce qu'ils avaient une fragilité, ils l'ont toujours eue, déjà dans leur vie "avant". Ainsi, leur situation serait dûe à des causes individuelles, un manque de courage, des handicaps, des souffrances personnelles. Selon les sensibilités, l'accent est mis sur la prédestination psychologique, ou la prédestination du milieu socio-culturel. Dans le premier cas, l'idée commune est "qu'ils ne veulent pas vraiment s'en sortir", ou encore qu'ils sont inadaptés à la vie sociale. Souvent en complément, d'autres arguments insistent sur une autre forme de prédestination individuelle, que l'on peut appeler la prédestination "du milieu". La fragilité, qui vient de l'enfance, s'explique par leur milieu d'origine en rupture avec les institutions sociales au sens large (la famille, l'école etc.). Toutes ces idées reposent sur l'hypothèse forte d'une prédestination individuelle, c'est-à-dire que le clochard d'aujourd'hui aurait toujours été, dès son enfance, un pré-clochard.

L'image sociale des S.D.F. a plusieurs facettes ; mais elle tire son unité et sa force dans l'opinion à son ancrage dans une théorie de la prédestination. Cette théorie rend complémentaires les deux interprétations que l'on oppose traditionnellement : la fragilité personnelle et la situation sur le marché de l'emploi et du logement. En effet, en considérant les réalités macro-économiques comme des mécanismes qui dépassent la volonté des individus, alors, dans une logique empruntée au darwinisme, on peut penser que l'"environnement économique" est devenu plus difficile pour les faibles, qu'il y a comme une sélection naturelle qui met sur le bord de la route les moins battants ou les plus fragiles. L'étiquette semble ainsi pouvoir tout expliquer, tout en restant rassurante pour ceux qui ne sont pas dans cette situation et qui ne se pensent pas fragiles.

Mais il s'agit d'un discours largement auto-justificatif (on détecte les signes de fragilité passée à partir des situations de maintenant). De plus, ce discours n'empêche pas totalement une crainte diffuse de se développer, exprimée par un argument apparemment incompatible avec l'idée de prédestination : "ça peut arriver à n'importe qui". Un sondage, paru en décembre 1993 dans le journal "La Rue", illustre cette idée : plus de la moitié des Français craignent d'être marginalisés, pensent que cela peut leur arriver (argument aussitôt contesté par les analystes qui font valoir que "dans les faits, ça n'arrive pas à n'importe qui"). Où est la vérité ? Où sont les fausses évidences ? Pour faire la part du mythe, je propose de dépassionner le débat, en posant sérieusement la question de la validité des arguments qui fondent les stéréotypes.

## CRITIQUE SOCIOLOGIQUE DES STÉRÉOTYPES

Repenser l'exclusion, c'est prendre conscience de l'omniprésence des stéréotypes. Ces stéréotypes sont largement alimentés par la panique (ou la fascination) d'un doute difficile à porter : "Et si ça m'arrivait demain ?". Mais il faut aller plus loin et prendre le temps de confronter la réalité et les stéréotypes, notamment celui de la fragilité psychologique et psycho-sociale.

### La fausse évidence de la "fragilité"

*Le cas de la "fragilité psychologique"*

A propos des Sans-Domicile-Fixe, l'idée d'un "fragilité psychologique" est généralement justifiée soit par les témoignages de travailleurs sociaux, soit par l'évidence. Il faut donc commencer par prendre une distance par rapport aux témoignages, et questionner l'évidence.

Au sujet des témoignages, on peut faire d'emblée la remarque que, si les travailleurs sociaux peuvent avoir une formation en psychologie (qui est même obligatoire et importante pour les assistantes sociales), ils ne représentent pas la voix de la psychologie en général sur l'ensemble de la population S.D.F. Les convictions intimes sont souvent acquises dans des contextes particuliers. Par exemple, les travailleurs sociaux à la Maison de Nanterre ont un point de vue biaisé, dans la mesure où ils sont confrontés aux S.D.F. amenés par les cars de ramassage de la ville de Paris, repérés précisément parce qu'ils sont visiblement désocialisés.

De plus, les seuls habilités à établir des diagnostics sont les psychiatres. Pour prendre la distance nécessaire, nous sommes alors amenés à poser la question : y a-t-il une position de la psychologie et surtout de la psychiatrie en général, qui constituerait une caution "scientifique" des discours ? La réponse est négative, dans la mesure où les psychologues et les psychiatres ne sont pas tous d'accord sur ce point.

Certains psychologues et certains psychiatres souscrivent à l'idée de "problèmes mentaux" généralisés parmi les "Sans-Domicile-Fixe".

*Actes du 1er Colloque européen sur le thème "Maladie mentale Exclusion sociale"*[9], 1992."Tous victimes d'un

[9] *Actes du 1er colloque européen "Maladie mentale Exclusion sociale, Les malades mentaux qui évoluent vers la marginalité"* organisé par le Conseil régional

effondrement du lien social, l'explication de leur état est à trouver du côté de leur vie psychique... Ils ne semblent pas avoir intégré des repères familiaux suffisants pour structurer une personnalité stable... Pour que quelqu'un devienne sans-domicile-fixe, il faut bien entendu des causes (alcool, événements traumatiques) mais aussi un terrain propice à la désocialisation..." (M. Duffar, psychologue, et S. Mollet, assistante sociale à l'Unité Fonctionnelle de Psychiatrie du Centre d'Accueil et de Soins hospitaliers de Nanterre).

À l'opposé, on peut citer A. Vexliard, un des grands psychologues à s'être penché sur la question dans un célèbre ouvrage publié en 1955, *Le Clochard. Etude de psychologie,* encore abondamment cité dans les thèses les plus récentes de psychiatrie sur les S.D.F. L'auteur, qui s'appuie sur l'étude clinique de soixante "cas" individuels, rappelle les difficultés à établir la différence entre le normal et le pathologique en psychologie. Il refuse clairement l'idée que "la plupart" des clochards seraient malades mentaux, et surtout qu'ils auraient eu des "problèmes" *avant* de devenir clochards : pour lui, la genèse du problème est sociale.

*Le Clochard. Etude de psychologie,* 1957 (1955), p269-270"La prévention du vagabondage relève essentiellement, sinon exclusivement, de mesures d'ordre social. Il faut tout d'abord créer des conditions qui empêcheraient les hommes de sombrer dans une existence où les liens sociaux seraient rompus pour eux... Par contre, le problème thérapeutique, qui touche les vagabonds qui le sont déjà depuis un certain temps est d'ordre psychologique...Disons une fois de plus que la "tendance psychologique ou névrotique au vagabondage" n'est que le fait de cas exceptionnels. Au reste, elle est susceptible d'être canalisée vers des voies socialement acceptables. Dans bien des cas, cette tendance est inventée par les vagabonds eux-mêmes. En effet, l'allégation d'une "tendance psychologique" au vagabondage remplit pour eux une double fonction. D'une part, elle leur permet de justifier, de rationaliser une situation de fait sans issue ; d'autre part, ils savent que cette "tendance" est revêtue d'une auréole romantique, poétique, et a le don de plaire".

Cette interprétation parait être celle de la majeure partie des psychiatres, plutôt réticents à considérer le cas des S.D.F. comme relevant de leur compétence. Les hôpitaux psychiatriques refusent souvent ceux qui se présentent, au motif qu'ils s'agit d'une demande d'hébergement et qu'ils n'ont pas leur place dans une institution de soins médicaux. Dans sa thèse soutenue en 1989, *Les SDF en*

---

Européen de la Fédération pour la Santé Mentale et Caritas Roma, Rome, 10-13 décembre 1992, chapitre "Paris" pp119-235.

*psychiatrie : comment ne pas s'en débarrasser ? Être psychiatre à la limite*, Reine Cohen écrit ainsi : "les patients dont nous parlons mettent en lumière la fonction d'asile "certains disent "la fonction hôtelière"- de l'hôpital psychiatrique"[10].

Non seulement il n'y a pas de position fermement établie de la psychologie et de la psychiatrie concernant les S.D.F., mais les hôpitaux psychiatriques tendent à les rejeter, au motif qu'ils relèvent d'abord de mesures sociales. Il faut cependant resituer les enjeux des hésitations : en aucun cas l'hôpital psychiatrique ne veut avoir à s'occuper de tous les S.D.F. qui se présentent. Mais qui le veut ? Ce n'est sans-doute pas par hasard si ce sont surtout des non-psychiatres et des non-psychologues qui soutiennent que le problème est psychiatrique ou psychologique. Parmi les psychiatres et les psychologues, on peut observer que les réponses traduisent souvent la ligne de partage entre ceux qui ont intérêt à voir reconnu par leurs pairs le travail qu'ils effectuent avec cette population, et tous les autres, qui ne tiennent pas à se voir imposer cette tâche un jour. Quoi qu'il en soit, il est clair que les témoignages ne constituent pas une preuve de la fragilité psychologique de "la plupart" des S.D.F.

Pour mettre en question l'évidence de cette fragilité psychologique des S.D.F., je propose maintenant de me référer aux nombreuses enquêtes sur la maladie mentale des "homeless" menées aux États-Unis.

Dans ce pays, les médias et les chercheurs ont longtemps avancé des taux de maladie mentale parmi les sans-abri qui dépassaient les 75 ou 80%. Cette "maladie mentale généralisée" parmi les sans-abri était souvent reliée à la "désinstitutionnalisation", c'est-à-dire la fermeture d'un certain nombre d'hôpitaux psychiatriques pour raisons d'économie budgétaire. Les pensionnaires libérés, livrés à eux-mêmes, mais incapables de mener une vie "normale", auraient envahi la rue et été responsables de l'augmentation du nombre de "homeless". C'est dans ce contexte qu'en 1986, un article de quatre chercheurs a bouleversé le débat américain.

En juin 1986, David Snow, Susan G. Baker, Leon Anderson de l'Université d'Austin dans le Texas, et Michael Martin de l'Université d'Etat du Missisipi, publient dans la revue *Social Problems* un article au titre évocateur : *The myth of pervasive*

---

[10]R. COHEN, thèse de médecine, 1989, p34. cf aussi les thèses de J.-M. EON, *Etude des admissions de 100 personnes "sans-domicile-fixe" au C.H.S. de Rennes*, thèse pour le doctorat en médecine, Université de Rennes, année 1989 et F. DUPIN, *Les malades sans-domicile-fixe dans un centre hospitalier spécialisé : résultats d'une enquête*, thèse pour le doctorat en médecine, 1988.

*mental illness among the homeless*[11] (que l'on peut traduire par : "Le mythe de la maladie mentale généralisée parmi les sans-abri"). A partir d'une étude menée sur mille sans-abri dans le Texas, les auteurs dénoncent la double thèse selon laquelle la majorité des sans-abri seraient malades mentaux, et la désinstitutionnalisation responsable de l'augmentation de leur nombre dans les rues de l'Amérique urbaine.

Leur recherche se déroule à Austin (une ville du Texas, de 435 000 habitants en 1985). Elle est basée sur deux échantillons différents, conçus comme complémentaires. Le premier échantillon, ethnographique, est composé de 164 individus rencontrés par les enquêteurs du 1er septembre 1984 au 31 août 1985, dans des endroits aussi variés que les soupes populaires, les organismes de logement ou d'emploi, les centres de don du sang, les ponts, les parcs... Le second échantillon a d'abord été tiré au hasard dans les dossiers de l'Armée du Salut locale, responsable du seul centre d'hébergement et des seuls repas gratuits de la ville ; sur 800 noms, 767 avaient un dossier dans le département d'Etat pour la santé mentale ou le centre local de maladie mentale. Seuls ces 767 sans-abri ont été retenus.

L'évaluation est alors construite de la manière suivante. Dans l'échantillon au hasard, un sans-abri est considéré comme "malade mental" si, ayant eu un contact avec un des organismes de santé mentale, le personnel de cet organisme a établi ce diagnostic (d'après les critères reconnus par l'Association Psychiatrique Américaine) ; dans l'échantillon ethnographique, un individu est classé malade mental s'il remplit au moins deux critères parmi les trois retenus, soit : 1)un séjour antérieur dans une institution psychiatrique 2)la désignation comme malade mental par d'autres individus sans-abri 3)un comportement manifestement bizarre et inadapté[12]. Les auteurs signalent que les deux derniers critères correspondent à une conception sociologique de la folie.

Quels sont, sur ces bases, les résultats obtenus ? Vingt individus étant apparus dans les deux échantillons, leur cas apparait dans une catégorie à part. Dans l'échantillon ethnographique, le taux de maladie mentale est évalué à 9% (soit 13 individus sur 144). Dans l'échantillon au hasard, le taux s'élève à 16% (soit 120 sur 747). Sur les vingt cas de chevauchements, il est de 20% (4 individus). Au total, sur 911 personnes, on relève donc 137 cas de

---

[11] Cf David SNOW et al.,"The myth of pervasive mental illness among the homeless", *Social Problems*, Vol. 33, N°5, June 1986, pp407-423.

[12] Précisément, dans le texte : "conduct that was so bizarre and situationnally inappropriate that most observers would be likely to construe it as symptomatic of mental illness". David SNOW et al., *Social Problems*, 1986, p412.

"folie", soit environ 15% ; le nombre de sans-abri antérieurement institutionnalisés s'élève quant à lui à 93, soit à peine plus de 10%.

Les auteurs discutent alors les critères des institutions psychiatriques, qu'ils ont d'abord accepté sans commentaire pour évaluer le statut mental dans leur échantillon au hasard. Sur 124 diagnostics de "maladie mentale", ils ont retrouvé des informations plus précises pour 116 cas. L'abus de substance, drogue ou surtout alcool, vient largement en tête des justificatifs (57% des sans-abri diagnostiqués "malades mentaux" l'ont été pour cette raison). Le diagnostic est qualifié par Snow et ses collègues de proprement "psychiatrique" dans seulement 34% des cas"[13].

Après l'exposé de ces résultats, l'article propose une discussion sur les implications de l'enquête. Les auteurs notent la convergence des résultats entre leurs deux estimations (moins de 10%, ou 16% mais en comptant la moitié de problèmes d'alcool).

Comme les taux généralement admis s'élèvent à 80 ou 90% (dont 25 ou 50% de malades mentaux chroniques, auxquels sont généralement ajoutés les sans-abri présentant des troubles plus légers), Snow et ses collègues proposent des explications de cet écart. Ils attribuent alors les résultats des autres chercheurs (et l'opinion commune) à quatre facteurs étroitement liés : 1)l'exagération injustifiée des conséquences de la désinstitutionnalisation 2)la médicalisation du problème 3)la visibilité des sans-abri malades mentaux (que l'on remarque plus facilement que les autres sans-abri) 4)les procédures critiquables généralement utilisées pour évaluer les troubles psychiatriques. Premièrement, la population internée en institution psychiatrique dans le Texas a diminué de moins de 11% entre 1979 et 1984 (de 5508 à 4928), alors que le nombre d'utilisateurs de l'Armée du Salut augmentait dans le même temps de 126% (de 4938 à 11271). Les auteurs notent que la remarque peut être appliquée aux Etats-Unis en général, même en prenant les estimations les plus basses du nombre de sans-abri dans le pays. Or, l'exagération de l'impact de la désinstitutionnalisation a eu selon eux pour corollaire la médicalisation du problème. La profession médicale est devenue la principale sollicitée pour évaluer la nature et les paramètres du phénomène sans-abri. Celui-ci, construit du point de vue du modèle médical, a ainsi été individualisé, et dépolitisé (c'est le deuxième point). La recherche étant principalement conduite par du point de vue de la psychiatrie, l'attention s'est concentrée sur les "faiblesses" des individus sans-abri et du système de santé mentale. Les facteurs socio-économiques comme la dislocation du marché du travail, la multiplication des "petits boulots" mal payés, et la

[13] Pour obtenir 100%, il faut ajouter 3% de "retardés mentaux", 3% de diagnostic "incertain" et 3% d'"autre diagnostic".

diminution du nombre de logements bon marché, ont ainsi été largement ignorés. La médicalisation du phénomène a également contribué à focaliser l'attention sur les comportements bizarres de certains, alors même que ceux-ci ne constituaient qu'une minorité. La partie la plus visible des sans-abri a donc été à tort considérée comme "typique".

Mais pourquoi la recherche a-t-elle cautionné ces fausses évidences ? Selon Snow et ses collègues, la cause doit en être cherchée dans les biais conceptuels et méthodologiques des enquêtes menées. En effet, le type de recherche visé utilise généralement des tests psychiatriques conçus à l'origine pour des personnes domiciliées. Certains symptômes "d'inadaptation" ne sont donc peut-être qu'une forme d'adaptation au contexte particulier de la rue, ou encore le signe de l'appartenance à une sous-culture en marge du modèle dominant. De plus, les chercheurs procèdent trop souvent par entretiens brefs, qui se déroulent en une seule fois, dans un seul lieu. Cette pratique pose la question des diagnostics prématurés, surtout lorsqu'ils sont fondés sur un seul symptôme (les recommandations des psychiatres eux-mêmes exigent une conjonction de multiples symptômes). Tous ces biais conduisent à gonfler le nombre de sans-abri étiquetés ou perçus comme ayant des faiblesses psychologiques. Dans ces conditions selon les auteurs, les écarts entre les taux obtenus ne sont pas surprenants.

En conclusion, Snow et ses collègues insistent sur le fait que le sans-abri type n'est pas démuni psychologiquement ; il s'agit plutôt d'un individu pris dans le cercle des petits salaires, des boulots sans débouchés et des ressources insuffisantes pour quitter la rue de manière durable. Selon les auteurs, les solutions au problème doivent donc être cherchées en dehors de l'arène psychiatrique[14]. Ils appellent donc de leurs voeux l'étude des causes structurelles du phénomène.

Cet article a suscité de nombreux commentaires. La réponse la plus célèbre est celle de James D. Wright[15] dans la même revue *Social Problems*, en avril 1988. Le titre, encore une fois, est évocateur : *The Mentally Ill Homeless : What is Myth and What is Fact ?* (que l'on peut traduire par : "le Sans-Abri malade mental, mythe ou réalité ?", ou, plus précisément : "le Sans-Abri malade

---

[14]La dernière phrase de l'article résume ainsi le message lancé : "For the homeless affected by such structural factors, the cause and solution to their plight clearly lie outside the psychiatric arena".

[15]Chercheur au "Social and Demographic Research Institute, University of Massachussets, Amherst" ; (parti ensuite au) "Department of Sociology, Tulane University, New Orleans".

mental, qu'est-ce qui relève du mythe et qu'est-ce qui est un fait ?")[16]. Wright, comme la plupart des chercheurs qui travailleront après Snow sur le même thème, commence par annoncer qu'il pense aussi que les taux de 80% ou plus sont exagérés. A son tour, il souligne les défauts des tests psychiatriques élaborés pour des populations domiciliées, et pense que beaucoup de comportements "bizarres" ou anormaux" sont en réalité des adaptations à la vie dans la rue ou dans les centres d'hébergement. Dans les problèmes de définition de la maladie mentale, WRIGHT relève enfin l'ambiguïté qui découle du statut de l'alcoolisme et de la toxicomanie dans la définition de la maladie mentale.

Sa propre enquête se déroule dans le cadre d'un programme national de soins de santé pour les sans-abri mené dans 19 grandes villes américaines. Selon lui, un individu peut être considéré comme "malade mental" si : 1)le personnel a diagnostiqué un problème mental, psychiatrique ou émotionnel important, *ou bien* 2)il a déjà suivi un traitement psychiatrique (en particulier, s'il a déjà fait un séjour en hôpital psychiatrique), *ou bien* 3)les personnes qui l'ont soigné ont pensé qu'il avait un problème mental ou émotionnel, au moins une fois. Wright calcule alors que 19,4% des clients du programme adultes montrent des signes de problèmes émotionnels ou de faiblesse psychiatrique. Ce taux est deux fois supérieur à celui de Snow. Les résultats de cet auteur correspondent en revanche au pourcentage de clients du programme ayant déjà eu un traitement psychiatrique ou été institutionnalisés (environ 9%).

Wright poursuit son analyse. Selon lui, le chiffre de 19,4% est un taux-limite, inférieur à la réalité. Wright souligne en effet la prudence des travailleurs sociaux, qui selon lui hésitent généralement à formuler un jugement dès la première observation. Or, près de la moitié des individus de l'échantillon n'ont été vus qu'une seule fois ; comme la proportion de clients rapportés comme malades mentaux augmente avec le nombre de visites, Wright propose d'extrapoler. Finalement, il propose comme estimation le taux de 33 % de maladie mentale parmi les clients du programme. Malgré une nouvelle critique par Snow de la méthode de Wright, le pourcentage de 33% est aujourd'hui le plus usuellement retenu Outre Atlantique[17].

---

[16]James D. WRIGHT, "The Mentally Ill Homeless...", *Social Problems*, vol. n°35, n°2, april 1988, pp182-191.

[17]par exemple Anne LOVELL, "Classification and its risks, How Psychiatric Status Contributes to Homelessness Policy", *New England Journal of Public Policy*, (1992 Spring/Summer), pp 247-263.

Quelles conclusions tirer de ces recherches ? Les observations se situent dans un contexte particulier : le "modèle américain", où les soins psychiatriques sont beaucoup plus développés qu'en France. Toutefois, les questions posées ont le mérite de ne pas se voiler derrière les euphémismes du stéréotype de la "fragilité". Même si l'Amérique n'est pas la France, il s'agit également d'un pays occidental, riche et développé. Le système de protection sociale, que l'on dit encore plus développé dans notre pays, est aujourd'hui affaibli par la crise économique ; ses failles sont de moins en moins contestables (symbolisées par la figure du "chômeur en fin de droit"). De telles ressemblances sont troublantes, et confirment la mise en cause du stéréotype.

Il convient pourtant de dissiper tout malentendu. Je n'affirme pas bien sûr qu'il n'y a aucun sans-abri malade mental, ni que celui qui le serait n'aurait par ailleurs aucun intérêt. Mais les enquêtes réalisées aux Etats-Unis permettent de mettre sérieusement en doute l'évidence d'une fragilité psychologique de "la plupart" des S.D.F., en donnant des outils d'analyse critique concernant nos impressions sur leur personnalité présente et sur leur trajectoire passée.

*L"alcoolisme et le milieu socio-culturel d'origine*

Parmi les traits qui composent l'étiquette associée à la catégorie S.D.F. certains, qui reposent sur une condamnation morale, sont manifestement invérifiables (par exemple, le soupçon de fainéantise, malgré un contexte de chômage structurel important). Pourtant, deux traits au moins semblent pouvoir s'appuyer sur des études sérieuses. Le premier concerne l'alcoolisme généralisé dans la population sans-domicile-fixe ; le second, le milieu socio-culturel d'origine. Pour chacun de ces points, je ferai une critique à deux niveaux, celui de la corrélation statistique d'une part (la plupart des S.D.F. sont-ils alcooliques, issus d'une famille pauvre ?) ; celui du lien de causalité et des enchaînements de trajectoires individuelles d'autre part (ce problème est-il responsable de leur situation ?).

La question de l'alcoolisme est abordée dans plupart des études sur les troubles mentaux des S.D.F. Aux Etats-Unis, Wright estime la proportion d'alcooliques et de toxicomanes à 40% des "homeless". Snow et ses collègues n'abordent pas directement le sujet. En France, les chiffres avancés sont beaucoup plus importants. Mais comme au sujet des problèmes psychiatriques des S.D.F., on peut remarquer que les généralisations sont fréquentes, et les enquêtes pour les justifier sont rares.

Un rapport de l'Ecole Supérieure de Police en 1992 reprend le bilan réalisé à la Maison de Nanterre par le Docteur Patrick

Henry[18]. La consommation moyenne de vin des "vagabonds" est très grossièrement évaluée : "de l'ordre de 5 à 6 litres par jour". Ce chiffre n'est pas justifié, si ce n'est par une allusion aux récits des patients: "ils racontent souvent qu'ils boivent le plus rapidement possible jusqu'à ne plus pouvoir compter les bouteilles". De plus, il faut rappeler que ces observations ne sont pas généralisables à tous les S.D.F., étant donné la sous-population particulière ramassée par les cars de la Préfecture pour être amenée à la Maison de Nanterre (les S.D.F. sobres sont moins repérables).

Les thèses de psychiatrie proposent également des évaluations. Dans la thèse de J.-M. Eon, sur les 100 S.D.F. de son étude, l'alcoolisme est invoqué comme motif principal ou secondaire d'admission dans 38 cas (soit 38%). Ce pourcentage est proche de celui de F. Dupin qui trouve, parmi 274 dossiers d'admissions, 126 cas de motifs relatifs à l'éthylisme (soit 44,6%). Les taux, inférieurs à 50%, sont biaisés de différentes manières. D'un côté certaines personnes peuvent être admises pour d'autres raisons et cependant être alcooliques. D'un autre côté, il faut rappeler que la population qui se présente doit justifier sa demande : les S.D.F. admis ne sont donc pas représentatifs de l'ensemble des S.D.F.. J.-M Eon, évoquant des "demandes de cure non réellement motivées", semble même suggérer que certains absorbent de l'alcool dans le seul but de se faire accepter à l'entrée de l'hôpital[19].

Que conclure ? A l'évidence, on manque de données pour évaluer l'importance de l'alcoolisme dans l'ensemble de la population S.D.F.. Le pourcentage serait probablement non négligeable. Mais il ne permet pas de cautionner l'image qui associe systématiquement S.D.F. et alcoolisme[20].

De plus, par rapport aux théories de la prédestination, cet argument n'est pas le plus important. En effet, ces théories n'ont pas seulement besoin que "la plupart" des S.D.F. soient alcooliques. Il faut encore que ceux-ci l'aient été "avant". L'exigence est forte, beaucoup plus encore que dans le cas de la maladie mentale. Car l'évidence a changé de camp. On admet facilement que les malheurs puissent amener quelqu'un à noyer son chagrin dans

[18] Institut des Hautes études de Sécurité intérieure, promotion 1992, *Diagnostic de sécurité, Les sans-abri*, chap II.3..

[19] J.-M. EON, *Etude des admissions de 100 personnes "sans-domicile-fixe" au C.H.S. de Rennes,* thèse pour le doctorat en médecine, Université de Rennes, année 1989 et F. DUPIN, *Les malades sans-domicile-fixe dans un centre hospitalier spécialisé : résultats d'une enquête*, thèse pour le doctorat en médecine, 1988.

[20] Mes observations de terrain m'ont mis en contact avec de nombreux S.D.F. sobres.

l'alcool. On sait aussi que le vin fournit des calories, surtout quand il fait froid. Enfin, on imagine qu'il doit y avoir un effet d'entraînement, quand une personne seule trouve des compagnons qui boivent.

Un autre argument me semble plus décisif. Si vraiment l'alcoolisme "prédisposait" à devenir S.D.F., ceci signifierait aussi que tous les alcooliques (ou "la plupart" d'entre eux) deviennent tôt ou tard S.D.F. ; et aussi que les pays où il y a le plus d'alcooliques sont les pays où il y a le plus de S.D.F.[21] Or aucune de ces deux implications n'est vérifiée. En France, au début des années 1990, on compte au moins cinq millions de personnes "ayant des difficultés médicales et psychosociales liées à leur consommation d'alcool"[22]. Le chiffre est très supérieur aux estimations les plus élevées du nombre de S.D.F. en France (entre 200 000 et 600 000). De plus, la France détient en matière de consommation d'alcool par habitant un triste record : en 1988, les Français consommaient en moyenne 13,4 litres d'alcool pur par habitant, contre 9,6 litres pour les Danois et 7,6 litres pour les Britanniques. Par ailleurs, la mortalité causée par des cirrhoses est très supérieure en France, par rapport à la Grande-Bretagne[23]. Pourtant, parmi les pays européens, il ne semble pas que le nôtre soit particulièrement mal placé en ce qui concerne le nombre de S.D.F.. Bien que les chiffres soient sujets à caution, on peut indiquer ceux avancés par le rapport *Les sans-abri, Etat des lieux* : les sans-abri en 1992 sont estimés entre 200 et 400 000 en France (soit entre 0,36 et 0,72% de la population), contre 30 000 au Danemark (O,58%), ou 420 000 au Royaume-Uni (0,73%)[24]. Ces pourcentages sont très voisins. Au niveau national, il n'y a donc aucune corrélation entre la consommation d'alcool et l'ampleur du phénomène Sans-Domicile-Fixe.

Ces éléments de réflexion montrent là encore le simplisme des stéréotypes sur l'alcoolisme des S.D.F., et surtout sur la place de l'alcool dans leur trajectoire.

Qu'en est-il pour l'origine socio-culturelle des S.D.F. ?

À nouveau, le premier niveau de la critique porte sur l'idée très répandue de la corrélation statistique selon laquelle les S.D.F. se recrutent principalement dans les couches les plus pauvres de la société.

---

21 C'est le raisonnement qu'É. DURKHEIM applique à propos du suicide.

22 QUID 1993, p1506.

23 QUID 1993, p1506 et 1507.

24 *Les sans-abri, Etat des lieux*, rapport réalisé par le B.I.P.E pour le groupe S.C.I.C., 1992, p49.

Les S.D.F. sont-ils "statistiquement" issus d'un milieu défavorisé ? Pour répondre, on manque de données par des grandes enquêtes du type de celles réalisées aux États-Unis. Cependant, certaines thèses de psychiatrie se sont penchées sur les antécédents familiaux des S.D.F. admis en hôpitaux psychiatriques. Même si là encore on peut discuter de la représentativité de l'échantillon, les résultats ne sont pas ceux qui sont attendus. Par exemple, J.-M. Eon a recherché le milieu familial d'origine de 100 S.D.F.. En classant schématiquement en trois degrés le "niveau socio-économique" des parents (à partir de leur profession et du niveau de vie apparent), il compte : 34 cas de S.D.F. issus du niveau inférieur, 20 cas issus du niveau moyen, et 7 cas issus du niveau supérieur ; les 34 autres cas étant inconnus. Ces chiffres obligent à nuancer les représentations courantes. Si en toute rigueur, on comparait à la structure de la population, on arriverait à la conclusion d'un niveau de risque très comparable dans toutes les couches de la population !

Par ailleurs, dans son analyse de l'impact du milieu familial, J.-M. Eon fait la somme de ceux qui répondent au moins à un critère sur six définis : éthylisme d'un parent, divorce ou séparation des parents, violence, abandon, décès d'au moins un des parents, inceste. L'auteur dénombre alors, sur 100 S.D.F., 66 cas de "perturbations familiales"[25]. Le chiffre n'est pas négligeable ; il reste toutefois plus d'un tiers de cas qui ne répondent pas à ces critères, et ce, bien qu'ils soient particulièrement larges. Quant à F. Dupin elle fait ce commentaire : "A ce sujet, Péquignot est frappé de constater que 20% des sujets sans domicile ont eu des relations affectives familiales excellentes"[26].

Il serait trop simple de balayer ces arguments, au motif qu'on ne connait pas tout du passé des individus. Il faut admettre au contraire qu'aucun "constat" ne justifie les stéréotypes. Je propose d'en donner une nouvelle preuve à l'aide des données sur le niveau d'instruction des S.D.F.

Selon les statistiques sur les niveaux scolaires et les diplômes, d'après les rapports d'activité de la permanence d'accueil du Bureau d'Aide Sociale de la Ville de Paris spécialisée dans l'accueil aux S.D.F. hommes, de plus de 28 ans, dont le nom commence de J à Z. En 1992, le rapport énonce les chiffres suivants, établis à partir de 850 dossiers "primo" (c'est-à-dire ouverts cette année-là) : illettrés : 1,17% ; certificat d'études primaires : 23 % (13,3%

---

[25] J.-M. EON, *Etude des admissions de 100 personnes "sans-domicile-fixe" au C.H.S. de Rennes*, thèse pour le doctorat en médecine, Université de Rennes, année 1989, pp101-104.

[26] F. DUPIN, *Les malades sans-domicile-fixe dans un centre hospitalier spécialisé : résultats d'une enquête*, thèse pour le doctorat en médecine, 1988, pp 102-103.

n'ayant pas obtenu ce diplôme + 9,7% l'ayant obtenu) ; B.E.P.C. : 12% (5,3% sans diplôme + 6,7% avec) ; C.A.P./B.E.P. : 19% (1,9% sans diplôme + 17% avec) ; Bac : 9% (3,7 sans diplôme + 5,4 avec) ; Enseignement supérieur : 6%. Il reste 28,5% de cas "inconnus". Selon l'auteur du rapport, ce dernier pourcentage inclut ceux qui n'osent pas s'avouer illettrés. Il est alors précisé : "*notre pratique quotidienne nous fait porter la réalité à plus de 10%, voire 15%*" (l'estimation englobant à la fois les S.D.F. qui n'ont jamais su lire et écrire, et ceux qui ont oublié).

Ces pourcentages correspondent à ceux des années antérieures : en 1988, alors que la permanence n'avait pas encore été séparée en deux parties en fonction de la première lettre du nom, le rapport d'activité donnait les chiffres suivants (établis à partir de 2528 "primo") : -illettrés : 3% ; C.E.P. : 32,5% (dont 42% diplômés) ; B.E.P.C : 13% (dont 63,5% diplômés) ; C.A.P./B.E.P. : 18,5% (dont 91% diplômés) ; Bac : 7% (dont 73% diplômés) ; Ens. sup. : 4% (tous diplômés) ; Restait : 22%.

Les taux ne sont pas compatibles avec l'idée d'une relation systématique entre le niveau social et intellectuel et l'absence de domicile. Ils le sont d'autant moins, si on les analyse logiquement, c'est-à-dire dans une perspective comparative.

En 1988, il y avait en France 2 200 000 personnes ne maîtrisant pas la lecture et l'écriture en France, qui représentaient 6,3% des adultes[27]. Ces chiffres sont finalement peu éloignés de ceux avancés pour les S.D.F. (entre 3% et 10 à 15% d'illettrés en 1988). De même, on ne peut pas se contenter de noter le faible pourcentage de bacheliers (entre 6 et 8-9%) : mais il faut rapporter ce chiffre à la proportion de bacheliers dans l'ensemble de la population française. Comme les S.D.F. de la Permanence "Mazas" ont plus de 28 ans et que le Bac se passe vers 18-20 ans, il faut comparer leur niveau d'instruction avec celui des générations antérieures à 1984 (= 1992 - 28 + 20). Voici les pourcentages de ceux qui passaient le bac par génération :

1950 : 5,9% ; 1955 : 8 ; 1955 : 8 ; 1960 : 12,6 ; 1965 : 11,8 ; 1968 : 18,5 ; 1970 : 18,5 ; 1975 : 22,2. A partir de 1979, les taux, établis pour les hommes et les femmes réunis, sont : 25,3 ; 1983 : 27,9[28].

Pour une démonstration rigoureuse, il faudrait donner tous les pourcentages établis pour les hommes seulement ; il faudrait tenir compte aussi de la pyramide des âges des S.D.F. de la Place

[27]QUID 1993, p 1228. Selon le Ministère de la Défense, il y avait la même année sur 420 000 appelés, 30 000 illettrés (7,14%), dont 1000 analphabètes.

[28]QUID 1993, p 1228.

Mazas, par rapport à celle des Français en général. Cette réserve faite, il reste que la différence entre le niveau d'instruction de la sous-population des S.D.F., et celui de l'ensemble de la population française, apparait très relativisée. Dans la mesure où l'influence de l'héritage socio-culturel est souvent prolongée par des considérations sur le faible degré d'instruction des S.D.F. ou leur fragilité psychologique, ces remarques viennent renforcer la critique des théories de la prédestination.

Le deuxième niveau de la critique concerne l'extrapolation des données statistiques aux destins individuels.

Selon une interprétation très répandue, la situation actuelle des S.D.F. s'expliquerait par leur enfance dans un milieu socio-culturel "défavorisé", responsable de leur manque d'instruction et de leur inadaptation à la société. Ayant toujours été proches des marges, ils seraient logiquement précipités à la rue au moindre accident professionnel, familial ou autre, mettant en péril le fragile équilibre antérieur[29]. On trouve ce raisonnement développé en 1965 au sujet du quart monde par Jean Labbens dans *La condition sous prolétarienne, L'héritage du passé*. L'auteur mène son étude au début des années 1960 dans le bidonville de Noisy-le-Grand, alors animé par l'Association A.T.D. Quart Monde (Aide à Toute Détresse). En 1963, il comporte 1142 personnes. Pour explique pourquoi cette population n'a pas pu se procurer un "*logement normal*", Labbens étudie les "*origines familiales*"[30]. A partir de témoignages, il soutient qu'il n'y a quasiment pas de cas de "*pauvreté par accident*", c'est-à-dire qu'il ne voit pas d'adultes qui n'auraient pas été capables de se maintenir au niveau atteint par leurs parents. Si on excepte quelques étrangers, la plupart des habitants ont passé leur enfance soit à l'Assistance publique, soit dans un foyer pauvre. Quelques individus, pourtant, sont issus de la classe ouvrière ou de la classe moyenne ; mais en considérant le ménage, Labbens ne trouve que des exemples où le conjoint "sort de l'Assistance publique", ou est lui-même un "miséreux" .

*Jean Labbens, 1965, pp92-93.* "Pour la quasi totalité des Français, on peut parler de prédestination ou de prédisposition au

---

[29]Cette idée semble intuitivement confortée par les travaux des sociologues qui ont mis en évidence l'existence d'une "culture du pauvre" (Richard HOGGART, *La culture du pauvre. Etudes sur le style de vie des classes populaires en Angleterre*, 1970 (1957)) ou qui, dans l'ouvrage dirigé par P. BOURDIEU en 1993, *La misère du monde*, évoquent au sujet des plus pauvres l'image du ghetto (Loïc WACQUANT, "The Zone", pp181-204.). Elle s'appuie aussi sur les analyses de BOURDIEU et PASSERON sur les mécanismes de reproduction des inégalités à l'intérieur du système scolaire, dans *Les héritiers*, 1964.

[30]Jean LABBENS, 1965, pp66-93.

bidonville : prédestination pour les nomades et les miséreux, pour la plupart des pauvres aussi puisqu'un élément structurel... est intervenu pour les maintenir ou les enfoncer dans la pauvreté. Prédisposition pour les anciens de l'Assistance publique, quelques pauvres et quelques-uns de ceux qui se sont unis à un conjoint des autres catégories. Bref, pour plus de 90% des foyers et au moins 82,5% des individus leur situation actuelle est un héritage".

Ces travaux ont été souvent cités pour justifier l'idée d'un "handicap social". Mais en fait, l'adjectif "social" masque une version savante de la prédestination individuelle. En 1963, tous les enfants de miséreux n'échouaient pas nécessairement dans les bidonvilles ; tous les pauvres, ainés de familles nombreuses, non plus. A plus forte raison, on ne peut pas suivre l'auteur quand il élargit le raisonnement au ménage, en l'appliquant aux personnes qui ont épousé un enfant de l'Assistance Publique, ou un "miséreux".

Ces arguments peuvent sembler vieillis. En fait, on retrouve le même type de raisonnement, au sujet du divorce, de l'alcoolisme ou de la violence d'un parent : dans la mesure où le nombre de Français qui répondent à ce critère est très supérieur au nombre de S.D.F., on ne peut pas vraiment parler d'"explication". Dans ces conditions, l'idée de prédestination est nécessairement inadéquate. Jean Labbens l'admettait d'ailleurs implicitement, en préférant parler pour les pauvres et les conjoints de miséreux de "prédisposition". Ceux qui ont certaines caractéristiques auraient alors simplement "tendance" plus que les autres à avoir des problèmes de logement. Pourtant cette idée, très répandue, rejoint les apories de la "fragilité".

La notion de prédisposition, si elle rassure les personnes issues d'un bon milieu socio-culturel, n'explique rien.

Premièrement, elle repose sur des généralisations que les données statistiques ne justifient pas. Cette notion, malgré le flou qu'elle autorise, suppose quand même au moins que les origines des S.D.F., ou leur niveau d'instruction, sont en moyenne significativement différents de ceux des Français en général. Or on a vu que la différence devait être sérieusement nuancée. Dans ces conditions, même l'idée de "prédisposition" apparait comme discutable.

Deuxièmement, la critique porte sur un niveau plus théorique : qu'est-ce que ce glissement de la "prédestination" à la "prédisposition" signifie, si ce n'est que les caractéristiques individuelles n'impliquent pas nécessairement un destin, et qu'elles ne prennent sens que dans un certain contexte, où la réalité sociale extérieure aux individus intervient ? Les deux mots sont assez proches apparemment (et aussi phonétiquement) pour que les arguments en faveur du second terme suffisent à faire accepter les conclusions qui découleraient de la démonstration du premier. Mais il existe en réalité une différence sémantique profonde ; car si le contexte social intervient, ne serait-ce qu'un peu, alors cela signifie qu'il ne suffit pas de vouloir "soigner" ou "corriger" des individus. Le raisonnement fait donc surgir la question de l'action qu'il serait possible et souhaitable de mener au niveau global, politique, macro-économique et macro-social.

Les stéréotypes relèvent largement du mythe, et déforment la réalité. L'étiquette, en proposant des "portraits-types" et des "trajectoires-types" répond à la question "Comment en sont-ils arrivés là ?" en cherchant "Qui sont les S.D.F., et pourquoi ces personnes là ?". Mais si tous les S.D.F. ne ressemblent pas à l'étiquette, et s'il n'y a pas de prédestination, la question perd son intérêt au profit de deux autres : "Quelles réalités sociales font que l'on peut devenir S.D.F. en France aujourd'hui ?", et "Pourquoi cela se produit-il effectivement dans un certain nombre de cas ?". Repenser l'exclusion suppose ainsi de resituer les trajectoires individuelles dans leur contexte social.

### Trajectoires individuelles et contexte social

Il existe de nombreux travaux qui cherchent à établir comment on devient pauvre, marginal, S.D.F., à partir de l'analyse d'histoires de vie simplifiées : les trajectoires individuelles. Ces travaux font souvent l'objet d'une réflexion sur la représentativité des échantillons, sur les risques de dissimulation, d'exagération ou de mensonge... Mais ces critiques ne me semblent pas les plus déterminantes. Il faut commencer par montrer les limites de cette approche, et ses dangers, avant de préciser les enseignements qu'on peut en tirer pour la critique des stéréotypes.

Les stéréotypes peuvent être intériorisés par les S.D.F. eux-mêmes : il existe un risque de trouver dans leurs récits des rationalisations a posteriori où ils se considéreraient eux-mêmes comme prédestinés. À l'inverse, certains peuvent mettre abusivement en avant leur malchance. Les récits de vie sont toujours ordonnés a posteriori par des rationalisations faites en toute connaissance des soupçons qui pèsent sur tous les S.D.F.. Cette ombre laisse planer un doute qui me semble déjà irrémédiable, concernant une vérification trop simpliste de la validité d'un stéréotype par des éléments de trajectoires.

Surtout, les études de trajectoires individuelles procèdent par construction, en cherchant à déterminer les éléments qui ont rendu l'individu vulnérable, et les moments déterminants qui l'ont fait basculer. Elles trouvent donc toujours, par construction, des éléments qui s'enchaînent et qui reconstituent une sorte de fatalité, un "destin" personnel de l'individu. Autrement-dit, ces études et leurs généralisations ne prennent leur sens que dans l'hypothèse de "terrains favorables" et d'individus "prédisposés". Elles font appel au stéréotype de la fragilité et s'appuient sur une théorie de la prédestination.

Les analyses de trajectoires rassurent par la mise en évidence de facteurs cumulés auxquels la plupart d'entre nous échappent, et elles entretiennent l'espoir de recettes miracles, car chercher comment quelqu'un a pu en arriver là, c'est espérer comprendre les moyens de l'éviter. Mais elles introduisent immanquablement des biais qui ne permettent pas de tirer des conclusions sur la validité des stéréotypes.

Pour autant, je ne propose pas de renoncer à l'analyse des récits de vie : mais ceux-ci ne me semblent utilisables que pour la mise en évidence d'indices sur les trajectoires possibles et sur le contexte social. Plus précisément, les récits de vie sont une source d'information sur les éléments du contexte qui rendent certaines trajectoires possibles. Ce regard est évidemment arbitraire. Cependant, il permet d'identifier des "problèmes" au niveau du fonctionnement global de la société et de suggérer comment ils peuvent influencer des existences. La démarche suppose d'étudier par ailleurs la réalité et l'ampleur de ces problèmes. Alors on pourra poser la question des mesures de politique sociale qui devraient, avant de réprimer des individus ou de multiplier des services personnalisés, s'attacher à les résoudre.

*Comment devient-on S.D.F. ?*
*Des récits de vie aux trajectoires possibles*

J'ai recueilli des récits de vie au cours d'un travail de bénévolat dans des associations et d'un stage d'observation dans des services sociaux parisiens au début des années 1990. Après en avoir retranscrits certains, je propose de les utiliser comme source de renseignements sur le contexte social. Je verrai alors dans quelle mesure il est possible d'imaginer des trajectoires de S.D.F. sans faire intervenir le stéréotype de la fragilité.

En mars 1992, j'ai mené des entretiens dans la salle d'attente d'une des deux annexes du Bureau d'Aide sociale de la Ville de Paris, spécialisées dans l'Accueil aux S.D.F. hommes de plus de 28 ans. A chaque fois, je demandais au S.D.F. volontaire ce qu'il attendait de sa visite, avant de le faire parler de lui.

*Exemple 1.* Le premier qui a accepté de parler était un étranger, originaire de Somalie. Il avait une trentaine d'années. Il parlait mal le français. Il venait là dans l'espoir de faire aboutir une demande de R.M.I.. Sa carte de séjour était valable pour 10 ans (grâce à son statut de réfugié politique). Mais son gros problème était la langue. Il était électricien, mais avec ses difficultés pour parler français, il n'arrivait pas à trouver d'emploi. Il était d'abord allé dans un foyer de réfugiés, quatre mois, et encore deux mois. C'est le maximum possible dans ce genre de foyers. Il dormait à la rue maintenant, quelquefois dans le métro, ou plus souvent sous les ponts, dans un carton.

*Exemple 2*. J'ai aussi discuté avec un Français, bedonnant, qui m'a dit au cours de l'entretien avoir 43 ans. Il était vif, souriant et jovial et parlait bien. Il a commencé sans difficultés à me raconter que sa femme était morte trois ans avant, et que ça l'avait beaucoup perturbé. Quand sa femme était morte, il n'avait pas d'emploi. Il a perdu son logement. Avec un copain rencontré dans un train, il a squatté d'endroit en endroit. C'est la première fois qu'il venait demander une aide dans un service social, parce qu'on lui avait volé ses papiers. Quelquefois, il allait manger chez les soeurs, et il connaissait un curé qui lui prêtait de temps en temps un peu d'argent. Il m'a aussi parlé de la vie quotidienne de la "zone", comme quelqu'un qui s'en est bien accommodé. Il avait cherché du travail, mais... Ce qui lui avait "foutu un coup au moral", c'est quand il s'était présenté à Air France et qu'on lui avait dit qu'il était trop vieux, que 39 ans, c'est le maximum. Je lui ai demandé de quoi sa femme était morte. Elle s'était suicidée. Lui aussi avait essayé. Le jour de l'enterrement, il avait fait une dépression, on lui avait retiré son enfant, "placé chez la grand-mère". Je lui ai demandé s'il avait toujours ses parents. Il a répondu que oui. j'ai demandé s'ils ne pouvaient pas l'aider. Selon lui, c'étaient de "pauvres gens". Il était retourné les voir, une fois, quelques jours. Mais une semaine, pas plus. C'était pas possible, de toutes façons. Ils ne pouvaient pas l'aider, et il n'était plus un gamin. Bien qu'il ait l'air sobre, et aucunement "abîmé" ni par l'alcool ni par la rue, je lui ai aussi demandé s'il buvait. Il m'a répondu qu'avant, quand il était avec sa femme, jamais. Depuis, ça lui arrivait. Mais selon lui, les gens buvaient parce qu'ils étaient malheureux, et puis quand ils n'avaient pas assez à manger : "on condamne, mais il faut comprendre".

En janvier 1992, je me suis trouvée dans une permanence d'accueil du Secours catholique dans le 18ème arrondissement, à Paris. J'attendais pour voir la responsable de la permanence. J'ai discuté avec une femme, qui attendait également.

*Exemple 3*. Elle parlait avec beaucoup d'aisance, avec un léger accent africain (elle était métisse). Comme je lui ai dit que j'étais étudiante, et que je travaillais sur les S.D.F., elle m'a d'abord dit qu'elle était bien logée dans le quartier ; puis, elle a avoué qu'elle avait "cassé" (autrement-dit, elle avait pénétré dans l'appartement par effraction). Elle venait de recevoir un mot de la mairie, quelqu'un allait venir pour mener une enquête. Elle avait une raison : c'était à son mari. Il avait vendu. Mais elle, elle avait trois enfants. Elle pouvait se priver de tout, même de manger, pendant une semaine des fois, mais pas de logement : "ça, il en faut bien un, c'est pas possible, sinon". Elle avait la possibilité de payer un loyer : elle touchait 8000F par mois (elle a précisé un peu plus tard qu'elle faisait un stage qui lui rapportait 2900F, et qu'elle touchait 4200F d'allocations familiales ; elle ajoutait peut-être dans son calcul une éventuelle aide au logement ?). Elle venait voir si on pouvait lui faire bénéficier d'une mesure de relogement.

J'ai aussi beaucoup discuté avec des S.D.F. dans le cadre d'un travail de bénévolat dans une association de quartier à Paris. Cette Association avait été agréée pour domicilier les S.D.F., dans le cadre de la loi sur le R.M.I. ; elle leur prêtait son adresse et assurait un service de courrier.

*Exemple 4*. Un homme est venu, en février 1992. Il avait un oeil en moins, une béquille. Il a montré sa carte d'invalidité ; il avait 55 ans. Né à Paris, il avait été fonctionnaire de Paris, avant son accident. Il était resté deux ans à l'hôpital. Puis, il avait été hébergé chez quelqu'un, mais c'était en H.L.M. et il est interdit d'héberger quelqu'un en H.L.M.. La personne avait eu une amende, et il avait dû partir. Il avait une pension de 5000F, avec ça, selon lui, il ne pouvait pas aller à l'hôtel (il n'aurait plus rien eu pour vivre). Il disait n'avoir droit à aucune aide, sauf l'aide ménagère. Il était en foyer d'accueil.

*Exemple 5*. En mars 1992, un jeune homme est arrivé. Il était très vif, très intéressé par le monde autour de lui et les expériences qu'il faisait. Il avait 22 ans, un prénom algérien et un nom Français. A Paris depuis trois semaines, il venait de Saint-Etienne (l'adresse sur sa carte d'identité se trouvait dans cette ville). Il m'a raconté qu'il était venu à Paris pour trouver un travail, mais ça n'avait pas marché, parce qu'il lui manquait des papiers restés à Saint-Etienne. Il n'avait pas assez d'argent pour retourner là-bas, alors il avait décidé de continuer à chercher sur place. Un clochard lui avait indiqué l'adresse de l'Armée du Salut ; finalement, il était dans le foyer de la rue Stendhal. Il se disait très confiant, parce qu'il avait un diplôme ("dans la restauration"). Mais sa situation financière commençait à devenir critique, et il avait absolument besoin d'une adresse pour donner à un employeur.

*Exemple 6*. En janvier 1993, un homme est arrivé pour se faire domicilier. Il a montré sa carte de séjour -encore valable : il était Tunisien, il avait 35 ans. Il a expliqué qu'il venait de faire faillite (une entreprise de transport). On lui avait tout pris, même le logement, malgré l'hiver. On lui avait juste laissé son camion. Il voulait recommencer à travailler, monter une autre entreprise. Sa femme travaillait, mais ce n'était pas assez pour un logement ; ils cherchaient quand même. Ils espéraient qu'ils trouveraient vite, parce qu'ils dormaient dans le camion et qu'ils n'en pouvaient plus.

*Exemple 7.* En avril 1993, une jeune femme est venue pour un duplicata (elle était déjà domiciliée à l'Association). Elle était Française, Parisienne depuis toujours. Elle a raconté qu'elle avait un enfant de six mois. Elle était hébergée chez sa soeur, mais elle ne pourrait pas y rester encore longtemps : "c'est provisoire, c'est normal". Elle avait quitté son mari : il la battait, en plus il se droguait, alors elle avait préféré partir. Et puis elle était très croyante (catholique), alors, elle ne voulait pas se prostituer (sous-entendu : c'était ce que son mari voulait). Elle était inquiète : elle ne savait pas où elle irait quand sa soeur ne voudrait plus la garder.

*Exemple 8.* En juin 1993, un couple est venu pour faire un duplicata de domiciliation pour la jeune femme. Pendant qu'un bénévole s'occupait d'elle, j'ai discuté avec le jeune homme, qui attendait. Il avait 23 ans, il était Français. Il vendait "le journal", Macadam[31] : avec ça, "avec la petite", ils allaient à l'hôtel. Je lui ai demandé s'il avait cherché un autre travail. Il a répondu qu'il en avait un, "avant". Il avait aussi un logement, il était hébergé chez sa soeur. Mais il était allé à l'Armée. Sa soeur était partie en Bretagne. Quand il était revenu du Service militaire, il n'avait plus rien. Il avait essayé de prendre une chambre de bonne, et puis il avait eu des dettes ; ça faisait quatre ans et demi qu'il était à la rue.

*Exemple 9.* En mars 1994, un homme est venu pour le courrier, blond, avec des cheveux frisés, et des très grosses lunettes. Il n'y avait personne derrière lui. A ma grande surprise, il a engagé la conversation, en me demandant si j'allais bien. Nous avons discuté, des foyers, des endroits où il dormait... Je lui ai demandé si ça faisait longtemps qu'il vivait comme ça. Il a soupiré, et répondu qu'avant, il était dans sa famille. Mais c'était une famille nombreuse, et puis, ses parents faisaient des va et vient entre la France et l'Algérie (quand il a dit cela j'ai pensé qu'il était peut-être d'origine kabyle, mais je n'ai pas posé la question, car il a aussitôt enchaîné). De toutes façons, il y avait un âge où il fallait partir : on ne pouvait pas rester, tout le monde avait ses problèmes, il fallait bien qu'il se débrouille. Il avait 28 ans, il cherchait un logement depuis trois ans. Il m'a expliqué qu'il avait fait une demande en H.L.M. : "Parce que j'ai quelque chose, moi. J'ai un handicap, reconnu, et tout, par la COTOREP". Je lui ai demandé s'il touchait l'Allocation Adulte Handicapé : oui, justement. Donc, il avait demandé un logement. Une fois, on lui avait même téléphoné, pour lui dire que c'était accepté, qu'il pouvait venir. Mais quand il était venu, on lui avait dit

---

[31] Un journal vendu à la criée par les S.D.F., qui l'achètent 4F et le revendent 10F.

que non, que ce n'était plus bon, et qu'il fallait attendre encore six mois. Ca faisait un an et demi maintenant, et il n'y croyait plus. "Quand on dit c'est bon, qu'on vient et que c'est pas vrai, on peut plus y croire". J'ai demandé si le handicap, c'était à cause de ses yeux (comme il avait des grosses lunettes). Il a expliqué que oui : même grosses, elles ne corrigeaient pas tout ; et il faisait des hémorragies, il en avait encore fait une la semaine passée. Il a ajouté qu'il n'y avait pas que ça, mais il semblait ne pas vouloir s'appesantir sur le sujet. Je lui ai demandé s'il cherchait quand même un travail. Oui, il cherchait. Il avait fait une formation, dans un centre pour handicapés, pour être menuisier ; mais il acceptait tout, d'ailleurs, il avait fait d'autres métiers, comme soudeur. Seulement, c'était toujours des contrats temporaires, et ça n'avait jamais débouché. Et puis, travailler pour 2000F, ce n'était pas motivant ; surtout qu'on lui retirait la somme sur son allocation. D'après lui, les gens comme lui, ou comme tous ceux qui avaient des problèmes, c'était pas parce qu'ils avaient pas de courage, ou parce qu'ils voulaient pas, c'était parce qu'on les avait exclus. "Pour ne pas être exclus, il faut un logement, une voiture, une télé, ce qu'on nous montre, quoi. On dit : il faut ça ; et nous, de ça, on est exclus ; il faut 8000F, pour pas être exclu, et encore. Moi, j'ai pas 4000, et vous, les étudiants, 5000, avec le C.I.P. C'est pas assez, c'est pas juste, ça ! Je comprends quand les étudiants manifestent". (Il m'a fait confirmer que j'étais étudiante, et il semblait m'inviter à partager son indignation). Il est parti en disant que j'étais sympathique, parce que c'était rare, les gens qui demandaient, comme ça, qui posaient des questions.

*Exemple 10.* Georges, domicilié à l'Association, en est aussi un membre bénévole. Né en 1923, il est grand, mince, avec une longue barbe blanche, des longs cheveux blancs qui le font surnommer "père Noël", "Jésus" ou "Panoramix". Il a un bras en moins. J'ai sympathisé avec lui à l'Association, mais il m'a aussi amenée dans des endroits où il allait manger, prier, ou aider à la naissance d'un journal...

Il m'a raconté son histoire par bribes, quelquefois pour satisfaire ma curiosité, quelquefois au hasard d'une lettre de sa soeur, de sa fille ou d'un de ses fils. Il était marié, père de six enfants, chef d'une petite entreprise qui appartenait déjà à son père. Il m'a raconté les circonstances de son mariage : d'après lui, il plaisait moins à sa future femme qu'à sa belle-mère. Il l'avait un peu deviné, il avait dit à sa fiancée de bien réfléchir ; mais quelques jours après elle était venue se jeter à ses pieds en disant qu'elle l'aimait et il l'avait crue. Et puis sa femme avait eu un amant, quelqu'un de très haut placé qu'il préférait appeler "le Grand Manitou". Il avait refusé de laisser ce Grand Manitou pistonner ses enfants, occuper son lit. Sa famille s'était liguée contre lui.

Il était passé en justice, sous l'accusation de terrorisme (il préférait en rire). Là, ses ennuis avaient vraiment commencé. Il avait écrit à un juge une lettre d'insultes, avec des menaces (selon lui, celles que profère tout homme excédé, manifestement pas des menaces sérieuses) ; mais cela avait joué contre lui. Ses biens avaient été mis sous tutelle. On avait émancipé son fils ainé pour que celui-ci puisse être son tuteur. Il avait essayé de garder de l'argent sur des comptes multiples, mais tous avaient été fermés les uns après les autres. Il avait préféré partir au Danemark, où il avait réussi à transférer un peu d'argent et où il était resté deux ans. Mais il continuait de là-bas à écrire des lettres, à remuer ciel et terre. Il commençait à devenir encombrant, même pour le Danemark (ou pour la Justice de ce pays). On lui a d'abord dit de se tenir tranquille, et comme il a continué à écrire des lettres il a été reconduit à la frontière sous escorte de deux policiers danois. Normalement, en arrivant en France, il aurait dû être accueilli par quelqu'un de sa famille. Mais il n'y avait personne. Les policiers danois l'avaient laissé, et c'était comme ça qu'il était rentré en France, à Paris, en 1981.

Il était directement descendu dans le métro, pour demander à un vendeur de cacahuètes où on pouvait aller pour manger et dormir quand on n'avait pas d'argent ; deux heures après, il était à l'Armée du Salut. Pendant dix ans, il avait alors fait un peu tous les centres d'hébergement, avant de rentrer dans la "mouvance squat". Lors de la mise en place du R.M.I., il avait réussi à le toucher, bien que normalement il n'aurait pas dû (puisqu'il était sous tutelle). Enfin, il avait fait partie du squat presque légal (c'est-à-dire protégé par les Associations), dont l'expulsion, en 1991, avait donné lieu à des manifestations Place de la Réunion. Il y avait beaucoup de familles Africaines, mais aussi des Blancs isolés, comme lui. Ceux-là, on avait d'abord essayé de les disperser dans des centres d'hébergement, mais bien sûr ils étaient tous revenus pour bénéficier des mesures de relogement. Finalement, on lui avait proposé de partager un appartement F3 avec un autre squatter, avec qui il ne s'entendait pas spécialement, mais ils avaient accepté. En fait, ils sous-louaient à une Association agréée. Il avaient une allocation logement, avec ça, il ne leur restait plus à payer que 1200F (600F chacun).

Il n'était donc plus vraiment "S.D.F." quand je l'ai connu, même s'il se considérait toujours comme tel, puisqu'il ne choisissait pas la personne avec laquelle il devait vivre. Il continuait à vouloir recevoir son courrier à l'Association, et bien sûr à manger dans les repas de charité. Dans le petit monde de la misère et des Associations parisiennes, j'ai pu remarquer qu'il était célèbre pour un chèque de 10 000 F, dont on racontait partout qu'il l'avait déchiré. Ce chèque était devenu un mythe, évoqué aussi bien par les S.D.F. que par les travailleurs sociaux. A ce propos, Georges m'a raconté qu'il s'était évanoui une fois dans un repas partagé, à un moment où il était malade ; la responsable de l'Association avait alors contacté sa famille. Pensant qu'il allait mourir, celle-ci avait fait parvenir un chèque de 10 000 F, mais pas à son nom : au nom de la responsable de l'Association. Elle était prête à le toucher pour lui, mais il n'avait pas voulu. Il ne l'avait pas déchiré, il l'avait gardé, comme une pièce à conviction, comme preuve que tout ça n'était pas normal : mais ce qu'il voulait, ce n'était pas de l'argent, c'était qu'on reconnaisse qu'il n'avait pas besoin de tutelle.

Je citerai enfin deux exemples que j'ai connus dans un cadre différent. En mai 1992, j'ai passé deux fois huit heures dans un Centre d'hébergement et de Réinsertion Sociale à Paris. De cet établissement dépendait trois structures : un foyer d'hébergement en urgence où l'accueil était limité à 15 jours maximum ; un foyer de réinsertion, dont l'accès était subordonné à un "projet professionnel" (6 mois maximum) ; et enfin un "hôtel social", sans limitation de durée mais avec une limite d'âge (65 ans) et le paiement d'un loyer de 1450F/mois. J'avais obtenu d'être présente seulement en qualité d'observateur. J'ai notamment assisté à des entretiens menés par l'animatrice qui gérait l'hôtel social[32].

*Exemple 11.* Un hébergé de l'hôtel social est arrivé. Il ne payait pas son loyer depuis deux mois. Il a expliqué qu'il avait perdu son travail. L'animatrice lui a dit qu'alors elle ne pouvait pas le garder. Il a répondu qu'il cherchait tous les jours, qu'en fait c'était lui qui avait quitté son emploi, parce que ce n'était plus possible : il travaillait 17 ou 18 heures pour 100F par jour, sans être déclaré, chez un forain. L'animatrice lui a dit qu'il avait été prévenu dès le départ, il avait toujours su que s'il ne payait pas, ce serait fini : "dans une semaine c'est la porte". Elle lui a reproché de ne pas en avoir parlé dès qu'il s'était retrouvé son travail, et a ajouté : "C'est comme si tu n'étais jamais passé chez nous, tu repars à zéro". Quand il est parti, elle m'a dit : "tu vois le circuit, parfois inévitable, de certains".

*Exemple 12.* L'animatrice a fait venir quelqu'un, pour lui proposer de passer du C.H.R.S. à l'hôtel social. Elle a expliqué qu'il devrait payer 1450 F par mois, auxquels il fallait ajouter la première fois une caution de 775F. L'hébergé a répondu qu'il voulait bien à condition d'attendre le mois de juin, parce qu'il n'avait pas encore les économies suffisantes pour avancer 2245F. Au cours de la discussion, il a dit qu'il était veilleur de nuit. L'animatrice lui a demandé s'il ne désirait pas trouver un logement

---

[32] L'animatrice leur demandait s'ils étaient d'accord pour que je reste ; il n'y a eu aucun refus.

ailleurs. Il a répondu : "si, si, j'ai ouvert un dossier en avril 1991. J'ai vu le maire récemment, on m'a fait une lettre, c'est en bonne voie, mais il faut attendre encore un ou deux ans". L'animatrice a alors commenté : "de toutes façons, on n'y arrive qu'à coups de piston"...

Ces récits, malgré leurs limites, suggèrent la vie derrière l'argumentation, et un minimum de complexité au-delà des images véhiculées par l'étiquette. Par exemple, l'idée que les S.D.F. "cumulent les handicaps", qu'ils sont toujours des "sans famille", en rupture avec leurs parents ou leur conjoint parait contredite par les cas de S.D.F. qui disent garder des contacts, parfois réguliers, avec un ou plusieurs membres de leur famille ; mais ils manifestent le sentiment selon lequel ce n'est pas à la famille d'héberger, au moins à partir d'un "certain âge".

Les récits donnent ainsi des arguments pour construire des trajectoires possibles de S.D.F. sans faire intervenir les stéréotypes de l'étiquette. C'est ce que je propose de faire maintenant, avec l'idée de montrer que la conjonction de certains éléments du contexte social au cours des années 1990 en France, permet, mieux que l'hypothèse du cumul de handicaps ou de la "prédisposition", de rendre compte du phénomène S.D.F.

Soit une personne sans fragilité particulière, "comme vous et moi". On peut prendre comme point de départ du raisonnement l'absence de logement. Comment cette personne peut-elle se trouver dans cette situation ?

Deux termes d'une alternative se présentent : soit il s'agit d'un choix, soit d'une réalité subie. S'il s'agit d'un choix, je peux imaginer quelqu'un fasciné pour la liberté et la bohème, ou qui a voulu partir au hasard, changer de vie, suite à un deuil ou une déception, ou bien encore qui ne supporte plus d'être à la charge de quelqu'un d'autre : c'est le cas du jeune qui veut son indépendance, ou de l'adulte sans ressources qui ne veut pas retourner chez ses parents. Dans ces derniers cas, le choix se fait sous contrainte sociale ou familiale.

Si maintenant l'absence de logement est une réalité subie (elle peut l'être dès le début, ou bien choisie d'abord, subie ensuite) : quoi qu'il en soit, quelles raisons pourraient empêcher aujourd'hui d'avoir un domicile, ou de garder le sien ? Deux cas sont possibles. Soit la personne se trouve dans l'impossibilité matérielle de payer les dépenses afférentes au logement (loyer, charges, traites) ; soit elle est sans logement pour des raisons autres que financières : par exemple, elle est devenue S.D.F. suite à une dispute avec le conjoint, les parents ou toute autre personne qui a un droit sur le logement ; ou encore suite une décision de justice, consacrant par exemple le droit du propriétaire à mettre fin au bail. Mais la situation sans-domicile-fixe semble alors devoir être provisoire, sauf si un problème financier surgit.

Dans la France contemporaine, le principal obstacle au logement est donc l'absence, ou le manque, ou l'irrégularité des revenus qui empêchent de trouver un logement.

Les problèmes financiers empêchent-ils toujours d'avoir un logement ? Non, sans-doute ; car la personne peut aussi trouver quelqu'un pour l'héberger ; ceci pose le problème de ses relations avec sa famille ou de son réseau d'amitié, mais aussi la question plus générale de la solidarité, publique ou privée, sociale ou familiale, des lacunes de la protection sociale etc[33]. La personne peut aussi bénéficier de faveurs, ou de particularités du système de logement : on trouve à ce niveau la question des mécanismes de ce qu'il est convenu d'appeler le "marché du logement". En réalité, ils interviennent aussi quand on énonce l'idée "d'insuffisance" des revenus ; car l'insuffisance est toujours relative, dans le cas présent aux exigences financières liées à la jouissance d'un domicile.

Mais revenons à la question des revenus. Comment peut-on venir à en manquer ? Pour répondre, il convient de distinguer les revenus du travail, des autres revenus. On pense surtout aujourd'hui aux chômeurs, qui ne trouvent pas un emploi régulièrement rémunéré. Les causes du chômage peuvent être individuelles, ou économiques et sociales : il y a aujourd'hui moins d'offres que de demandes d'emploi. Les "formes particulières d'emploi" (contrats précaires, travail au noir) peuvent permettre à quelqu'un de se maintenir dans son logement, mais pas d'en obtenir un, car alors il faut faire intervenir les exigences du bailleur et encore une fois les mécanismes de l'offre de logement. Dans ce cas, le fait de perdre le logement, suite à la décision du propriétaire de ne pas renouveler le bail, à un sinistre, ou même à la rénovation du quartier, devient la cause déclenchante du processus.

Il y a aussi d'autres revenus que ceux liés au travail. La perte des revenus du capital est déterminante pour le rentier ruiné par l'inflation, ou le riche actionnaire qui a tout perdu dans un krach boursier (sans oublier le "flambeur" qui a mal géré son argent). Surtout, il y a aussi tous les revenus de transfert, notamment les prestations sociales. Une personne au chômage touche des indemnités : mais celles-ci diminuent avec le temps et finissent par disparaître. Une personne handicapée physique ou mentale peut aussi toucher une allocation adulte handicapé. Mais tous les handicapés n'ont peut-être pas cette allocation, ou celle-ci parait parfois insuffisante pour trouver un logement. La même remarque

[33]Le terme "solidarité" est chargé de significations en sociologie. Ici, je le prends dans un de ses sens usuels, que l'on peut définir comme "ce qui pousse les hommes d'une société à s'accorder une aide mutuelle".

peut être appliquée à tous les revenus de transfert, y compris le Revenu Minimum d'Insertion (tous ne le touchent peut-être pas ; il ne semble pas suffire pour se loger). Enfin, il y a des revenus directement affectés aux dépenses de logement : les "aides au logement". Là aussi, il semble bien que le système a des lacunes.

L'exposé, sans être exhaustif, permet de conclure qu'on peut imaginer des trajectoires de S.D.F. sans fragilité psycho-sociale particulière. Il y a en France des éléments du contexte qui, en se combinant, amènent à la rue certain nombre d'individus. Cette remarque déplace la question du soupçon qui pèse sur des individus (comment en sont-ils arrivés-là ?) à la responsabilité sociale et politique (pourquoi y a-t-il des S.D.F. ?)

*Pourquoi y a-t-il des S.D.F. ?*

*Les éléments du contexte, l'approche statistique*

La question "Pourquoi y a-t-il des S.D.F." ? invite à étudier les obstacles que le contexte social met sur la route de nombreux individus. Je reviens sur trois thèmes principaux : la question de la solidarité familiale, celle des revenus et celle du logement.

La solidarité familiale est souvent présentée comme un rempart qui devrait empêcher le phénomène S.D.F., avec l'argument que seuls des cas individuels cumulent faibles revenus et problèmes familiaux. Derrière cette idée du sens commun, se trouve un élément déterminant du contexte : la configuration des circuits de l'entraide, en particulier familiale dans la France contemporaine.

La solidarité familiale, sous une forme minimale, exige que les parents hébergent leurs enfants. Mais dans notre société, cette attente n'implique pas que les parents doivent continuer à héberger les enfants devenus adultes, ni qu'un frère doit héberger sa soeur, un oncle son neveu, un fils son père âgé. Cette fonction de secours de la famille traditionnelle est désormais transférée ou partagée avec d'autres instances, comme les services sociaux, les hôpitaux[34]. Pour les adultes, l'accès à un logement est ressenti comme un impératif que chacun doit savoir respecter pour son propre compte. Plus généralement, tout individu "à partir d'un certain âge" est censé subvenir à ses besoins, dans le cadre des circuits légitimes de distribution des richesses, sans intervention particulière des autres membres de la collectivité inscrits dans ces circuits (faute de quoi il est considéré comme un "assisté", terme péjoratif).

La solidarité familiale peut donc jouer en certains cas (sinon, il faudrait s'étonner que certains soient "quand même" hébergés par

---

[34]cf T. PARSONS et R. BALES, *Family, Socialization and Interaction Process*, Glencoe, Free Press, 1955 ; repris et commenté par A. MICHELE, *Sociologie de la famille et du mariage*, P.U.F., 1972, pp72-76.

leur proches). Mais, en même temps, l'attente que les adultes soient autonomes au niveau de la société globale implique qu'on ne peut pas expliquer la trajectoire d'un S.D.F. par ses mauvaises relations particulières avec sa famille : pour faire la part des facteurs personnels et des contraintes sociales, il faudrait étudier dans quelles familles le modèle d'autonomie l'emporte sur celui du soutien familial. La remarque permet de rendre compte du souci d'indépendance évoqué dans plusieurs témoignages, ou encore du refus de certains S.D.F. de voir leur famille informée de leur situation. Elle suggère aussi une explication du nombre plus élevé d'hommes que de femmes sans-domicile-fixe. Dans le cas des femmes, l'obligation d'être insérées dans les circuits économiques semble moins impérative, une situation de "dépendance" paraît plus acceptable pour elles et pour leurs proches.

Il est donc abusif de caractériser les S.D.F. comme des "sans-famille" et d'expliquer leur situation par ce trait. La rupture avec les parents ou le conjoint intervient sans-doute comme un moment essentiel dans l'existence de nombre d'entre eux ; mais il s'agit d'une condition non nécessaire et non suffisante. Non nécessaire, car la concurrence du modèle d'autonomie et du modèle de solidarité familiale au niveau des représentations dans la société globale permet d'expliquer pourquoi la solidarité familiale n'intervient pas toujours pour héberger un membre "défaillant". Non suffisante, car si l'individu n'avait pas d'autres problèmes, il pourrait trouver un autre logement.

Il reste à rendre compte des raisons qui peuvent expliquer l'incapacité (en particulier financière) des S.D.F. à subvenir eux-mêmes à leur logement.

Le logement est un bien, qui s'achète ou se loue ; il peut aussi être transmis ou donné, mais les charges (notamment eau, électricité, impôts locaux) nécessitent dans tous les cas des revenus. La question des revenus au niveau national a deux facettes : le montant global distribué dans la société, et la manière dont il est réparti. Or, la France est un pays riche, qui s'est encore enrichie au cours des années 1970 et 1980, comme le montrent toutes les données de la Comptabilité Nationale (même si le rythme est moins rapide que pendant les années 50 et 60)[35]. Le revenu disponible

---

[35]Le pouvoir d'achat du revenu national, défini par la soustraction des amortissements au Produit Intérieur Brut, et celui du revenu disponible des ménages, défini comme l'addition de l'ensemble des revenus primaires (c'est-à-dire du capital et du travail) et des prestations sociales, après déduction des cotisations sociales et des impôts directs, a continué de progresser dans les années 1970 et 1980. *Les Français et leurs revenus, le tournant des années 1980*, La Découverte, 1989.

net par habitant, c'est-à-dire le montant resté à la disposition des ménages, une fois payés impôts et cotisations sociales, déflaté, et divisé par le nombre d'habitants a augmenté de 1,3% en France en moyenne entre 1982 et 1990[36] : il était alors de 77 900 francs par habitant. Entre 1990 et 1992, l'augmentation a encore été de 2,3% par an en moyenne[37], c'est-à-dire plus que l'augmentation de population[38]. Chaque année, il y a ainsi eu davantage de revenus supplémentaires à distribuer par habitant. Cela implique clairement que l'insuffisance de revenus pour certains vient de la manière dont le revenu national est réparti. C'est d'ailleurs la conclusion que tire en 1989 le rapport du Centre d'Etude des Revenus et des Coûts en évoquant "le tournant des années 1980" :"ce que révèlent dès à présent les chiffres analysés dans ce rapport est sans ambiguïté : la société française a vécu au cours des dix dernières années le passage d'une période de réduction des inégalités de revenus, amorcée dans les années soixante, à une période d'accroissement de ces inégalités, dans la seconde moitié de la décennie".

Cet accroissement des inégalités se traduit par la croissance des revenus de la propriété : par rapport aux années 1970 les performances de tous les placements ont connu une amélioration sensible[39]. Par opposition, la pauvreté s'est étendue : la part du revenu détenue par les 10% des ménages les plus pauvres a diminué, entre 1979 et 1984, de 15%. Cette pauvreté s'explique notamment par la diminution des revenus du travail pour un grand nombre de ménages, dans un contexte de chômage et de développement des emplois précaires. Les auteurs du rapport du C.E.R.C. soulignent que "non seulement un seul salaire (ou revenu non salarial), quand il est faible, ne suffit pas à faire vivre un ménage, mais il est souvent associé à un travail précaire et à une probabilité élevée d'être touché par le chômage". Si on distingue les catégories, on constate que les retraités ont été globalement préservés ; ce n'est pas le cas des jeunes salariés. "Stages rémunérés,

---

[36] *L'approche quantitative et qualitative des besoins en logement et de la solvabilité de la demande*, Rapport présenté par Joseph NIOL, Journal Officiel, Avis et rapports du Conseil Economique et Social, Lundi 12 juillet 1993, annexe 2.4, p128.

[37] *Constat de l'évolution récente des revenus en France (1989-1992)*, documents du Centre d'Etude des Revenus et des Coûts, La Documentation Française, p29.

[38] La population en France a augmenté de moins de 0,6% par an en moyenne sur la période, selon des sources I.N.S.E.E..

[39] à l'exception des terres agricoles.

contrats à durée déterminée, intérim ont été le lot d'une fraction croissante des jeunes arrivant sur le marché du travail"[40].

Pour quantifier les effets de cette situation sur le marché du travail, on peut citer le rapport commandé par la Direction de l'Action Sociale au Ministère des Affaires Sociales, de la Santé et de la Ville, le rapport Chasseriaud[41], qui distingue à la fin de l'année 1992 dix entrées pour décrire les personnes "en grande difficulté sociale" . On trouve en particulier : la population bénéficiaire de Contrats-Emploi-Solidarité (558 200 bénéficiaires, dont 250 000 considérés "comme en grande difficulté s'ils quittaient la mesure") ; les jeunes de moins de 25 ans dans les dispositifs d'insertion (200 000) ; la population en stage de formation (470 000) ; la population au chômage de longue durée (sur les 900 000 qui ont été "particulièrement pris en charge", par des Actions de Suivi Individualisé, 300 000 auraient des difficultés très importantes)... Le rapport conclut qu'il y a autour d'1 400 000 personnes "en grande difficulté sociale"[42]. Ces chiffres indiquent clairement l'ampleur des mécanismes qui traversent la société globale, et sont susceptibles d'alimenter à court terme le phénomène sans-domicile-fixe.

Il n'y a toutefois pas que les revenus du travail qui sont à prendre en considération. Dans la société française, il y a aussi les revenus de transfert[43], moins valorisés que ceux d'activité ou de propriété (comme en témoigne la connotation méprisante que garde le terme "assistés") mais qui néanmoins font partie des circuits économiques légitimes, grâce auxquels les individus sont censés financer leur logement. Parmi ces revenus, il y a bien sûr les allocations chômage, les allocations familiales, l'Allocation Adulte Handicapé, l'Allocation Parent Isolé... et le R.M.I., qui selon le rapport Chasseriaud touche 575 000 ménages, dont 150 000 "en grande difficulté sociale". Or, ces revenus s'avèrent souvent insuffisants pour accéder au logement.

---

[40]*Constat de l'évolution récente des revenus en France (1989-1992)*, documents du Centre d'Etude des Revenus et des Coûts, La Documentation Française, p168.

[41]*La Grande Exclusion sociale*, rapport au Ministre des Affaires Sociales, de la Santé et de la Ville, par C. CHASSERIAUD, novembre 1993.

[42]*La Grande Exclusion sociale*, Rapport CHASSERIAUD,1993, pp24-28.

[43]Les prestations sociales couvrent la quasi totalité des revenus de transfert (les autres revenus de transfert, c'est-à-dire l'assurance, les opérations nettes d'assurance-dommage, et des opérations diverses de répartition, représentant moins de 5% du total dans les années 1980). Parmi les prestations sociales, il faut distinguer plusieurs postes : les pensions et retraites ; l'assurance-maladie, maternité, accidents du travail ; les prestations familiales ; les prestations chômages ; et les "autres prestations".

S'il n'est pas question ici de développer pour lui-même le thème des revenus et de leur répartition, ces développements suffisent en revanche à rappeler qu'un "problème" se pose effectivement à ce niveau, en termes macro-économiques et macro-sociaux. Il n'y a pas de baisse générale des revenus distribués à l'ensemble des ménages en France ; mais il y a aujourd'hui des exclus des systèmes de distribution des revenus, et aussi des catégories de personnes qui perçoivent régulièrement un revenu dont le montant est insuffisant pour accéder à un logement. Pour cerner la manière dont cette insuffisance des revenus intervient, il faut maintenant traiter l'autre terme de la relation : l'accès au logement.

Les difficultés d'accès au logement sont le facteur le plus direct du phénomène sans-domicile-fixe.

Le fonctionnement du marché du logement en France est complexe. Certains logements sont attribués suivant des critères de situation familiale ou sociale, ouvrent droit à certaines aides, ce qui constitue des segments différents du marché du logement, sur lesquels l'enjeu du profit est concurrencé par des enjeux politiques et sociaux. Mais les segments, régis par des lois différentes, ne sont pas indépendants. Un goulot d'étranglement au niveau de l'un d'eux amène les ménages à se reporter sur les autres. C'est pourquoi, pour comprendre la situation à laquelle les ménages à faible revenus sont confrontés aujourd'hui, il faut regarder l'ensemble des segments, la "chaîne du logement".

En simplifiant, l'idée est la suivante : soit des segments hiérarchisés. En haut de la hiérarchie des segments, on trouve les maisons individuelles et l'accession à la propriété. Un peu plus bas, on trouve le secteur locatif privé à prix "libres". Encore plus bas, on trouve le secteur locatif social (lui même hiérarchisé, depuis le secteur H.L.M. jusqu'aux centres d'hébergement qui réclament une participation financière). Dans les années 1960-70, l'État s'est désengagé de la construction au profit du secteur privé, qui a notamment construit des pavillons, dans un contexte où l'augmentation des niveaux de vie permettait à un nombre croissant de ménages des classes moyennes d'accéder à la propriété. Mais avec le ralentissement de la croissance qui a suivi le premier choc pétrolier en 1973, le pouvoir d'achat de ces ménages a augmenté moins que le prix de ces logements. Ils se sont donc reportés sur le marché locatif privé et social (en particulier le parc H.L.M.) ; l'engorgement du parc H.L.M. a alors eu des répercussions sur la demande pour les hôtels sociaux ou les Centres d'Hébergement et de Réinsertion Sociale. Au bout de la chaîne, un nombre important de ménages se trouvent sans solution, S.D.F.. C'est ce qu'on appelle le "grippage" de la "chaîne du logement". Parmi les symptômes de ce grippage, on peut citer la diminution du nombre de mises en chantier, et l'augmentation des taux d'effort, c'est-à-dire du rapport entre la dépense consacrée au logement et le revenu courant des ménages[44].

C'est dans ce cadre qu'il faut poser le problème spécifique du logement des "défavorisés". D'après le "rapport Geindre", réalisé en 1989 pour le Ministre de l'Equipement, du Logement, des Transports et de la Mer,"l'exclusion... se situe dans le contexte d'un marché du logement tendu, sur lequel le logement social est sollicité de toute part"[45]. Le rapport recense quatre catégories d'exclus des logements sociaux, "à quelques exceptions près".

"a- Les populations les plus démunies et bénéficiaires, ou non, des aides sociales (titulaires du R.M.I., familles monoparentales bénéficiant des A.P.I. et plus généralement toute population dont les ressources sont inférieures au S.M.I.C.).

b- Les populations étrangères ou françaises de couleur à l'exception de ceux qui résident dans la commune et qui passent au travers de politiques dites 'du un pour un' (alors qu'ils constituent en moyenne 20% à 30% de la demande préfectorale en Région Parisienne, les étrangers ne représentent que 5% des attributions sur le contingent du préfet).

c- Les salariés précaires : être titulaire d'un contrat à durée déterminée (C.D.D.) ou être salarié en intérim -quelque soit le revenu- exclut de fait et quasiment systématiquement de l'attribution.

d- En région Parisienne, la barre du revenu est plus haute qu'ailleurs : les ménages dont les revenus sont inférieurs à 1,5 du S.M.I.C. même s'ils sont stables et si le logement demandé est de petite taille, sont par les plafonds d'effort (25% des revenus) éliminés, sauf sur les groupes les plus anciens dont les loyers sont restés bas."[46].

Cette typologie permet de cerner des profils, socialement définis, des exclus du logement. Les "défavorisés" sont définis par

---

44 *L'approche quantitative et qualitative des besoins en logement et de la solvabilité de la demande*, Rapport présenté par J. NIOL, J.O. Avis et rapports du Conseil Economique et social, 12 juillet 1993, annexe n° 1.3. Ce rapport rappelle notamment que, partant du recensement de 1990, l'I.N.S.E.E. a établi des projections qui évaluaient des besoins en logements de 362 000 logements par an entre 1990 et 1995. Pourtant, le nombre de mises en chantier a été de 309 000 en 1991 et 277 000 en 1992 (pp8-9). cf aussi Gérard CURCI et Claude TAFFIN, "Les écarts de loyer", *Economie et Statistique*, n° 240 spécial Logement, février 1991, p36.

45 *L'Attribution des logements sociaux*, Rapport GEINDRE, 1989, p17.

46 *L'Attribution des logements sociaux*, Rapport GEINDRE, 1989, p8 et p13.

des revenus faibles ou irréguliers, par leur situation professionnelle précaire et (ou) par des considérations ethniques.

Le fonctionnement du marché du logement génère actuellement des obstacles très importants au droit au logement. Parmi les éléments du contexte social dans la France des années 1980 et 90, les normes sociales de la solidarité familiale, la force des attentes concernant l'autonomie financière et matérielle des adultes, les transformations dans la répartition des revenus du travail, les limites dans le système de protection sociale et les transferts financiers, se combinent avec la situation sur le marché du logement pour exclure du logement d'un "certain nombre" de personnes. Comme j'ai montré que l'image du S.D.F. fragile et prédestiné relève d'une représentation mythique, il apparait désormais clairement que la genèse du phénomène S.D.F. n'est pas individuelle mais sociale, ce qui implique notamment que les solutions doivent être pensées au niveau global.

# DEUXIÈME PARTIE

# LA VIE QUOTIDIENNE DES SANS-DOMICILE-FIXE

Chapitre 3

# La vie sans adresse et sans toit

Je propose maintenant d'observer ce qui se passe dans la vie quotidienne des personnes à partir du moment où elles se retrouvent "Sans-Domicile-Fixe". Mon expérience de terrain dans les associations et les services sociaux parisiens[1] m'amène à penser que même s'il n'y a pas de déterminisme absolu, de nombreux éléments concourent à empêcher les personnes qui ont perdu leur domicile, d'en retrouver un. Hubert Prolongeau écrit : "*La rue est une broyeuse. Le chemin qu'elle offre est pavé de minuscules renonciations, d'obstacles où, chaque fois, ils laissent un peu de leur dignité*"[2]. Ce troisième chapitre décrit les obstacles auxquels il fait allusion, en retraçant les petites touches qui toutes ensemble, dessinent les contours d'un entonnoir faisant glisser les sans-domicile-fixe vers la clochardisation.

Si la pauvreté est toujours une épreuve, les sans-domicile-fixe rencontrent dans leur vie quotidienne des difficultés spécifiques liées à la double dimension de la norme Logement : l'adresse, et le toit.

---

[1] J'ai réalisé pendant plus de vingt mois un travail de bénévolat régulier, une fois par semaine, le mercredi de 18 à 19h, dans une petite association de quartier du 18è arrondissement de Paris agréée pour recevoir des élections de domicile. J'ai aussi effectué un stage dans une des annexes du Bureau d'Aide Sociale de la Ville de Paris spécialisé dans l'accueil des Sans-Domicile-Fixe hommes, de plus de 28 ans, et un autre stage dans un des Bureaux d'Aide Sociale d'arrondissement de Paris. J'ai aussi fait un stage dans un C.H.R.S., et mené une expérience d'observation participante dans le cadre de repas partagés avec des S.D.F.

[2] Hubert PROLONGEAU, *Sans Domicile Fixe*, 1993, p11, 15.

L'adresse est indispensable pour recevoir le courrier, administratif, professionnel, amical, familial. Elle est en ce sens un élément fondamental de la sociabilité et de l'existence sociale, dont une partie, dans notre civilisation de l'écrit, passe par les lettres et le courrier. Mais l'adresse est également l'élément qui permet de situer les personnes, de savoir où les trouver, ou au moins où les contacter, où leur laisser un message. Pour cette raison, elle est aussi une condition indispensable pour toute une série d'actes qui conditionnent l'intégration à la vie civique, économique et sociale de la Nation (pour l'obtention de papiers d'identité, l'ouverture d'un compte, l'accès à de nombreux "droits"...). Pourtant la question du quotidien sans adresse ne permet pas de rendre compte de la réalité du phénomène S.D.F. Il convient en effet de distinguer d'une part les questions liées au fait de ne plus avoir d'adresse du tout, d'autre part les questions relatives à la pratique de la domiciliation et ce que l'on entend parfois appeler la "fausse adresse", ou, par extension sans-doute du mot Sans-Domicile-Fixe, l'adresse "qui n'est pas fixe". Il s'agit de l'adresse "prêtée" par les associations qui en ont l'agrément[3]. Cette pratique introduit les S.D.F. dans des circuits particuliers, en marge des circuits "normaux".

De même, à propos du toit il faut distinguer parmi les S.D.F. la situation de ceux qui sont sans toit du tout,"à la rue", des "sans toit fixe", en squat ou en centre d'hébergement.

## LE QUOTIDIEN SANS ADRESSE FIXE

### Sans courrier, sans secteur

La vie sociale et professionnelle, mais aussi la vie amicale et familiale, sont fortement perturbées par le handicap que représente l'impossibilité de recevoir la moindre lettre par voie postale. Une personne sans adresse ne peut en effet se voir communiquer aucun papier, comme par exemple la carte de pointage de l'A.N.P.E. (qu'il faut remplir et renvoyer pour ne pas être rayé et continuer à pouvoir prétendre aux A.S.S.E.D.I.C., lorsque l'on est chômage). Cette même personne ne peut pas non plus recevoir les courriers par lesquels elle obtient et prolonge son droit à un revenu quel qu'il soit (R.M.I., A.S.S.E.D.I.C., Allocation Adulte Handicapé...). Sans adresse, il n'est pas possible non plus donner des coordonnées à un employeur qui réserverait sa décision d'embauche. La

---

[3]Cette procédure a été initiée dans le cadre de la loi sur le R.M.I.. L'agrément est donné conjointement par le Préfet et le Président du Conseil général du département. Il autorise à recevoir les élections de domicile des personnes sans résidence stable, qui souhaitent bénéficier du R.M.I..

perspective pour le patron de ne pouvoir joindre l'employé, par courrier ou par téléphone, contribue au rejet du candidat à un emploi sans adresse.

Plus généralement, la question du courrier est un facteur d'isolement des personnes Sans-Domicile-Fixe. Elle aggrave les difficultés à communiquer avec la famille, pour ceux dont les parents ou les enfants habitent à l'étranger, ou dans une autre région de France. Lors des repas de Noël, la question des cartes de voeux reçues de la famille est un sujet de conversation important entre S.D.F. Cette possibilité de communiquer est importante toute l'année, même pour ceux qui ont peu d'instruction. Un S.D.F. domicilié à l'Association où j'étais bénévole m'a un jour demandé d'écrire une lettre pour sa soeur. Elle disait : "Chère Line, j'ai bien reçu ta lettre, qui m'a fait très plaisir. Je pense bien à toi. Pense à écrire à ta mère, tu ne l'as pas encore fait depuis que tu es partie. Embrasse bien les enfants (suivaient les deux prénoms). A Bientôt". Et il a signé, d'une écriture mal assurée qui ressemblait à un dessin.

L'adresse n'est pas seulement un moyen de communication postale. Elle est aussi pour les administrations un critère de partage des compétences et de sectorisation, et pour toutes les institutions (y compris les services bancaires) une garantie de pouvoir retrouver la personne. Sans secteur d'appartenance, les S.D.F. se trouvent alors exclus des circuits administratifs, sanitaires et sociaux. Ainsi, les hôpitaux selon la loi ne doivent pas refuser de soigner ; dans les procédures prévues également par la loi, comme ils ont en charge un secteur géographique, ils sont amenés à considérer comme indésirable toute personne qui ne relève pas de leur secteur, surtout si celle-ci n'a pas de carte de Sécurité Sociale, ce qui est souvent le cas pour les sans-adresse. Dans tous les hôpitaux (psychiatriques ou non), les S.D.F. qui se présentent aux urgences sont soupçonnés de parasitisme et de recherche d'un substitut à l'hôtel. Lors d'une émission télévisée en décembre 1992[4], la Directrice de la Maison de Nanterre dénonçait la pratique qui consiste à ne pas les recevoir, en notant l'état de santé épouvantable dans lequel les clochards arrivaient finalement dans son établissement ; elle citait le cas de nombreux S.D.F. qui arrivaient à bout de force à l'hôpital de Nanterre, après avoir été refusés dans plusieurs autres établissements, et illustrait par l'exemple de l'un d'eux, mort l'après-midi du jour de son arrivée : il était à la dernière extrémité.

L'observation des pratiques d'un Bureau d'Aide Sociale de la Ville de Paris montre aussi le rejet des circuits habituels de l'aide sociale. Lors de mon stage dans un B.A.S d'arrondissement du 10 février au 6 mai 1992, j'ai pu observer que quand un demandeur se

---

[4] "Affaires à suivre", le 23 12 92, 12h05, sur France 3.

présente, il doit d'abord présenter son adresse : l'aide sociale étant sectorisée, chacun relève d'un travailleur social, responsable d'un quartier de l'arrondissement bien délimité, avec certaines rues et pas d'autres. Les instructions sont de renvoyer toutes les personnes hors arrondissement, y compris les Sans-Domicile-Fixe. La règle, que doivent faire respecter les employés de l'accueil, est qu'il faut une preuve de trois ans de résidence à Paris. L'exclusion des S.D.F. est pour eux une activité à part entière et même importante, que l'adjointe de la Directrice justifie avec cet argument : "au B.A.S., on ne peut s'occuper que de ceux dont tous les papiers sont en règle. Sinon, on envoie sur les adresses caritatives".

Le service des "enquêteurs-visiteurs" du même Bureau d'Aide Sociale d'Arrondissement parachève le caractère méthodique des précautions prises pour exclure les S.D.F. Pendant la moitié du temps (par exemple tous les matins), un enquêteur visiteur reçoit les personnes qui dépendent de son sous-secteur ; l'autre moitié de son temps est consacrée aux enquêtes à domicile, dans le but de vérifier les dires des demandeurs. Dans ce service, les S.D.F. sont assimilés à des fraudeurs, qui cherchent à obtenir des secours auxquels ils n'ont pas droit, et qu'il convient dans la mesure du possible de démasquer. Aussi, la première tâche est de vérifier qu'il y a bien le nom de la personne sur la boite aux lettres de l'adresse indiquée. Si ce n'est pas le cas, l'enquêteur sonne, interroge la concierge ou le voisinage pour savoir si le demandeur habite bien là. Dans le cas contraire, le demandeur voit son dossier refusé et il n'est plus reçu.

Les S.D.F., ainsi exclus des services habituels de l'aide sociale, sont (dans le meilleur des cas) renvoyés vers les organismes spécialement prévus pour eux.

A Paris, il y a quatre annexes du Bureau d'Aide Sociale pour les Sans-Domicile-Fixe : la permanence Joinville pour les "femmes et couples" (qui dans la réalité s'occupe surtout des femmes, car faute de centres d'hébergement mixtes les couples sont rapidement séparés) ; la permanence Stendhal pour les "hommes de moins de 28 ans" ; la permanence Belleville" pour les "hommes de plus de 28 ans, dont le nom commence de A à I" ; et la permanence Mazas pour les "hommes de plus de 28 ans, dont le nom commence de J à Z". Ce découpage, qui marque une différence de traitement symbolique avec les non S.D.F., pose aussi des problèmes pratiques. En effet, les quatre permanences spécialisées du B.A.S. sont situées respectivement dans le 19ème arrondissement de Paris, le 20ème, le 20ème et le 12ème. Par contraste, les centres d'hébergement se situent souvent dans le 13ème, les associations dans le 18ème... Un tel système génère inévitablement la galère et l'errance, surtout lorsque deux S.D.F. toujours ensemble ne dépendent pas de la même permanence. Très souvent, un S.D.F. est envoyé par un travailleur social ou un bénévole mal renseigné à une permanence, alors qu'il dépend d'une autre. Il faut préciser que le système de découpage a changé plusieurs fois en quelques années, ce qui complique la mémorisation des informations aussi bien pour les S.D.F. que pour ceux qui les renseignent : jusqu'au début des années 1990, les deux permanences pour les hommes de plus de 28 ans ne faisaient qu'une ; puis le déménagement d'une partie des lettres a été progressif. D'une manière générale, le circuit des institutions pour S.D.F. est redoutablement complexe et opaque, l'information circule mal.

Le système peut même parfois sembler à la limite d'une absurdité à la Kafka, par exemple quand ces institutions appliquent le principe de n'aider à Paris que les Parisiens.

Lors d'un stage que j'ai effectué une demi-journée par semaine du 11 février au 24 mars 1992 à la Permanence Mazas, j'ai assisté plusieurs fois à "l'ouverture", le matin, à 8h30, aux côtés du personnel de l'accueil. A chaque fois, celui qui s'adressait aux S.D.F. demandait d'abord : "C'est la première fois que vous venez ?". Si la réponse était "non", tout allait assez vite, et après vérification, on lui donnait un ticket pour prendre son tour auprès de son assistante sociale. Si le S.D.F. disait "oui" ; l'employé demandait : "Vous habitez où ?". Cette question provoquait souvent la panique et l'angoisse du S.D.F. répondant, très bas et comme honteux : "je suis sans domicile". L'employé répliquait alors, sans agressivité mais sans concession : "il faut être à Paris depuis un mois, il faut une preuve". De fait, le rapport d'activité de la Permanence en 1990 précisait : "Sont considérées comme "S.D.F." et relevant de la compétence des permanences sociales, les personnes vivant à Paris depuis plus d'un mois, ayant une adresse (Association, tiers, A.N.P.E., R.M.I., C.A.F., Centre d'hébergement, B.A.S. etc.). Toute personne sollicitant un entretien ou une aide doit produire une pièce d'identité officielle portant l'état civil complet.Un justificatif de la domiciliation à Paris est à exiger : la carte Paris Santé, la carte de Sécurité Sociale, la carte de pointage ou la carte de R.M.I., à défaut des documents comportant une adresse à Paris depuis plus d'un mois (feuilles de paye, sortie d'hôpital, titres de pension, de retraite, d'A.A.H. ou d'hébergement)".

J'ai discuté de ce texte avec l'Assistante Sociale chef qui m'a expliqué :

-"C'est pour éviter les touristes ; ils viennent à Paris, comme ça, et ils veulent manger gratuitement. C'est la Mairie qui finance, enfin les contribuables, les impôts des Parisiens[5]. C'est pour ça, c'est normal, on demande que les S.D.F. soient parisiens, pour les aider. Il faut qu'ils aient des attaches à Paris, qu'ils soient Parisiens depuis au moins un mois.

- Mais comment vous faites pour savoir, puisque justement ils n'ont pas de logement ?

- Oui, c'est vrai, c'est difficile. On leur demande s'ils sont dans un centre d'hébergement depuis un mois, ou bien l'hôtel (des quittances d'hôtel)... ou bien s'ils ont une carte d'identité faite à Paris. Enfin il y a la règle, quelquefois c'est plus souple... Mais quand quelqu'un arrive, qu'il est à Paris depuis moins d'un mois, on l'envoie d'abord aux associations caritatives. S'il revient après, au bout d'un mois, on l'accepte en général".

Outre l'impossibilité d'échanger du courrier, l'absence d'adresse entraîne donc l'exclusion du circuit habituel de l'Aide Sociale, et le renvoi à des institutions différentes, réservées aux S.D.F. Ce circuit particulier, spécialement destiné aux S.D.F., n'est pas pour autant d'un accès facile pour eux. Il commence avec la recherche d'une adresse administrative, la "domiciliation".

### Domiciliation et ségrégation

L'élection de domicile ou domiciliation auprès d'un organisme agréé n'implique en aucun cas un hébergement, elle consiste seulement à permettre aux S.D.F. de justifier d'une adresse. Cette démarche est un préalable indispensable pour toutes les démarches administratives et plus généralement pour l'exercice des droits civils et sociaux. Ce constat donne tout son intérêt à la question des difficultés que les personnes Sans-Domicile-Fixe rencontrent pour franchir cette étape qui, pourtant, n'est que la première d'un long parcours dans un circuit à part, celui des "sans-adresse-fixe".

A Paris, il n'y a pas d'organismes où les S.D.F. soient sûrs qu'en se présentant, ils ressortiront avec un papier de domiciliation. Comme il faut une adresse pour être reçu dans les permanences du service public, les associations "loi 1901" agréées par le Préfet et le Président du Conseil Général constituent donc le premier maillon de la chaîne. Elles inscrivent les S.D.F. et distribuent le courrier aux heures d'ouverture. Mais ces associations sont amenées à imposer des conditions qui varient sans cesse, au gré des nouvelles

---

[5]Le financement de la part de l'Etat est relativement faible par rapport à celui de la Ville de Paris (en 1992, 500 000 francs, par rapport à six millions). L'argent alloué par la Ville permet surtout de financer les salaires des travailleurs sociaux.

directives des administrations, des mésaventures de leurs bénévoles et de l'afflux de nouveaux S.D.F. qu'elles peuvent gérer.

Les petites associations de quartier rencontrent de multiples problèmes pour leur survie : problèmes de locaux, déménagements successifs... Entre fin 1991 et fin 1993, la petite association du 18ème arrondissement de Paris dans laquelle j'étais bénévole a déménagé trois fois, après à chaque fois de longs mois d'attente et d'angoisse de la décision de la municipalité d'aider à trouver un local. Le nombre de personnes inscrites a varié entre 400 au départ, à 2200 Sans-Domicile-Fixe au temps le plus fort, en mars 1993. À cette date plus de 1000 venaient régulièrement (au moins une fois par mois). Les bénévoles étaient alors débordés, l'association a alors arrêté de prendre de nouvelles inscriptions, mais la D.D.A.S.S. est intervenue pour exiger que l'association continue de domicilier, en reprochant que l'association ait inscrit d'autres S.D.F. que les demandeurs du R.M.I.

Dans la vie quotidienne des S.D.F., la domiciliation est donc synonyme d'errance avant de trouver la bonne institution, et d'efforts pour garder ce lien.

Pour trouver, les S.D.F. doivent interroger des travailleurs sociaux et des bénévoles plus ou moins bien informés, avec des renseignements plus ou moins récents. La même incertitude entache les "tuyaux" donnés par les copains, ou les personnes rencontrées au hasard d'un pain partagé, d'un centre d'hébergement, ou d'une file d'attente... Voici comment le Président de l'association, travailleur social à la mairie, présente le problème.

- "Pour savoir où ils doivent aller, il y a la Mairie, les services du Bureau d'Aide Sociale ou du Centre Communal d'Action Sociale en Province, qui font un peu guichet d'information. Mais après, il faut encore que les gens se déplacent. Quelquefois, les gens sont gênés, ou déprimés...Et souvent, l'information est dispersée, parce que tout le monde n'est pas compétent sur tout".

J'ai pu le vérifier à la petite association où j'étais bénévole. Par exemple, en février 1992, deux hommes sont arrivés. Ils avaient eu du mal à arriver, on les avait mal orientés... J'ai donné la feuille de présentation, avec les horaires. Tout en la lisant, l'un d'eux m'a demandé :

- "Et c'est quoi, alors, ici ? C'est catholique ?"

- Un peu : notre Président est un diacre de l'Eglise catholique, mais que ce n'est pas vraiment religieux

- C'est intéressant, surtout pour les copains. Y en a plein qui ne savent pas où aller pour se domicilier".

En mars 1992, un jeune provincial de 22 ans m'a raconté son périple, depuis son arrivée à Paris (cela faisait plus de trois semaines) :

" - D'abord, j'ai demandé à un clochard, qui m'a donné une adresse, à la Croix-Rouge. Mais eux, ce n'est pas vraiment pour les S.D.F., je crois, alors ils m'ont envoyé à l'Armée du Salut. C'est là-bas que je mange, au pain partagé. A l'Armée du Salut, ils m'ont dit d'aller Quai de la Rapée[6]. Là, ils m'ont envoyé à Belleville[7]. A Belleville, ils m'ont trouvé un foyer, rue Stendhal. Je dors là-bas. Là, j'ai sympathisé avec quelqu'un, il m'a dit de venir ici pour me faire domicilier plus vite : parce qu'à Belleville, ce n'est pas possible, je crois, ou il faut attendre longtemps, et à l'Armée du Salut, il faut attendre aussi, ils sont débordés, il faut un rendez-vous... On peut dire, c'est un vrai parcours du combattant ! Et puis c'est un cercle vicieux, aussi, parce qu'il faut un domicile pour trouver un emploi, et un emploi pour pouvoir payer... Mais enfin, là je suis content : parce qu'on a bien avancé, quand même".

L'habitude des démarches longues transparaissait aussi dans une réflexion étonnée que j'ai beaucoup entendue au début, quand l'association domiciliait tous ceux qui se présentaient et qu'il n'y avait pas encore d'attente : "C'est tout ? Il n'y a rien à faire d'autre ?". Par la suite, l'impression de facilité qu'avaient eue les premières centaines de S.D.F. inscrits dans cette petite association s'est estompée.

Il y avait toujours eu des petits problèmes. Par exemple le chauffage était régulièrement en panne, et le petit chauffage d'appoint dans le petit bureau fonctionnait mal, aussi l'hiver était parfois froid, aussi bien pour les bénévoles que pour les S.D.F. venus élire domicile. Surtout, avec l'explosion des demandes, les conditions d'accueil se sont détériorées. Au début, quand une personne venait, aussi bien pour le courrier que pour une domiciliation, elle trouvait la porte ouverte, et elle entrait pour demander ce qu'elle voulait, elle pouvait discuter... A partir de l'été 1992, quand le millier d'inscrits a été atteint, les S.D.F. ont dû attendre leur tour en restant dehors. Il y avait deux files, qui partaient de la cour et finissaient en haut de l'escalier. La plus longue, à droite, était celle pour le courrier, qu'une bénévole distribuait par la fenêtre. La plus petite, à gauche, était composée par ceux qui demandaient une élection de domicile : on les faisait entrer un par un, et si la bénévole ouvrait la porte, on ne le voyait pas de dehors, car elle se dépêchait de la reclaquer.

---

[6]une des Annexes du B.A.S. spécialisée dans l'accueil des S.D.F. hommes, de plus de 28 ans.

[7]la Permanence du B.A.S. spécialisée dans l'accueil des S.D.F. hommes, de moins de 28 ans.

A la fin de l'année 1992, alors que le chiffre de 2000 allait être dépassé, la détérioration est devenue encore plus sensible. Quand j'arrivais avant 18h, il y avait souvent déjà vingt à vingt-cinq personnes qui attendaient pour le courrier, et jusqu'à une petite dizaine pour les domiciliations. Quel que soit le temps, même par un froid très rigoureux, même sous une pluie battante, il n'était pas question de laisser entrer, et cette pratique a ensuite prévalu même quand le nombre de ceux qui se présentaient a commencé à diminuer. Le débordement de l'Association se ressentait sur les S.D.F. par la moindre qualité du service rendu, mais aussi à travers les accès d'humeur des bénévoles. À l'hiver 1992, suite à des problèmes d'humidité de la cave, la nourriture pour les colis alimentaires distribués le jeudi a été entreposée dans la salle où se faisaient les élections de domicile. Peu après, une bénévole a exigé que les domiciliations se fassent dans la cuisine, à l'étroit parmi les fourneaux et les chiffons, parce qu'il y avait eu "trop de problèmes" (des S.D.F. venus pour un duplicata avaient vu des boites de conserve et s'étaient plaints de ne pas avoir eu la même chose dans leur colis). L'installation dans la cuisine, aussi peu agréable pour les bénévoles que les S.D.F. demandeurs, a duré plusieurs semaines. En mars 1993, une autre bénévole a commencé à débrancher le téléphone pendant les heures d'ouverture, pour donner une prime à ceux qui attendaient dehors ("C'est trop facile de téléphoner pour savoir si le courrier qu'on attendait était bien arrivé, pendant qu'il y en a qui attendent dehors sous la pluie"). Le Président s'en est aperçu, un jour où il n'a pas réussi à nous joindre, et il a exigé que le téléphone soit à nouveau branché.

Après le 31 mars 1993, le Président a décidé qu'il fallait arrêter de faire de nouvelles inscriptions. Le mercredi 7 avril, une semaine après, et malgré un affichage signalant que nous avions arrêté, une petite dizaine de S.D.F. se sont présentés pour une élection de domicile. Le Président était là ; à chaque fois, il leur disait d'aller voir une assistante sociale. Je lui ai demandé pourquoi il ne proposait pas d'autres adresses, il m'a répondu : "C'est trop compliqué. On a déjà envoyé chez quelqu'un qui avait arrêté aussi, parce qu'il était submergé, les autres en général acceptent des publics particuliers, comme les jeunes ou les sortants de prison ; il faudrait téléphoner partout pour savoir".

La consigne était donc d'envoyer les S.D.F. à l'annexe du Bureau d'Aide Sociale dont ils dépendaient, en espérant qu'elle serait mieux informée. Mais après l'été 1993, des S.D.F. ont commencé à se présenter de plus en plus souvent, en présentant une feuille dactylographiée avec nos coordonnées et nos jours et heures d'ouverture.

Un jour où le président était là, un jeune est venu pour s'inscrire.

"- Nous n'inscrivons plus, ici, c'est pour ceux qui sont déjà domiciliés depuis longtemps, déjà. Il faut aller au Bureau d'Aide Sociale, pour vous c'est Stendhal.

- Mais c'est eux qui m'envoient.

- Ce n'est pas possible, nous on ne peut plus, eux ils peuvent. De toutes façons c'est quand même à eux, à la Mairie, de savoir où il faut aller

- Moi je ne sais pas, mais ce sont eux qui m'ont envoyé, ils ont dit qu'ils ne domiciliaient plus eux mêmes. Il me faut juste un papier, j'ai rendez-vous avec un patron demain, je ne peux pas y aller sans papier de domicile... C'est pas normal quand même qu'on nous envoie comme ça, moi je viens, je me déplace, on n'est pas des bêtes, quand même, on est des humains, on devrait pas nous balader comme ça.

- Je suis d'accord, ce n'est pas normal, mais nous ici on n'y peut rien, il faut retourner là-bas, c'est eux qui peuvent vous dire".

Cependant, l'aventure que constitue pour les personnes Sans-Domicile-Fixe le fait de trouver une adresse ne s'arrête pas à la quête d'une "bonne" association. Encore faut-il qu'ils puissent présenter les justificatifs. Ils doivent aussi les présenter pour prendre le courrier, et chaque déménagement de l'association faisait changer d'adresse tous les S.D.F. inscrits, auxquels on demandait à cette occasion de représenter leurs papiers.

Au début, dans l'association où j'étais bénévole, aucun justificatif n'était exigé. Le Président disait que nous n'étions pas une annexe de la Préfecture, et que tout le monde a le droit de recevoir du courrier. Mais quand il a dû prendre la décision d'arrêter les nouvelles inscriptions, une inspectrice de la D.D.A.S.S. a exigé que l'association continue de domicilier les demandeurs de R.M.I. Dès lors, il n'a plus été question de faire un simple duplicata si la personne n'avait pas un justificatif d'identité, même si elle avait des photocopies d'anciens papiers. Le problème, c'est que pour refaire les papiers d'identité la Préfecture de Paris exigeait au minimum un justificatif de domiciliation auprès d'une association, selon une procédure longtemps restée inscrite sur les murs de l'association[8].

Pour une nouvelle carte d'identité :

1) Faire une élection de domicile (au cas où ce n'est pas encore fait, ou si elle date de plus de trois mois), puis faire une déclaration au commissariat du quartier du domicile d'élection ;

---

[8]Avant même le décret du 14 octobre 1994, la Préfecture de Paris acceptait de refaire les cartes d'identité des S.D.F. avec une élection de domicile auprès d'une association agréée dans le cadre de la loi sur le R.M.I. (contrairement à la Préfecture des Hauts-de Seine).

2) Demander une copie d'acte de naissance à la mairie de la commune de naissance ;

3) Faire deux photos d'identité ;

4) Muni des photos d'identité, demander une nouvelle Carte Nationale d'Identité à la Préfecture de Police 90 Boulevard Sébastopol ;

5) La convocation pour retirer la carte arrive dans un délai variable (plus de deux semaines). Le timbre fiscal de 150F est alors demandé.

P.S. : Pour le timbre fiscal, s'adresser muni de la convocation à la permanence du Bureau d'Aide Sociale pour les personnes Sans-Domicile-Fixe dont on relève

Plus encore que pour les Français domiciliés, les démarches d'un S.D.F. qui a perdu ou s'est fait voler ses papiers d'identité sont un parcours d'obstacles dont la porte d'entrée peut toujours se dérober.

Selon cette inscription faite avant le rappel à l'ordre de la Préfecture en août 1993, la première étape pour faire refaire la carte d'identité était donc la domiciliation. Par conséquent, à partir du moment où cette étape a été elle-même conditionnée par la quête de justificatifs, les S.D.F. devaient d'abord produire une copie d'acte de naissance : pour ceux qui n'étaient pas nés à Paris, la mission est quasi-impossible puisque, sans adresse nulle part, ils ne peuvent pas recevoir cette copie par courrier. La déclaration de perte dans un commissariat est également impossible, faute de "preuve" qu'on est parisien. Par exemple, en février 1992, j'ai domicilié un jeune homme de 28 ans, Français originaire d'Afrique Noire. Il avait seulement une carte de l'A.N.P.E. de Marseille. Il a tout de suite commencé à expliquer qu'il n'avait plus de papiers : il venait de Marseille, il les avait perdus à Reims. En arrivant à Paris, il était allé au Commissariat pour faire une déclaration de perte, mais là, on lui avait dit qu'il fallait aller à Marseille, et vraiment, il ne pouvait pas, il n'avait plus d'argent, et puis sans papiers, c'était difficile... Le Président de l'Association lui a expliqué, sur un ton qui se voulait rassurant : "C'est parce que vous n'aviez pas de domiciliation sur Paris. Vous avez dit que vous étiez de Marseille, il ne fallait pas, mais maintenant, vous n'aurez qu'à dire que vous êtes sur Paris ; avec la domiciliation, ça devrait aller, ce n'est pas la peine de repartir à Marseille". Il lui a donné l'adresse du commissariat tout proche, et aussi celle de la Préfecture, en indiquant la procédure à suivre. Quand le jeune Sans-Domicile-Fixe est parti, Jean a commenté, indigné : "Il y a vraiment de la méchanceté ; vraiment, c'est de la méchanceté ; et quelquefois, ça suffit pour enfoncer quelqu'un qui est déjà un peu au bord du précipice...".

Chacune des autres étapes pour refaire la carte d'identité peut aussi constituer un véritable obstacle pour les Sans-Domicile-Fixe, dans leur vie quotidienne.

Les photos, en apparence, sont chose facile à réaliser parmi celles demandées pour refaire la carte d'identité. Pourtant, trouver 20 ou 40F n'est pas toujours simple. De plus, selon les assistantes sociales, les S.D.F. "les plus désocialisés" craignent d'en faire. Avec les photos, l'attestation de domicile, l'acte de naissance, les S.D.F. doivent se rendre à la Préfecture. À Paris, une seule annexe accepte leur dossier, mais son adresse a changé plusieurs fois (entre Quai de Gesvres et Boulevard Sébastopol). Il faut aussi que leur dossier soit accepté : un S.D.F. inscrit à l'Association est venu une fois en demandant que je lui fasse une lettre plutôt qu'un duplicata classique, parce que sur le duplicata il était écrit que l'Association avait été agréée dans le cadre du R.M.I., et comme lui, il touchait des A.S.S.E.D.I.C., l'employé de la Préfecture lui avait dit que ce n'était pas possible. Le dossier accepté, les S.D.F. doivent attendre leur convocation (un temps variable, au moins deux semaines généralement), et venir la chercher. Quand ils viennent, comme le courrier est distribué sur présentation d'un papier justificatif de l'identité, cela peut encore être l'occasion d'incidents.

Puis les S.D.F. doivent aller chercher un timbre fiscal gratuit à la Permanence du B.A.S. dont ils dépendent : mais seulement après avoir reçu la convocation, pour éviter qu'ils disent avoir perdu le timbre entre temps et qu'ils l'aient en fait revendu. Tout ceci provoque des déplacements longs, pour lesquels ils n'achètent pas toujours de ticket, risquant ainsi une contravention. Encore la délivrance du timbre fiscal peut être en elle-même problématique. En juin 1993, une S.D.F. qui lisait la procédure inscrite sur le mur s'est exclamé :

"A Joinville[9], c'est pas vrai, ils font rien, je peux te dire. Pour la carte d'identité, ils font rien, et alors pour le timbre, encore moins".

Le timbre enfin obtenu, reste l'ultime étape : aller rechercher le précieux papier à la Préfecture.

Pour les étrangers Sans-Domicile-Fixe, sans carte de séjour, qui veulent en refaire ou en avoir une, la procédure est encore plus compliquée que pour la carte d'identité : en effet, les domiciliations auprès d'une association ne sont pas acceptées par l'O.F.P.R.A. Mais il y a aussi des complications supplémentaires pour certains originaires des DOM TOM, notamment de Mayotte (territoire Français).

---

[9]L'Annexe du Bureau d'Aide Sociale de Paris pour les Sans-Domicile-Fixe femmes et couples.

En septembre 1993, un conflit a opposé des bénévoles sur la question de savoir si on pouvait domicilier à l'association un homme d'une quarantaine d'années. Il y avait une attestation d'une administration de la Réunion, une autre d'une administration de Mayotte, disant, avec tampons et signatures, que le Monsieur en question était né à Madagascar, mais que comme ses parents, nés à Mayotte, étaient Français, lui-même avait la nationalité Française. Il y avait aussi la photocopie de son passeport, et de sa Carte Nationale d'Identité (qu'il avait perdus et qu'il voulait refaire). Et il avait un papier du Tribunal de Paris, stipulant le refus de délivrer un certificat de nationalité "au vu du dossier", ainsi qu'un dernier document, non officiel, comprenant la liste des documents à fournir ; toutes les exigences dactylographiées étaient barrées, mais une avait été rajoutée au stylo vert : "5) Une quittance de loyer". Un des bénévoles m'a expliqué : "De toutes façons, la domiciliation ici ne l'aiderait pas. Le Tribunal sait qu'il est Français, ils ne disent pas le contraire. Seulement, pour qu'on lui délivre le papier qui le prouve, maintenant il faut une quittance de loyer. La nationalité, il l'a, on peut pas lui enlever mais le papier qui le prouve, ce n'est plus possible qu'il l'obtienne : ça doit être les nouvelles lois".

En effet la domiciliation, une fois obtenue, ne suffit pas à donner toutes les prérogatives d'une "vraie adresse", ou, selon l'expression de l'un d'eux un jour : "une adresse fixe, quoi, où on habite". Les permanences spécialisées dans leur accueil ne suivent pas les mêmes procédures et ne donnent pas les mêmes secours, les démarches exigées pour refaire la carte d'identité, et pour obtenir le R.M.I., sont compliquées.

Les annexes spécialisées gèrent l'aide facultative et constituent un "milieu d'écoute et d'accompagnement individuel". Les S.D.F. peuvent y demander des bons d'alimentation ou de transport (on leur donne rarement la carte orange, pour les "responsabiliser"). Ils peuvent aussi demander des secours financiers exceptionnels, dont le montant est en moyenne plus faible que dans les bureaux d'aide sociale d'arrondissement : 50 à 60 F en moyenne, au lieu de 600 à 700 F[10]. Depuis avril 1991, les Annexes spécialisées dans l'accueil aux S.D.F. ont aussi le rôle d'instruire toutes les demandes d'aide légale des S.D.F. (Aide Médicale, Carte d'invalidité, placements etc.).

---

[10] En 1992, à Paris, les secours financiers pour les S.D.F. variaient dans une fourchette de 50 à 150 F pour quinze jours. Les demandeurs domiciliés, dépendant du B.A.S. d'arrondissement, peuvent obtenir des secours de 500 à 1 500 F (rarement 3 000 F). Les travailleurs sociaux justifient cet écart par le fait que les S.D.F. n'ont pas de frais de logement.

Outre les montants, la différence entre S.D.F. et pauvres domiciliés tient à la procédure : les enquêteurs-visiteurs du Bureau d'Aide Sociale d'arrondissement ne sont pas directement responsables de la décision, celle-ci étant prise en dernière instance au vu du dossier par une Commission, composée de notables de la Ville ; les assistantes sociales de la Permanence spécialisée en revanche, après un entretien en face-à-face, font directement aux S.D.F. un mot pour se présenter à la Caisse qui se trouvait à côté, dans les mêmes locaux. Pour obtenir des aides, les S.D.F. doivent donc non seulement passer la barrière de l'accueil pour parvenir jusqu'à l'assistante sociale, mais ensuite convaincre celle-ci. Leur demande a d'autant plus de chances d'aboutir que leur galère semble moins grande, qu'ils sont "en attente de" (avec un contrat de travail, ou un justificatif prouvant qu'ils sont dans la période des semaines d'attente "normales" pour percevoir des A.S.S.E.D.I.C. ou une pension légale). Il faut aussi qu'il puisse justifier de la manière dont il se "débrouille", car il n'est pas question d'encourager des travailleurs au noir ni des voleurs. Une assistante sociale m'a expliqué, à propos des S.D.F. déboutés.

- "Tous les services demandent la même chose. Même à l'Armée du Salut ou au Secours Catholique, c'est pas sûr qu'ils soient aidés. On a tendance à n'aider que ceux dont on pense qu'ils vont peut être s'en sortir, pour voir le bout de l'aide. C'est pour ça, l'idéal, ici, ce serait de ne prendre que ceux qui ont des justificatifs, mais quasiment personne n'a de justificatifs

- Vous faites des catégories, avec ceux que vous pouvez aider et les autres ?

- Pas vraiment, mais... enfin il y a quand même une différence entre celui qui zone déjà depuis six mois, qui s'est déjà débrouillé... ; et celui qui vient de "tomber", qui a perdu son emploi. C'est plutôt celui-là qu'on a tendance à aider

- Il faut forcément montrer qu'on est en attente de quelque chose ? Et si quelqu'un vient, qu'il a besoin d'argent, en urgence ?

- De toutes façons, il n'y a pas de gens qui n'ont rien. Ou alors, ils sont tellement paumés qu'ils ne viennent pas ici. L'urgence pour nous ça n'existe pas. Quand ils viennent, on les oriente vers une des trois démarches : A.S.S.E.D.I.C., problèmes de santé ou R.M.I.. S'ils ne veulent pas, c'est qu'ils ont d'autres ressources qu'ils ne disent pas".

Les démarches pour obtenir et conserver le R.M.I. sont également souvent problématiques. Avec les papiers d'identité, il s'agissait d'un autre grand sujet de préoccupation des S.D.F. qui venaient à l'Association (les demandeurs ou bénéficiaires du R.M.I. représentaient environ 40% des inscrits, selon les statistiques qu'avaient faites Jean en septembre 1993).

Dans un article des "Cahiers du Travailleur social" en 1992, on lit : "Toucher son R.M.I. tous les mois est une démarche simple quand on a un compte bancaire, un livret de caisse d'épargne, une pièce d'identité et une preuve de domicile. Quand on est S.D.F. et qu'on n'a aucun de ces précieux documents les actions proposées par les services sociaux consisteront à la réfection des papiers d'identité, à la mise à jour de la situation administrative". Pour pouvoir prétendre au R.M.I., les S.D.F. doivent en effet avoir résolu les problèmes liés à l'élection de domicile, la réfection des papiers d'identité, mais aussi par exemple avoir touché les A.S.S.E.D.I.C. qu'ils n'avaient plus touché depuis la perte de leur logement. Ils doivent également s'engager dans la démarche d'insertion qui leur est proposée, dans la mesure où il y en a une. A la Permanence d'accueil pour les S.D.F. où j'ai fait un stage, les Assistantes Sociales, débordées, avouaient en mars 1992 qu'elles n'avaient pas fini de voir pour l'établissement d'un contrat d'insertion les personnes qui avaient commencé à toucher l'allocation fin 1989.

Une fois le droit à l'allocation obtenu, il faut encore le conserver. La Déclaration Trimestrielle de Ressources (D.T.R.) peut poser problème aux illettrés, à tous ceux qui ont des difficultés à lire un document administratif, mais aussi à tous ceux qui négligent de faire cette formalité, pensant qu'elle est inutile parce que leur situation ne change pas. Même pour ceux qui font tout dans les règles depuis des années, des erreurs de l'administration ne sont pas rares, qui plongent alors le S.D.F. dans la panique et exigent de nouveaux déplacements.

La vie quotidienne des S.D.F. est aussi rythmée par les angoisses provoquées régulièrement par des nouvelles législations plus restrictives ou inadaptées.

C'est ainsi qu'en 1994, l'ouverture d'un compte bancaire ou postal est devenue obligatoire pour pouvoir bénéficier du R.M.I., alors que les banques et les postes refusaient d'ouvrir un compte à tous les sans-adresse-fixe (ne pouvant présenter au moins deux justificatifs de domicile).

Avant cette date, il suffisait d'avoir une adresse où recevoir la lettre chèque, et se présenter avec un papier d'identité au guichet pour en toucher le montant en liquide. En mars 1993, des personnes Sans-Domicile-Fixe, bénéficiaires du R.M.I., ont commencé à signaler que la Poste la plus proche n'acceptait plus notre adresse. En même temps, ils faisaient état de leur inquiétude, et des bruits qui couraient selon lesquels bientôt plus personne ne pourrait toucher le R.M.I. par lettres chèques mais seulement sur un compte bancaire ou postal. Les consignes étaient de les envoyer à la Poste Centrale de l'arrondissement. Mais en mai, alors que tous les S.D.F. allocataires du R.M.I. avaient reçu une lettre officielle indiquant qu'il n'y aurait plus de lettres chèques "devant la recrudescence des fraudes et des falsifications", et qu'il fallait désormais "un relevé d'identité bancaire", la Poste Principale de l'arrondissement a aussi manifesté par écrit son refus d'ouvrir de nouveaux comptes aux S.D.F.

Cette situation a provoqué des semaines d'angoisse pour des S.D.F., des nombreuses démarches du Président de l'Association, de responsables d'autres Associations, avant que fin mai la Poste n'écrive en assurant que finalement les lettres chèques resteraient acceptées, qu'il n'y aurait pas de problème pour les S.D.F. allocataires du R.M.I. L'ouverture d'un compte est évidemment restée un problème, que les associations ont soulevé, pour les S.D.F. exerçant des emplois, touchant des A.S.S.E.D.I.C...

C'est un S.D.F. qui a appris au président de l'association qu'un nouveau système venait d'être mis en place à Paris, en juin 1993, pour tous ceux qui présentent des justificatifs : une Caisse d'Épargne (une seule dans tout Paris) venait d'être désignée pour ouvrir aux S.D.F. des livrets A, sans chéquier ni carte bleue, pour éviter les découverts.

Ces anecdotes suggèrent l'enjeu, souvent mal connu, de l'absence d'adresse fixe dans la vie quotidienne des S.D.F. Leurs démarches administratives sont souvent allongées par rapport aux démarches usuelles et la dispersion géographique des services qui leur sont spécialement destinés, si elle empêche peut-être la formation de territoires ghettos, les oblige à des déplacements multiples qui leur prennent beaucoup de temps et d'énergie, et dont ils ne peuvent jamais être sûrs du résultat. La fatigue de ces démarches s'ajoute alors à celles d'un quotidien sans toit fixe.

## LE QUOTIDIEN SANS TOIT FIXE

Les sans-domicile-fixe ne sont pas nécessairement sans-abri. Quand un individu va d'un centre d'hébergement à un autre, parce qu'il ne peut pas rester dans le même plus de 15 jours à Paris, 5 jours en province ; quand il va de squat en squat, ou quand il dort dans les gares ou les halls d'entrée des aéroports, il ne respecte pas non plus la norme Logement. L'adresse fixe correspond aussi à un toit fixe, c'est-à-dire un vrai logement, reconnu, où on habite et où on peut recevoir. Tous les autres abris sont des substituts de toit fixe, qui comme les substituts d'adresse fixe, sont fondamentalement imparfaits : ils n'ouvrent pas aux mêmes droits civils et sociaux et ils contraignent la vie quotidienne et la sociabilité. Pourtant ce point commun se décline différemment selon les situations concrètes, en centre d'hébergement, en squat ou à la rue.

**Les centres d'hébergement**

Quand on trouve des morts de froid en hiver le même discours revient dans tous les médias, de la part de tous les ministres : il y a des places dans les centres d'hébergement, mais on ne peut pas forcer les S.D.F. à y aller. Cette réponse s'appuie sur les stéréotypes véhiculés par l'image des S.D.F. mais elle ne correspond ni à leurs témoignages, ni à mes observations. Dans la vie quotidienne des S.D.F., le manque de places est évident, la quête longue et incertaine, pour une durée maximale de 5 jours en province ou 15 jours à Paris. De plus, le système impose des contraintes difficiles qui peuvent expliquer, plus que les apories de l'étiquette, que certains S.D.F. évitent les centres d'hébergement.

*La recherche d'une place*

Le nombre de places d'hébergement dans toute la France, et en particulier la région parisienne est insuffisant. En hiver, on compte environ 8 000 places ouvertes dans toute l'Île de France. La même saison, les services sociaux prennent en charge entre 15 et 20 000 S.D.F. En été, un tiers des centres ferment, faute de bénévoles (mais un certain nombre de S.D.F. quittent aussi Paris).

Par ailleurs le nombre de places diminue chaque année[11]. Dans un Centre d'Hébergement et de Réinsertion Sociale géré par l'Armée du Salut, en mai 1992, un animateur m'a expliqué qu'ils avaient diminué le nombre de places, pour augmenter la surface des box et le confort des S.D.F. La démolition du Centre Nicolas Flamel en 1993 a fait place à deux structures plus petites. La capacité cumulée de l'ancien établissement était de 548 places dont 318 lits d'hébergement en urgence pouvant être doublés en hiver. En 1994, il n'y avait plus sur l'ancien site qu'une centaine de places, et la "Poterne des peupliers" avait pris le relais pour les accueils en urgence avec 200 places simples. A la Maison de Nanterre, l'objectif annoncé en 1993 était aussi de rendre le centre "plus accueillant" en diminuant le nombre de places pour augmenter l'espace de ceux qui sont accueillis.

Tous les Sans-Domicile-Fixe qui le souhaitent ne peuvent donc pas être hébergés.

---

[11]Le guide 1990 faisait état pour l'île de France de 168 adresses et 8200 places (soit 64 de plus qu'en 1991). Ce guide signale que le nombre de places avait diminué en 1990 par rapport à 1989, en particulier à cause d'une réorganisation du Centre de Nanterre, dont la capacité avait diminué d'un tiers pour atteindre 1000 places.

Les premiers exclus sont les handicapés. Un travailleur social m'a raconté le cas d'un "homme Atlas" dont aucun centre ne voulait parce qu'il était trop grand, les lits et même les escaliers n'étaient pas adaptés. Cette inadaptation pose le problème récurrent de ceux qui ont une jambe ou un bras dans le plâtre et qui sortent de l'hôpital, alors qu'aucune institution n'est prévue pour eux.

Mais tous les S.D.F. sans handicap physique sont aussi confrontés à ce problème à un moment ou un autre. En effet, la quête d'une place d'hébergement est une démarche qu'ils doivent renouveler régulièrement, parce que la plupart des centres n'acceptent d'héberger les personnes que pendant une durée limitée : 15 nuits à Paris, 5 nuits en Province, avec interdiction de revenir pendant un mois au moins. J.L. Porquet a raconté les va-et-vient et les incertitudes qu'il a vécus, pendant les quatre mois de l'hiver 1985-86 où il a voulu partager l'existence des sans-domicile-fixe, à cause de la "règle des cinq nuits"[12]. Cette règle, instaurée pour empêcher les S.D.F. de s'installer et les obliger à chercher du travail, les oblige en fait à "tourner" d'une ville à l'autre et d'un centre d'hébergement à un autre, en consacrant beaucoup de temps à cette quête.

Autre résultat inévitable, certains ne trouvent pas de place, même en hiver. J'en ai personnellement rencontré beaucoup au début des années 1990 à Paris. Par exemple en janvier 1993, un jeune homme est arrivé à l'association. Il voulait un duplicata de domiciliation pour faire un dossier à l'A.N.P.E.. Il a sorti sa carte nationale d'identité, il était né en 1963. Quand j'ai eu fini, il s'est levé, et il a dit : "Souhaitez moi bonne chance. Ce soir, il va me falloir du courage". J'ai demandé : "Vous n'avez pas trouvé de place en centre d'hébergement ?". Il m'a répondu : "Si, j'en ai trouvé, mais c'est seulement à partir de demain. Pour ce soir, ce n'était pas possible".

En hiver pourtant, quand le thermomètre descend en dessous de zéro degré, les centres évitent de laisser dehors. Mais alors les conditions d'hébergement s'en ressentent, comme en témoigne cette discussion entre un S.D.F. et un bénévole de l'association.

"-Vous savez où aller ce soir ?

- Oui, je suis à la Mie de Pain.

- ça fait longtemps que vous êtes là bas ?

- Trois semaines

- Et vous dormez dans un lit ?

- Non, je dors par terre, sur un matelas. Les lits c'est pour les personnes âgées.

- Mais le Ministre a annoncé à la télévision qu'il y avait encore des places.

---

[12]cf J. L. PORQUET, *La Débine*, 1987.

- En tous cas à la Mie de Pain il y en a qui dorment dans le couloir, par terre, et même pas sur un matelas. Et les autres, sur des matelas entre les lits".

Le reste de l'année, le manque de places amène plus de S.D.F. à dormir dehors. En mai 1992, j'ai passé une journée avec les animateurs d'un Centre d'Hébergement et de Réinsertion Sociale parisien[13]. Outre les fonctions d'un C.H.R.S., ils géraient un accueil en urgence, avec une capacité très restreinte (un dortoir de 24 lits), pour une durée maximale de 15 nuits. Dès l'ouverture du bureau à 8 heures, plusieurs dizaines de S.D.F. ont commencé à défiler, dans l'espoir de trouver une place pour le soir. Il n'y en avait pas, et l'animateur leur conseillait d'essayer à la Villette (un autre centre assez éloigné), ou sinon de revenir vendredi matin à 8 heures (là, il y aurait peut-être des places qui se seraient libérées). Après 10 heures, l'animateur leur conseillait d'essayer Nicolas Flamel, le seul centre à inscrire à partir de 13 heures, parce que partout ailleurs tout serait forcément complet.

Une autre anecdote confirme que le manque de places ne résulte pas seulement d'une mauvaise information des S.D.F. Le mercredi 6 octobre 1993, vers 18h30, deux hommes de 25 ans environ, sans-domicile-fixe, sont arrivés à l'association de quartier où j'étais bénévole. Ils voulaient savoir où ils pouvaient dormir. Le Président de l'association a engagé la conversation avec l'un d'eux.

" - Ici ce n'est pas possible, et le soir de toutes manières, c'est trop tard. Tout est fini à 13 heures. Après, il n'y a plus de place nulle part, sauf à Nanterre, mais souvent on ne veut pas y aller.

- J'avais une assurance que j'aurais une place à Georges Sand, ils m'avaient dit qu'ils me prendraient ; et ce soir j'y suis allé, ils m'ont dit qu'ils s'étaient trompés et qu'ils n'avaient plus de place. Vous savez où je pourrais aller, ce soir ? Ils m'avaient promis, vraiment.

- Il y a Nanterre. Vous pouvez vous présenter là-bas. Métro Nanterre Université, vous y allez volontairement, et vous avez un endroit pour dormir. Il vaut mieux y aller... en hiver, au moins, quand il fait froid.

- Oui, je sais, j'y suis déjà allé".

Puis le jeune homme a fait un long discours, en parlant bas pour que seul le Président l'entende. Il devait être convaincant, car le Président a fini par lui dire de rentrer. Il a téléphoné au Centre Georges Sand, en déclinant son identité et sa fonction de chef de service au Bureau d'Aide Sociale. Après avoir reçu confirmation du récit du jeune homme, il a essayé de téléphoner à plusieurs

---

[13]Centre d'Hébergement et de Réinsertion Sociale ; institution départementale créée par une loi de 1974 pour accueillir les "vagabonds réinsérables".

endroits, mais à chaque fois on lui faisait la même réponse : il n'y a plus de place nulle part. Finalement, en insistant, il a réussi à en trouver une, en donnant sa caution personnelle, pour le jeune homme qui était entré. Son compagnon resté à la fenêtre a crié :

"- Et pour deux personnes, c'est pas possible ?

- C'est trop tard, ils ont raccroché. Mais deux personnes, ce n'est pas possible. Une, c'est déjà bien. Il faut y aller, j'ai engagé ma parole."

Les S.D.F. sont repartis à deux, silencieux.

Avec les problèmes pour trouver une place, l'anecdote introduit aussi une des contraintes, la fidélité à un ami, qui peuvent dissuader certains de prendre une place qu'on leur propose Les centres d'hébergement isolent les individus, et les soumettent à des horaires difficiles à respecter.

*Le temps contraint*

Pour développer les contraintes spécifiques à ces institutions, il faut commencer par distinguer les modalités d'hébergement.

On peut en repérer trois principales. La première est l'hébergement en urgence, gratuit, sans autre contrepartie que le respect du règlement. C'est dans ce cadre que s'appliquent les règles de 5, ou 15 jours. La deuxième est constituée par les Centres d'Hébergement et de Réinsertion Sociale et les foyers de travailleurs. Les C.H.R.S., créés par la loi de 1974 pour accueillir six mois renouvelables les "vagabonds réinsérables", se sont vus fixer par une circulaire de 1979 la mission de "réinsertion par l'économique". Ils accueillent des personnes qui ont un travail ou qui donnent de bons espoirs d'en avoir bientôt, et organisent un suivi moyennant souvent une "participation aux frais". Ils bénéficient d'un financement public de la D.D.A.S.S. Les foyers de travailleurs sont destinés à ceux qui ont un emploi, avec contrat, ils fonctionnent sans aide de la D.D.A.S.S. et avec un suivi moindre ou parfois sans suivi, pour une durée déterminée localement. Enfin il existe un autre système, hérité du passé, suivant lequel certains Centres gérés par des Municipalités ou des Associations gardent pendant des mois voire des années, voire toute une vie, les personnes qu'elles hébergent, en contrepartie de services rendus à l'intérieur de l'institution. C'est le principe même de fonctionnement des compagnons d'Emmaüs, par exemple. C'est aussi le mode d'organisation de certains centres de l'Armée du Salut ou des centres municipaux d'assistance par le travail. Beaucoup de centres cumulent plusieurs modalités, par exemple le centre Nicolas Flamel à Paris, jusqu'en 1993 comportait une partie "assistés" (dans le cadre de l'assistance par le travail) et une partie "passagers" (dans le cadre d'un hébergement en urgence).

Selon la modalité d'hébergement, les contraintes ne sont les mêmes.

Les centres d'hébergement en urgence ont une organisation du temps qui est à la fois exigeante et rigoureuse.Pour obtenir une place, les S.D.F. doivent se présenter à heure fixe, généralement tôt le matin ( parfois 7, souvent 8 heures). Le soir, c'est-à-dire soit 17, soit 18 heures, ils doivent être présents à l'ouverture, sinon ils risquent de trouver la porte close ou leur place prise par un autre qui a tenté sa chance. Une fois entrés, les hébergés ne peuvent plus ressortir, jusqu'au matin où ils doivent être dehors au plus tard à 7 heures. Ils n'ont pas le droit de rester ni de revenir dans la journée. Le dimanche, ils peuvent rester jusqu'à 10 heures, pour revenir à nouveau à 17 ou 18 heures. Quand ils n'ont pas fini leurs 5 ou 15 jours, ils doivent aller tenter leur chance ailleurs.

Ces contraintes posent aux S.D.F. dans leur vie quotidienne des problèmes très pratiques. En effet, bien des problèmes peuvent retarder un Sans-Domicile-Fixe : une démarche administrative à faire à l'autre bout de Paris, un problème de métro, un rendez-vous avec un employeur, l'exercice d'un emploi. En effet, s'il existe des centres spécialement pour les travailleurs, comme le Centre Baudricourt à Paris, ils manquent également de places.

De nombreuses anecdotes révèlent le décalage entre les possibilités prévues et les contraintes réelles subies par les S.D.F. Ainsi en mars 1992, un jeune homme de 22 ans m'a expliqué qu'au foyer qu'il avait trouvé, rue Stendhal, il fallait être rentré à 22h.

" - Et encore, on m'a dit que c'était déjà bien. Mais moi j'ai un diplôme dans la restauration, il faut travailler la nuit, presque toujours. Je cherche, il faudrait que je trouve, en intérim, peut-être.

- Vous n'avez pas essayé un foyer de travailleurs ?

- Si, mais il faut travailler, déjà. Il faut un contrat, et un contrat d'au moins cinq-dix jours, alors on trouve jamais. Pour commencer, nous, dans la restauration, c'est toujours moins".

Le problème ne se pose pas seulement pour des métiers avec des horaires de nuit comme la restauration. D'une manière générale, le système d'hébergement en urgence ne permet pas d'exercer un emploi régulier ni même un stage, et il peut compromettre la réinsertion en mettant à la rue ceux qui n'ont pas eu la chance d'avoir à temps une place en C.H.R.S. ou en foyer pour travailleurs.

En février 1992, à l'Annexe du Bureau d'Aide Sociale pour les Sans-Domicile-Fixe où je faisais un stage d'observation, j'ai entendu une conversation téléphonique d'une assistante sociale :

"Bonjour, je suis Assistante Sociale à la Permanence Mazas. Je vous téléphone de la part de M. ..., hébergé au lit 1112, et qui a commencé un stage hier. Son stage se termine à 17h30, il ne peut pas être rentré pour 18h. On envisage pour lui une admission à

Baudricourt, mais ça pose des problèmes, parce que c'est complet là-bas. Est-ce qu'il pourrait rester un jour de plus, en arrivant plus tard ? Il m'a appelée, il était assez inquiet... Bon, très bien, je vous remercie".

Elle a raccroché en faisant la grimace, et elle m'a expliqué :

"Le problème, c'est qu'à Nicolas Flamel, ils sont exclus un mois s'ils arrivent en retard. Et comme c'est la même maison qu'à Baudricourt, en fait ils sont exclus des deux, alors il risque de ne plus pouvoir y aller après".

En C.H.R.S. et dans les centres pour travailleurs, ceux qui travaillent la nuit ont une dérogation pour rentrer tard, et pour pouvoir dormir pendant la journée. Cependant, une fois leur situation connue, ils sont aussi soumis à des strictes contraintes d'emploi du temps, le veilleur a un cahier avec les noms de tous ceux qui travaillent la nuit, pour recenser sur un cahier les absents. Le matin, il faut être partis à 9 heures (sauf les travailleurs de nuit), avec interdiction de revenir avant 17h. On vérifie qu'ils ont bien quitté leur chambre, et fait leur lit.

Enfin, dans les communautés Emmaüs ou les centres d'assistance par le travail, les hébergés peuvent rester mais les contraintes prennent la forme notamment des contreparties en heures de travail pour la communauté ou l'institution. Par exemple, à Nicolas Flamel, jusqu'en 1993, les "assistés" devaient travailler cinq jours pleins par semaine aux ateliers de l'établissement même : menuiserie, serrurerie, plomberie, entretien, peinture, lingerie... Ils devaient aussi contribuer à l'entretien et à des travaux divers dans les établissements du Bureau d'Aide Sociale, en échange de quoi ils étaient logés, nourris, blanchis, et touchaient un petit pécule[14].

Les communautés d'Emmaüs fonctionnent davantage sur le modèle de l'auto-gestion, mais elles aussi tendent à prendre totalement en charge l'individu, si l'on en croit J. L. Porquet. Dans La débine, il raconte son passage parmi les compagnons, ainsi que les déménagements de grenier qu'il était amené à faire, pendant que d'autres allaient vendre le papier recyclé et les matériaux de récupération. Selon lui, l'avantage est la fin de l'errance, des privations et des humiliations, mais l'inconvénient réside dans les horaires totalement contraints qui gênent les relations avec l'extérieur et rendent difficile, pour ceux qui le souhaitent, la recherche active d'un "vrai" emploi[15].

---

[14] *1886-1986, Centenaire Centre Nicolas Flamel,* sous la dir. de A. DAUVERGNE, 1985 (publié aux imprimeries Nicolas Flamel), p28.

[15] J. L. PORQUET, *La Débine*, 1987, pp 95-128.

*Les contrôles et la surveillance*

Dans la vie quotidienne des S.D.F., les centres d'hébergement dans leurs différentes modalités sont toujours synonymes de l'obligation de respecter des horaires précis, et plus généralement toute une organisation temporelle qui ne tient pas compte des exigences d'une vie sociale au dehors. Mais il y a aussi d'autre contraintes. Bien qu'ils ne soient pas des mondes totalement clos sur eux mêmes puisqu'ils contraignent les S.D.F. à rester dehors pendant la journée, ces centres en effet relèvent par certains traits de l'analyse de Goffman sur les institutions totalitaires.

Je citerai pour l'exemple, le règlement intérieur de Nicolas Flamel, affiché en décembre 1992 dans les locaux du Centre. Ce centre, désormais éclaté, comportait à côté de la partie réservée à l'hébergement des assistés par le travail, 318 places pour l'hébergement en urgence des "passagers". C'était dans tout Paris le seul centre d'hébergement en urgence sans limitation de durée, mais si un S.D.F. ne respectait pas les horaires d'ouverture il était exclu un mois, quel que soit le motif (même si c'était le ramassage par les cars de la préfecture), ce qui limitait de fait les séjours.

Règlement intérieur :

Ne peuvent être admis en section "Passagers" que les personnes :

- âgées de plus de 27 ans et moins de 65 ans
-Sans handicap physique ou mental majeur
- Sans domicile fixe et sans ressources

Documents à présenter :

Pour les personnes de nationalité française et pays de la C.E.E. : Carte Nationale d'Identité, passeport, carte d'électeur ou tous autres documents officiels.

Pour les personnes étrangères : Carte de résidence valable, ou Autorisation de séjour sur le Territoire National délivrée par la Préfecture de Police (Pour les Réfugiés politiques ou Apatrides). Une autorisation Spéciale délivrée par le Ministre de l'Intérieur ou par l'O.F.P.R.A..

1) Dès son admission accordée l'hébergé devra obligatoirement prendre une douche sous la présence d'un agent de la surveillance, puis se présentera au dispensaire "Charles MOUREU" pour une radiographie pulmonaire.

2) L'heure de rentrée affichée est impérative. Les non entrants de 18h15 feront l'objet d'une exclusion temporaire d'un mois. Des autorisations d'absence peuvent être accordées par le Directeur, pour une période déterminée (une ou deux nuits), sur demande formulée au moins 24h avant l'absence.

3) L'introduction de boissons alcoolisées ou produits hallucinogènes est formellement interdite et peut conduire à l'exclusion immédiate.

4) Toute attitude agressive ou menaçante envers le personnel de surveillance sera sévèrement sanctionnée, allant jusqu'à l'exclusion définitive (indésirable) indépendamment des poursuites légales qui pourraient s'y adjoindre.

5) Une fois admis au centre, l'hébergé devra éviter tout scandale, toute dispute ou toute échauffourée avec ses camarades ; sinon une exclusion temporaire de six mois pourrait être prise à son encontre.

6) Les hébergés ayant reçu une convocation (radio ou épuration) doivent y répondre au jour et à l'heure fixée par le service l'ayant émise. En cas de non réponse, l'exclusion sera prononcée par la Direction.

7) Après un mois de présence au centre, les hébergés peuvent prétendre à la délivrance d'un "certificat d'hébergement" si le motif invoqué est valable.

8) Aucun bagage ou effet ne doit être laissé ni dans le box ni sous les matelas. De plus la Direction décline toute responsabilité en cas de vol ou de perte.

9) Le courrier des hébergés ayant quitté le centre sera renvoyé au bureau P.T.T. distributeur. Ces hébergés ont donc intérêt à s'adresser au Bureau de Poste pour que leur courrier leur parvienne à leur nouvelle résidence.

Enfin certaines prestations à titre gracieux peuvent être obtenues auprès des services extérieurs au Centre : Consulter les affiches et se renseigner auprès du Bureau des admissions ou auprès celui des prestations". (le texte étant signé par le Directeur, et une note ajoutée avec les heures de réception d'un médecin vacataire au Centre).

La lecture de ce règlement introduit l'hébergé dans un monde d'obligations et de contraintes, sous la menace omniprésente de l'exclusion.

La douche obligatoire, sous l'oeil d'un agent de surveillance, montre que les contrôles peuvent aller jusqu'au non respect de l'intimité de la personne. J'ai visité les installations sanitaires, qui devaient être démolies. Les douches, en assez mauvais état, étaient séparées entre elles seulement par des petits murs bas, sans porte ni rideau. Le responsable du Centre qui faisait la visite m'a raconté :

"- Il y a un ministre qui est venu un jour, B. Kouchner, il a dit qu'il fallait changer les douches. Mais d'après ce que les gars me disent, ailleurs c'est pareil, c'est même pire. À la Mie de Pain, les douches sont collectives, c'est encore bien plus délabré. En fait, ce qu'il faut voir, c'est que ça a un intérêt médical, le surveillant peut vérifier si la personne n'a pas une maladie et le signaler au du Centre. Et puis, sinon, on ne peut pas être sûr que le prendre sa douche".

Au-delà des arguments hygiéniques, le discours s'inscrit dans l'argumentaire du contrôle social et reflète bien la mise à distance et la méfiance qui sont souvent ressenties comme des mesures vexatoires.

Les membres du "personnel de surveillance" sont autorisés à des contrôles toujours pesants pour les S.D.F. Ainsi, l'interdiction d'alcool se traduit concrètement par des fouilles à l'entrée ou des caméras de surveillance. Après avoir été appelés à l'entrée par leur numéro de lit, les hébergés passent l'un derrière l'autre, à la file, devant des surveillants. Les surveillants désignent quelques personnes et leur demandent de vider leur sac. J'ai assisté à une fouille où un des hébergés, visiblement content du tour qu'il allait jouer, a sorti des revues pornographiques. Au C.H.R.S. dirigé par l'Armée du Salut où j'ai fait un stage en mai 1992, un animateur, après m'avoir fait visiter les box et le dortoir, m'a confié qu'il y avait des caméras dans les couloirs : selon lui, cela n'empêchait pas que certains quelquefois parvenaient à faire entrer des bouteilles.

On peut noter l'ambiguïté des précautions prises pour prohiber l'alcool, qui transforment sa consommation en victoire sur l'institution et en plaisir hautement désirable[16]. Mais le principal paradoxe réside dans le fait d'interdire la boisson à l'intérieur, tout en mettant les hébergés dehors tous les matins, même le week-end, même en hiver, sans qu'ils sachent ni où aller, ni où déposer leurs affaires : car alors ils sont souvent amenés à aller dans les cafés les plus proches, qui font consigne et les accueillent.

Derrière les contrôles, c'est l'impossibilité d'avoir une vie privée, et des relations profondes et personnelles avec quelqu'un, qui se dessine.

### *La séparation des couples, l'impossibilité d'une vie privée*

En France et notamment à Paris on trouve très peu de solutions d'hébergements prévues pour les couples, encore moins pour familles, la mixité est quasi inexistante. C'est une chose dont les S.D.F. parlent peu, ou seulement quand l'occasion s'y prête, mais alors avec beaucoup de douleur ou de passion. Par exemple en novembre 1992, devant la porte d'un grand pain partagé catholique, un jeune homme a commencé à discuter avec un autre S.D.F. de "ses problèmes", des papiers administratifs, du travail d'animateur dont il rêvait, de son travail quatre heures par jour aux restos du coeur... Puis, il a évoqué sa copine :

---

[16] C. BERNAND, *Les vieux vont mourir à Nanterre*, 1978, pp96-104.

- "En janvier, j'aurai des sous, normalement, et on va se fiancer. On veut se marier, enfin quoi, rester ensemble. Mais des fois, ça me prend la tête. Ce week-end, on voulait se parler, on est allé dans un café ; mais y a toujours des copains qui arrivent. Je lui ai dit, c'est pas possible de causer, y a toujours quelqu'un. D'abord, il faudrait qu'on prenne une chambre. Mais ça coûte 1 200F, au moins...

- J'ai une combine, si tu veux, je t'en ferai part si ça marche.

- Oui enfin les potes, tu sais ! J'en ai plein, des potes, mais ils peuvent pas m'aider, vu qu'ils sont déjà dans la merde. Même moi, y a un jeune l'autre fois, quinze ans, qui voulait rester avec moi, mais je lui ai dit, c'est pas possible. Déjà moi j'arrive pas à m'en sortir : avec ma copine, mes gosses... Là, je suis dans un foyer. Mais je veux en changer. Déjà, il faut payer : 250 F la semaine. Et puis, ils font tout le temps la gueule. Le seul moment où ils sourient, c'est quand on paie. Ah là, oui ! Mais autrement, jamais. Et puis la bouffe est dégueulasse... Et puis je dois payer 750F, je ne sais pas comment je vais faire. Tous les foyers c'est pareil. Des prisons. Dimanche, je suis allée chercher la fille de ma copine, elle est en foyer, la môme. On y est allés à dix. Vraiment on s'est éclatés. On est allés à la piscine, j'en ai fait boire, des tasses ! Eh bien, une vraie prison, le foyer. Il faut demander la permission pour sortir, même le dimanche, il y a des heures et tout. Et puis le repas : y a jamais de vin. Enfin moi je bois pas, sauf le week-end, des fois, autrement je bois pas. Oh et puis ça me prend la tête, je pars. Je mange pas ici".

Quand une famille perd son logement, la garde des enfants est retirée aux parents (la loi considère qu'ils ne peuvent plus subvenir à la charge de la famille). Les couples sont séparés, faute de centres d'hébergement prévus pour eux.

Les obstacles à la vie en couple sont un indice des problèmes rencontrés plus généralement pour entretenir une sociabilité, dans la mesure où les S.D.F. en foyer n'ont pas de "chez-soi" pour accueillir, et souvent même pas d'endroit autre qu'un banc public ou le café pour discuter. En mars 1993, je suis allée dans grand Centre d'hébergement parisien, géré par l'Armée du Salut, avec environ 350 places. J'assistais à une réunion organisée pour fonder un "journal des résidants" . Il y avait deux animateurs de l'Armée du Salut, un homme et une femme, qui essayaient de faire avancer le projet ; les autres étaient des résidants. L'animateur a fait passer une feuille, avec des propositions de rubriques pour le journal : questions culturelles, sportives, emploi, loisirs, questions diverses. Une résidante d'une quarantaine d'années a pris la parole.

*Josette* - "Bon moi je m'appelle Josette, je le dis pour ceux qui ne me connaissent pas. Dans les propositions, il est marqué :

Poèmes, affaires culturelles et tout ça. Mais on peut trouver dans n'importe quel journal. Emploi, bon, à la limite, mais on est tous motivés, tout le monde sait comment il faut faire...

*Une résidante* - Pas du tout, il y en a qui arrivent, ils ne savent même pas où est l'A.N.P.E.

*Josette* - Mais il y a des assistantes sociales, ici, un service R.M.I.... Ou alors justement, c'est un problème dont on pourrait parler dans le journal : du côté homme, je ne sais pas, mais du côté femme, si on n'a pas une copine ici pour se retrouver dans tout ça, c'est pas facile. Il faudrait un accueil, on pourrait proposer...

*L'animatrice* - On l'a déjà dit, je crois que c'était bien clair, il ne faut pas glisser sur les problèmes institutionnels. L'accueil et tout ça, c'est l'institution, on n'a pas à en parler. Par contre on peut donner une information, mettre dans le journal que l'assistante sociale c'est une telle, et que ceux qui veulent peuvent y aller.

*Josette* - Mais le journal, c'est pour ceux qui arrivent, ou pour ceux qui sont déjà résidants ?

*L'animatrice* - C'est un journal fait par les résidants, pour les résidants. Vous parlez de ce qui vous intéresse

*Un résidant* - Moi c'est Daniel. Je voulais dire, justement : quand même, là il y a un problème parce que normalement, on ne reste que six mois. Aujourd'hui on est 20, après il y en a beaucoup qui vont dire que le journal ne les intéresse pas, qu'ils vont faire leurs six mois et c'est tout... *(Un silence pesant s'est installé, le résidant a poursuivi, un peu penaud)* Enfin ça c'est le problème de tous les foyers, c'est le principe, on n'a pas à en parler...

*Josette* - Donc, il faut parler de notre vie ici, de ce qui nous intéresse ? Et si on reparlait de la mixité ?...".

*Une résidante* - Ah non ! On a déjà fait toute la première réunion là-dessus et ça n'a rien donné ; ce n'est pas la peine, ça ne sert à rien de toutes façons.

*Un résidant, moqueur* - Pourquoi ça n'a rien donné ?

*L'animatrice* - C'est un problème institutionnel

*Josette* - Mais c'est un problème latent... Enfin là c'est formidable, ce journal, c'est la première fois qu'il y a des hommes et des femmes réunis autour d'une même table depuis que je suis là... Mais même en dehors de ça, laissons la mixité. Nous on est quatre copines : eh bien, on ne peut même pas se réunir à quatre pour causer, il n'y a pas moyen d'avoir un coin pour s'asseoir, juste pour prendre un café, avec avec un cendrier...

*Un résidant, plaisantant* - Tu peux t'asseoir sur le cendrier...".

*L'animatrice, furieuse* - Problème institutionnel !

*Le résidant* - Le cendrier ?.

*L'animatrice, hors d'elle* - Le cendrier, le café, tout ça, c'est institutionnel !

Un résidant - Qu'est-ce qu'on a le droit de dire, alors ? On peut organiser une soirée ?

*L'animatrice* - On peut voir, ça c'est peut-être possible. Vous pouvez aussi raconter le dernier film, ou dire qu'il y a une exposition à tel endroit qui peut être bien, enfin des choses pour tout le monde..."

Pour comprendre le rejet par certains S.D.F. des centres d'hébergement, il faut saisir le poids de la surveillance et l'absence d'intimité pour les hébergés. Il faut ajouter tous les inconvénients la vie en collectivité, en particulier les problèmes relationnels que certains S.D.F. peuvent entretenir avec leurs compagnons de chambre ou avec les surveillants. Je citerai simplement pour illustrer ce témoignage d'un S.D.F. de 35 ans, en 1992. Fatigué, il avait les paupières et tout le pourtour des yeux rouges, gonflés, vraiment énormes.

"- Vous avez une allergie aux yeux ?

- Oui, c'est une allergie au produit qu'ils mettent sur les draps, à l'armée du Salut. C'est pour les poux, soit disant. Mais enfin vous voyez... Et encore, là j'y suis plus depuis trois jours. Je suis viré. C'est parce que je me suis fait mal voir des gardiens. En fait, c'était même pas avec eux que j'avais des problèmes, c'était plutôt avec deux ou trois autres : ils se faisaient bien voir des gardiens, après ils se croyaient les chefs, et ils cherchaient à tout commander. Même le dimanche ils réveillaient à 7 heures, alors qu'y en avait qui voulaient encore dormir. Déjà qu'on est virés à 7 heures pendant la semaine, si le dimanche on peut pas dormir un peu ! Et puis, ils mettaient tout le temps "Les corons" de Bachelet. Une fois ça va, mais tous les jours, vous imaginez ?

- Vous avez trouvé un autre centre ?

- J'ai dormi deux jours à la Villette. Mais c'est moins bien parce qu'on peut pas laisser les affaires. Sinon la nuit dernière j'ai dormi dans la rue, enfin dans un box à moi, un garage, quoi. Je le loue 900F par trimestre. C'est là que je laisse mes affaires".

Sur les centres d'hébergement, il faut enfin évoquer le cas particulier de la Maison de Nanterre, dans la région parisienne[17]. Elle comporte aujourd'hui plusieurs structures pour les S.D.F., dont un C.H.R.S., et surtout le centre d'accueil d'urgence ou C.H.A.P.S.A. qui comporte 300 lits (400 en hiver). Les S.D.F. n'en parlent pas facilement. Ils préfèrent raconter leurs exploits pour réussir à échapper aux "Bleus", c'est-à-dire aux employés des cars

---

[17]Pour une présentation historique de ce Centre, qui est ancien dépôt de mendicité, cf C. BERNAND, *Les Vieux vont mourir à Nanterre*, 1978, en particulier pp196-198.

de ramassage de la Préfecture qui les amènent là-bas. La seule évocation de Nanterre suffit généralement à faire frémir.

En 1992, j'ai entendu à la télévision la Directrice du Centre de Nanterre insister sur l'aspect injuste d'une image selon elle dépassée, sur l'évolution que l'institution avait connue depuis une dizaine d'années, et sur les aspects positifs liés notamment aux soins médicaux délivrés sur place et au nombre important des S.D.F. qui selon elle se présentaient librement ou se laissaient ramasser volontairement (elle avait même avancé le chiffre de 90% des personnes hébergées)[18].

Pourtant, les témoignages des principaux intéressés, le récit de H. Prolongeau dans son livre *Sans Domicile Fixe,* et certaines observations que j'ai pu faire lors d'une visite guidée dans les locaux de l'établissement, convergent pour suggérer que la Maison de Nanterre aujourd'hui encore tend à cumuler les inconvénients de tous les centres d'hébergement et qu'elle les porte à un degré supérieur, au niveau des contraintes, des humiliations et des atteintes à la vie privée.

La pratique du ramassage est fondée sur le repérage par les "Bleus" d'une personne comme S.D.F., (suivie d'une vérification sommaire, en demandant à la personne de montrer ses clés). La première interpellation fonctionne ainsi comme un signal que non seulement on est, mais aussi que l'on fait S.D.F. Mais il y a d'autres raisons à la crainte du ramassage. Ainsi, en février 1992, un S.D.F. m'a parlé d'un de ses amis avec qui il avait été embarqué une fois.

- "On était les premiers pris, à 14h. On est restés dans le car tout l'après-midi. Mon ami était malade, il se demandait ce qu'il faisait là, il disait que ce n'était pas pour lui...

- J'ai entendu parler de Nanterre. On dit toujours que ce n'est pas marrant.

- Ah non, ce n'est pas marrant.

- Ils vous déshabillent, c'est ça ?

- Ils déshabillent, oui. Et puis il faut prendre une douche, tout le monde ensemble ; après ils font mettre un pyjama de bagnard. Il y a quand même un repas : il est correct, enfin pas pire qu'ailleurs, mais c'est le cadre... Et puis après, on est dans des lits superposés, quand il y a une couverture parce que souvent quelqu'un l'a prise.

- C'est un peu comme une prison ?

- C'est un camp de concentration. Enfin, sans les coups. Si t'es sage, si tu restes dans ton coin, y a pas les coups. Mais sinon c'est un camp de concentration. C'est une prison, ça oui. Il n'y a pas les barreaux, mais enfin il y a des fenêtres, c'est pareil, et puis...

---

[18]*Affaires à suivre*, France 3, le 23 12 1992, dossier 59, "Les S.D.F. dans notre société".

Enfin oui, c'est une prison. La preuve, c'est qu'il y en a beaucoup qui préfèrent dormir dehors plutôt que d'y aller. Personne ne veut y aller".

J'ai assisté à une visite guidée des locaux en mars 1993. Le circuit pour les clochards commence dans la cour. Un grand jet d'eau est prévu pour nettoyer le car aussitôt qu'ils en sont descendus. Puis, les S.D.F. entrent dans la salle prévue pour leur déshabillage. Il y a à côté une salle des dépôts, où ils doivent laisser leurs papiers et tous leurs objets précieux. Ils vont dans des douches, qui sont collectives (et dégradées, mais le Centre manque de moyens). Pendant ce temps, leurs affaires sont lavées. Après la douche, ils doivent aller à la lingerie, où on leur donne à tous le même pyjama marron. Après, ils sont dirigés vers un préfabriqué où se trouve la salle de télé, et où ils attendent le repas ou la visite du médecin. La nuit, les dortoirs sont plus ou moins grands, les lits sont doubles (superposés), et très rapprochés les uns des autres (il n'y a bien sûr pas de draps). Un dortoir spécial est prévu pour ceux du dernier ramassage, à 4h du matin. Le matin, les S.D.F. doivent repartir entre 8h et 9h. La personne qui guidait la visite nous a aussi fait pénétrer dans l'ancien bâtiment carcéral, sans lumière, en expliquant que celui-ci allait bientôt être transformé mais que pendant longtemps il avait servi aux hébergés qui, pour être tranquilles, préféraient être dans une cellule à deux plutôt que dans les dortoirs à 180. Ce bâtiment avait été fermé, mais ils l'avaient rouvert récemment pour héberger ceux qui venaient volontairement dans le cadre de l'Opération Atlas (organisée par la R.A.T.P.)...

En lisant le livre de H. Prolongeau, *Sans Domicile Fixe*, j'ai découvert pourquoi le car est nettoyé au jet d'eau aussitôt les S.D.F. descendus. "Une porte vitrée sépare la cabine du chauffeur, où se tiennent les agents, de l'arrière où les ramassés sont tassés... Et on ne sort plus. Ceux qui veulent uriner ou déféquer le font dans un coin, généralement près des portes, sur les pieds des voisins quand le bus commence à être bondé. Ceux qui vomissent font de même... La tournée peut durer quatre ou cinq heures. Des vitre teintées jusqu'à mi-hauteur pour les dissimuler aux passants interdisent de voir ce qui se passe dehors à ceux qui sont assis, leur donnant l'impression d'être menés ils ne savent où..."[19].

Les centres d'hébergement sont la principale alternative sociale pour les personnes qui n'ont pas de toit. Dans la vie quotidienne des personnes Sans-Domicile-Fixe, ils sont difficiles d'accès, contraignants, mal adaptés, sans respect pour leur vie

[19]cf H. PROLONGEAU, *Sans Domicile Fixe*, 1993, p67.

privée. Ces problèmes amènent beaucoup à préférer la débrouille, les voies illégales et notamment le squat.

**Le squat**

Le squat peut être défini comme l'occupation sans titre d'un logement vacant ou destiné à la destruction. Dans la vie des S.D.F., il permet d'éviter les contraintes horaires et le regard omniprésent des surveillants en centre d'hébergement. Toutefois, il a souvent les désavantages de l'inconfort, d'une cohabitation plus ou moins désirée, et bien sûr de l'illégalité et de la précarité.

*Les conditions de vie*

Les conditions de vie dépendent du squat trouvé. Il peut être plus ou moins grand, plus ou moins confortable (avec ou sans eau, électricité etc.). Il peut aussi être plus ou moins convoité, plus ou moins peuplé et plus ou moins organisé.

Certains squats sont à la limite de la légalité. Par exemple, en avril 1992, j'ai accompagné un enquêteur d'un Bureau d'Aide Sociale d'arrondissement dans la visite de son secteur. J'ai vu une femme qui prenait tranquillement de l'eau à un robinet installé en pleine rue. L'enquêteur m'a expliqué :

- "Au bas de la rue, il y a un immeuble sans eau et sans électricité. Enfin certains ont l'électricité mais pas tous, alors quand je dois y aller, je prends une torche. En tous cas pour l'eau on leur a quand même mis un robinet là, c'est comme ça qu'ils font

- Mais c'est combien, le loyer, dans cet immeuble ?

- En fait, bien souvent, c'est du squat. Mais des fois il y en a qui font comme si ils étaient propriétaires, ils sous-louent : ça pose des problèmes, parce qu'après les gens viennent au B.A.S. avec une feuille de loyer, ils demandent un secours, on est obligés de voir".

D'autres squats sont "protégés" par des associations. Il s'agit souvent d'immeubles complets, ou d'anciennes usines désaffectées, qui peuvent loger plusieurs dizaines de personnes, voire davantage. Mon ami Georges, un ancien S.D.F., allocataire du R.M.I. relogé, bénévole dans la même association que moi, m'a raconté son expérience.

"- On était 120, avec beaucoup de Noirs, et quelques Blancs.

- Comment ça se fait que tu y étais aussi ?

- Oh, c'est toute une histoire. Quand je suis arrivée en 1981, j'étais à l'Armée du Salut : c'était 120F la semaine, je crois. J'y étais quatre nuit sur sept, et trois autres nuits chez une amie. Cette amie une fois m'a dit de venir à une fête organisée pour l'ouverture d'un squat, à 6h : la fête, c'est jamais le soir, parce qu'il faut le temps d'ouvrir et d'installer tout pendant la nuit. Je suis arrivé le matin à

6h, avec d'autres. Mais les C.R.S. étaient là aussi, ils voulaient charger. Alors tous ceux qui étaient là ont fait une chaîne. Moi j'étais au bout de la chaîne, puisque je n'ai qu'un bras. J'ai reçu des coups de matraque, assez bien, même : j'ai dû aller à l'hôpital me faire soigner. Il y a eu des articles dans la presse, France Dimanche a parlé d'un vieux clochard manchot qu'on avait roué de coups : c'était moi. Et puis après je me suis fâché avec l'amie, je suis allée de foyer en foyer. Pour finir, il y a un ami qui m'a dit qu'il était dans un squat, très bien, aidé par les associations et tout, mais où il y avait trop de Noirs selon lui ; moi j'étais Blanc. Il a dit que j'avais reçu assez de coups de matraque, qu'on le savait, et donc que ça irait : enfin bref, que je pouvais venir. C'est comme ça que je suis entré dans la mouvance squat

- La mouvance ?

- Oui, c'est toute une organisation, avec des comités. Nous il y avait le Comité des mal logés. C'était lui qui organisait tout. Il y avait même un caissier à qui il fallait donner 20F tous les mois, ou toutes les semaines je ne sais plus, pour payer l'électricité et tout. Le chef du squat, c'était Babar, un Blanc au type plutôt scandinave. Sinon il y avait les Noirs qui formaient un peu un bloc entre eux, avec leurs familles, les deux femmes quelquefois, et les enfants des deux femmes ; le matin ils partaient travailler, ils revenaient le soir.. Mais enfin tout le monde pouvait venir aux réunions. A la fin, le Comité des Mal Logés s'est scindé en deux : Babar a pris la tête d'un autre mouvement, qui est devenu l'association Droit au Logement.

- Et alors, c'était comment, la vie, dans le squat ?

- Il y avait surtout des Noirs,

-Comment vous dormiez ?

-On avait aménagé. Il y avait 1200 $m^2$, tout n'était pas habitable, mais il y avait de quoi aménager, par exemple j'étais dans un ancien bureau, avec quelqu'un".

Dans ces squats, il y a généralement l'eau et l'électricité, car "E.D.F. ne pose pas de questions, du moment qu'il y a quelqu'un de sérieux qui paie. Ils ne vérifient pas le logement, ce n'est pas leur problème, il suffit qu'il y ait un compteur. Sinon, quelquefois, on détourne les frais sur une administration ou une entreprise à côté. Pas sur les particuliers, ils risqueraient de se plaindre !".

Mais la plupart des squats sont plus petits, inconfortables et même dangereux. Beaucoup posent des problèmes d'approvisionnement en eau, en gaz et en électricité. Même quand il y a des "arrangements", ils sont toujours provisoires. Dans la ruelle de l'association où j'étais bénévole, presque tous les appartements étaient des squats. L'eau et l'électricité ont été coupés partout pendant l'hiver qui a précédé les démolitions, pour inciter les habitants à partir. Les gardiens et les bénévoles de l'association ont eux-mêmes subi ce désagrément pendant une semaine, "par erreur". En février 1994, alors que je distribuais le courrier, une femme à la peau noire, habillée à l'européenne, est venue à l'association avec un seau à la main. Elle voulait savoir où était la citerne, parce qu'elle n'avait plus d'eau. L'épouse du gardien qui habitait le local en haut de l'association a crié qu'elle ne voulait pas, en injuriant la femme qui a battu en retraite. Le gardien est descendu en demandant : "Où elle est ?". J'ai répondu : "Je ne sais pas, mais elle m'a dit qu'elle vivait au n° 6". Le gardien était visiblement soulagé : "Ah bon ! Je croyais que c'était à côté, au 13. Je leur avait dit qu'ils pouvaient. Mais au 6, non, quand même ; on peut pas donner à tout le monde".

Du point de vue des S.D.F., les conditions de la vie quotidienne en squat peuvent paraître acceptables, ou en tous cas préférables à celles proposées par les centre d'hébergement, mais il s'agit toujours d'un équilibre fragile. La vie quotidienne en squat est animée par la peur du lendemain. En plus des coupures d'eau, d'électricité et de chauffage, tous les squats sont menacés par la destruction, l'invasion du local par d'autres S.D.F., la cohabitation et les conflits. Les locaux peuvent s'avérer dangereux dans la mesure où, souvent voués à la démolition et n'étant plus entretenus, ils risquent parfois de s'écrouler. La vétusté et la surpopulation multiplient aussi les risques d'incendie. La cohabitation comporte toujours des risques. Selon le témoignage d'un S.D.F., en mars 1992, "Y en a toujours un qui fait une connerie, qui fait une saleté, surtout les jeunes, et on se fait tous virer. J'étais dans un squat, y a pas longtemps, un jeune est parti en me volant mes affaires et mes papiers". En effet, la vie quotidienne des personnes qui squattent est surtout rythmée par l'angoisse de devoir partir, n'importe quand, n'importe où.

*L'angoisse de l'expulsion*

Pour les squatters, la date du 15 mars en particulier est une échéance redoutée, puisque la loi interdit les expulsions du 15 novembre au 15 mars. Tous les squats ne disparaissent pas avec le printemps, certains sont plus "sûrs" que d'autres, mais l'incertitude plane toujours sur leur devenir. Même les squats protégés par les associations ne sont pas à l'abri, comme le rappelle ce témoignage de mon ami Georges.

" - Et puis un jour 500 policiers sont venus, le 2 mai 1990. On est tous allés Place de la Réunion, on a décidé de rester là. Ils nous chassaient, mais on y revenait, avec des matelas. Et puis il y a eu des tas d'histoires, la presse est venue, et même la télé... On a voulu nous disperser, on m'a même proposé des bons pour la Mie de Pain : je connaissais ! C'est le pire, comme Centre. Les policiers m'ont amené jusque devant la porte, mais ils étaient à peine partis que je suis revenu tout de suite Place de la Réunion : je voulais savoir ce qu'ils allaient proposer".

D'une manière différente que les centres d'hébergement, le squat apparaît aussi comme un palliatif très imparfait au manque d'un toit fixe et d'un "chez soi". Mais leur crainte la plus forte des S.D.F. est de se trouver "à la rue".

## La rue

La précarité des solutions d'hébergement ou de squat amène de nombreux S.D.F. à faire des va et vient avec la rue. Dans son premier sens, la rue désigne la voie publique aménagée entre les maisons et les propriétés, située à l'air libre, à la merci du froid et des intempéries. L'expression appliquée à la vie quotidienne des personnes Sans-Domicile-Fixe correspond à tout ce qui n'est ni centre d'hébergement, ni squat dans une maison ou un appartement vacant ou inoccupé : ni substitut officiel proposé, ni reconstitution d'un "chez soi" dans un endroit aménageable.

Être à la rue ne signifie donc pas nécessairement vivre dehors, mais plutôt dans les espaces qui n'appartiennent à personne et qui sont à tout le monde, les endroits publics, comme les halls de gares, les aéroports, le métro, ou les bancs publics, les jardins publics, les trottoirs, ou même les espaces intermédiaires entre privé et public, comme les entrées de grands immeubles. Mais si elle correspond à des expériences multiples, la rue est dans tous les cas le domaine de la fatigue, des humiliations et de l'angoisse. Pendant les mois que j'ai passés à côtoyer des S.D.F., j'en ai vu beaucoup "se dégrader". Ils fermaient les yeux pour se reposer dans les files d'attente, leurs dents noircissaient ou commençaient à tomber, leurs paupières gonflaient, leur peau se craquelait. Certains connaissaient des périodes d'améliorations, quand ils avaient trouvé un endroit plus ou moins "stable". Cette dégradation de leur santé, c'est la conséquence directe de ces situations que tous les S.D.F., même hébergés ou squatters, risquent à un moment ou un autre de rencontrer. La rue est, en fait, tout ce qui éloigne les S.D.F. de la société des sédentaires qui ont un domicile.

### *Diversité des situations*

Qu'elle soit présentée comme un moindre mal ou comme le dernier niveau de la déchéance, la rue dans tous les témoignages apparait avant tout comme le domaine de la débrouille, des solutions et des arrangements avec les ressources des espaces vacants. En mai 1994, un S.D.F. de 28 ans, avec des très grosses lunettes, qui touchait une Allocation Adulte Handicapé et m'avait raconté ses déboires depuis plus de deux ans dans sa demande pour un appartement H.L.M., m'a raconté son expérience : "J'en déjà fait plein de foyers : chaque fois, c'est 15 jours, un mois, pas plus. Sinon après c'est Nanterre, mais Nanterre, je peux pas. Je suis trop jeune, et puis je mérite pas ça, quoi. Enfin personne ne mérite ça. Mais moi je ne peux pas, je garde une hygiène... Enfin là, je dors dans la rue : mais jamais dehors, vraiment. Toujours des paliers, ou quelque chose. Et puis je reste propre : il y a les douches municipales, tout ça".

Les paliers sont toutefois une solution moins répandue que l'occupation des gares, des aéroports, du métro, ou des endroits couverts quasi-publics (comme à Paris le Forum des Halles, temple de la consommation). En mars 1992, j'ai recueilli un autre témoignage d'un homme de 45 ans.

"J'ai longtemps vécu à l'hôtel, mais maintenant, je ne veux plus donner 85F par jour pour ça, alors je préfère être à la rue. Je me débrouille. Les foyers, tout ça, j'en veux pas, parce qu'on se fait voler : dès qu'on laisse un sac il est volé, entre nous pour quoi ? 50F ? Et les papiers, surtout : il faut faire attention aux papiers. C'est pour ça, moi, je préfère rester solitaire. La nuit dernière, j'ai dormi à la gare d'Austerlitz : y avait pas les vigiles, ça allait bien. Mais une fois où j'y étais, y en a qui se sont fait embarquer : enfin moi j'ai réussi à partir par un petit endroit ; il faut toujours savoir se débrouiller, être sur ses gardes...".

Dans ces conditions, les mesures prises pour éloigner les S.D.F. de certains endroits publics sont ressentis comme des scandales. Dans la salle d'attente d'une permanence sociale, j'ai ainsi entendu cette discussion passionnée entre deux S.D.F. en mars 92.

"- Ils ont fermé Roissy, maintenant. Et le Forum des Halles, aussi ! Combien y en avait aux Halles ? 2000 ? Et à Roissy ? 1000 ? ça fait 3000 en plus dehors !

- ça va plus aller maintenant, ça va exploser, c'est sûr ! C'est pas pour faire de la politique, mais...

- Faudrait écrire un livre, vraiment !

- Il faut partir, on ne peut plus rester.

- Pour aller où ?

- Moi je veux partir en Bretagne, dans ma famille. Dès que j'ai mon R.M.I.. Là-bas, je trouverai quelque chose...".

Plus encore que les squats, tous les endroits publics ou quasi publics où les S.D.F. se réfugient sont des abris précaires, dont ils peuvent à tout moment être chassés. Ils rejoignent alors ceux qui sont dehors, souvent dans des cartons. J'ai entendu plusieurs témoignages à ce sujet. Par exemple, à l'automne 1991, je suis arrivée plusieurs fois à l'Association avant que la porte ne soit ouverte. Je voyais toujours le même S.D.F., qui était en avance aussi, et j'ai engagé une fois une conversation.

"- Le temps est fort gris. Enfin il ne pleut pas, heureusement

- Oui. C'est surtout embêtant quand on est dehors. Moi, j'ai vécu deux ans dans un carton près de la gare Montparnasse : un bon endroit, j'étais peinard, au chaud, sauf quand il pleuvait, justement : le matin dans quel état j'étais ! Enfin j'allais me laver pour 2F à la gare. Maintenant je suis à l'hôtel, grâce au R.M.I. : l'autre jour je suis retourné voir là où j'étais, mais mon carton est pris par quelqu'un d'autre, maintenant".

La nuit dans les cartons oblige cependant à subir toutes les variations de température. Le fait est connu. Pour l'illustrer, j'évoquerai seulement ici une réaction d'un S.D.F. en décembre 1992. En sortant d'un pain partagé, j'ai été surprise par le froid qui m'a saisie au visage. Comme je m'exclamais : "Il fait froid !", un petit homme à côté de moi, à qui je donnais 60 ou 65 ans mais qui en avait peut-être moins, et dont le visage portait la marque des brutales vagues de froid qu'il avait déjà subies, a commenté : "Et encore, je te dis pas la nuit ! Le pire, c'est à sept heures du matin...".

Combien de S.D.F. sont à la rue ? La réponse, bien sûr, n'est pas connue. Il est difficile de chiffrer le nombre de S.D.F., il l'est plus encore de savoir combien de personnes sont dehors et dans les endroits publics, surtout en hiver. A Paris, une indication peut-être donnée toutefois grâce à la connaissance de l'activité des cars de la Préfecture qui ramassent les S.D.F. dehors, dans les gares et dans le métro pour les amener à la Maison de Nanterre : 10 à 12 000 personnes différentes sont embarquées au moins deux fois chaque année. Ce chiffre peut être complété par un autre : pendant l'hiver 1993-1994, un "Samu social" a été mis en place dans la Capitale avec des partenaires multiples (l'Etat à travers la Direction des Affaires Sanitaires et Sociales, le Département à travers la D.D.A.S., la Ville de Paris mais aussi des Associations, des entreprises comme la R.A.T.P, le tout sous la coordination du Docteur Emmanuelli, médecin à la Maison de Nanterre et futur ministre). Le principe du "Samu social" est d'aller à la rencontre des personnes à la rue, pour leur proposer un suivi ou des soins, mais sans les contraindre. Selon les chiffres d'une participante de l'opération, il y a eu dès le premier hiver, du 22 novembre 1993 au 1er mars 1994 environ 12 000 interventions, pour plus de 8 700 personnes différentes (dont 8 000 traitées sous forme d'"accompagnement social", et plus de 700 sous forme d'orientation médicale). En mai 1994, le nombre d'interventions avait atteint 17 000.

### *La fatigue physique, les problèmes de santé*

Les médias parlent beaucoup de ce qui se passe la nuit pour les personnes qui restent dehors, en développant en particulier le thème des ravages du froid sur la personne physique, qui prov chaque année le décès de plusieurs clochards. Cette ré dramatique et choquante, n'est pourtant qu'un aspect de la question. Du point de vue de la vie quotidienne des Sans-Domicile-Fixe, il faut la re-situer dans tout un ensemble. Une nuit dehors est souvent le prolongement de démarches harassantes pour trouver une place en centre d'hébergement, de refus multiples essuyés ; parfois, elle porte le souvenir d'une place trouvée dans un coin de la gare dont on a été chassé...

La vie quotidienne des S.D.F. est épuisante et elle ne leur permet pas de se reposer ni la nuit, ni le jour.

Les personnes sans abri doivent faire des efforts pour les actes apparemment élémentaires de la vie de tous les jours, en particulier en matière d'hygiène : ils ne sont pas acceptés dans les douches municipales quand ils n'ont pas d'argent ou qu'ils sont trop sales, ils ne peuvent aller nulle part pour laver leur linge (il faudrait qu'ils emportent avec eux des vêtements de rechange), et souvent ils ne savent même pas où ils peuvent, sans payer, soulager leurs besoins naturels.

Pour saisir les mécanismes qui contribuent à la clochardisation des personnes sans logement, il faut prendre conscience que de jour comme de nuit, les S.D.F. n'ont jamais tout à fait le droit de "demeurer" quelque part ; au sens propre, il n'y pas de place pour eux dans la société. Ils ne peuvent que circuler d'endroit en endroit, sans s'arrêter. L'exemple des démarches administratives est révélateur : les S.D.F. sont envoyés d'un bout à l'autre de la Ville, car les services qui leur sont spécialement destinés sont dispersés géographiquement. Comme ils n'ont pas d'endroit pour entreposer leurs affaires, ils sont obligés de toujours les avoir avec eux, dans un sac qu'ils craignent de se faire dérober. Cela implique pour eux des déplacements incessants, longs et épuisants, physiquement mais aussi nerveusement (surtout quand ils n'ont pas les moyens financiers de payer leur titre de transport, et qu'ils doivent essayer d'éviter le contrôleur).

Il n'y a pas d'endroits où ils peuvent récupérer tranquillement. Un sommeil profond et réparateur est difficile à trouver dans des endroits qui, même à l'abri des regards, sont aussi accessibles pour les voleurs et les agresseurs que pour les S.D.F. Dans les espaces publics, la Direction et le personnel S.N.C.F.désignent les S.D.F. sous le terme d'"indésirables", et la Direction de la R.A.T.P. transforme les bancs de telle manière qu'ils soient le plus inconfortables possibles pour ceux qui voudraient dormir dans le métro parisien.

Un épisode, qui s'est déroulé dans la gare de la ville de Bourges, illustre les conséquences sur la vie quotidienne des S.D.F. En décembre 1992, un jour de semaine, vers 18h30, trois S.D.F.

étaient assis sur des sièges individuels, non loin de la librairie, à l'abri des regards de ceux qui passaient simplement de la porte d'entrée aux quais. Parmi ces trois personnes, il y avait une femme âgée peut-être de 45 ans, au visage abîmé par la rue (mais semble-t-il pas par l'alcool), assise sur un coussin, avec un petit chien noir, très maigre tenu en laisse. Les deux autres étaient des hommes, qui portaient aussi sur leurs visages les marques de leur situation, dont un qui avait semble-t-il le même âge que la femme, et un autre plus âgé, vêtu d'un survêtement de l'Armée. Alors qu'ils ne disaient rien, le chef de gare s'est dirigé vers eux, et leur a demandé de partir : "ça fait deux ans et demi que ça dure, il faut que ça s'arrête : la clientèle ne s'assoit même plus parce que vous êtes là". Les trois S.D.F. ont essayé de négocier pour pouvoir rester : "Mais tout le monde a le droit de venir, pourquoi pas nous ?". Mais le chef de gare leur a signifié, inflexible : "Parce que vous vous n'avez rien payé : la clientèle paye pour prendre son train, donc elle a le droit de s'asseoir. Vous vous ne payez pas de billets, vous ne payez même pas d'impôts, vous n'avez rien à faire là". La femme s'est levée pour partir, mais les deux autres voulaient encore discuter : "On comprend pas, vous étiez gentil avant, pourquoi ça va changer ?". Le chef de gare a répondu : "Vous avez traité les gens de la S.N.C.F. de fainéants, c'est inadmissible. Pendant deux ans et demi j'ai été compréhensif, je vous ai même une fois amené un réchaud pour la cuisine ; mais après vous avez fait cuire des merguez et des chipolatas dans la gare ! On vous donne ça, il vous faut tout ça !" (et il a fait avec une main le geste de se couper un doigt, puis le bras tout entier). Puis, il leur a répété qu'ils devaient partir, et lui-même s'est éloigné. La femme, qui était sortie, est revenue à ce moment pour chercher ses deux compagnons, en essayant de les convaincre de la suivre. Le chef de gare s'est précipité, furieux : "Qu'est-ce que vous faites ? Vous voulez que j'appelle la police ? J'ai tous les pouvoirs. Je peux vous faire sortir manu militari, si vous n'y mettez pas du votre". La femme a riposté : "Mais c'est pas un espace public, ici ? On a le droit de rester !". Le chef de gare a répondu : "Non, c'est pas un espace public. Les gens qui sont ici, c'est les gens qui ont payé. La Mairie, les P.T.T. c'est public, vous n'avez qu'à y aller ! Mais on vous y expulse manu militari ! Vous n'avez qu'à aller au foyer, j'ai téléphoné, y a des places qui vous attendent ! La fois dernière, vous m'avez dit que c'était fermé, à huit heures et demie, pas du tout, c'est ouvert, j'ai téléphoné". Puis il est reparti. La femme s'est tournée vers ses compagnons : "Bon allez, on s'en va, c'est pas la peine". Mais le plus âgé a répondu : "Il n'a qu'à appeler la police, je n'en ai rien à faire, de toutes façons il a tort. Et puis de toutes façons je dois faire pipi, sinon, je fais dans la gare !". Pendant qu'il allait aux toilettes, la femme est sortie, et l'homme d'une quarantaine d'années s'est retrouvé seul à attendre.

Le chef de gare est encore revenu à la charge : "Vous n'êtes pas encore parti ? Vous voulez vraiment que j'appelle la police ? La police, elle a pas à s'occuper à faire évacuer des parasites comme vous. Vous avez qu'à aller au foyer ! Mais vous voulez pas y aller, tout ça, c'est parce que là-bas, on vous lave. Vous faites pipi sur vous, vous sentez mauvais". Le S.D.F. plus âgé est revenu des toilettes, le chef de gare s'est dirigé vers lui, en criant : "On n'a pas besoin de clochards, de cloche-merde dans la gare ! ça fait mauvais effet sur la clientèle, ça commence à bien faire !". Le S.D.F. a répliqué : "Vous avez quel âge ? Moi, j'ai 64 ans". Mais le chef de gare ne voulait pas discuter : "J'en ai rien à faire ! Vous pouvez aller en foyer, il y a des places réservées !". Le S.D.F. a dit : "Mais trouvez nous une place, en foyer !". Le chef de gare a hésité, avant de s'exclamer : "C'est pas à la S.N.C.F. de vous trouver des places au foyer, on a autre chose à faire !". Puis, comme le plus jeune semblait vouloir temporiser aussi, il a déposé la lampe qu'il tenait, et il les a poussés des deux mains vers la porte.

Cette altercation illustre à la fois le flou qui entoure la notion d'"espace public", les enjeux de l'appropriation d'un tel espace par des S.D.F., et la violence verbale ou même physique que leur installation à un endroit fixe peut provoquer. Pour les S.D.F., de telles manifestations de rejet ont des conséquences multiples : sur l'image d'eux qui leur est renvoyée et la résignation qu'elles peuvent provoquer, bien sûr, mais aussi du point de vue de leur santé, sur l'errance forcée et l'angoisse perpétuelle dans laquelle ils sont amenés à vivre.

Un S.D.F. dans la salle d'attente de la Permanence sociale disait : "Il faut toujours être sur ses gardes" : appliquée nuit et jour, cette maxime ne peut qu'être épuisante pour les personnes sans logement et les éloigner toujours plus de la vie "normale". C'est un des éléments essentiels qui explique leur mauvaise santé. A cela il faut ajouter que quand ils se présentent dans les hôpitaux, les S.D.F. sont souvent rejetés au nom du principe de la sectorisation géographique et du refus des établissements de soins de faire fonction d'hôtel. C'est dans ce contexte qu'il faut replacer notamment les déclarations des médecins, qui font souvent un tableau effrayant ou émouvant de la santé physique et mentale des S.D.F.

*Les humiliations, le découragement*

Dans la vie quotidienne des S.D.F., l'impossibilité de s'installer quelque part se traduit aussi par des humiliations incessantes, qui s'ajoutent à la fatigue physique pour provoquer le découragement.

Parmi tous les exemples possibles, je retiendrai le problème des amendes, qui plongent les S.D.F. dans un univers d'incompréhension. Les S.D.F. s'exposent à payer une amende chaque fois qu'ils prennent un moyen de transport ou qu'ils restent sur les quais du métro sans payer. Il m'est arrivé souvent de distribuer des ordres de paiement de la S.N.C.F. à des S.D.F. qui déchiraient aussitôt l'enveloppe (très reconnaissable) sans même l'ouvrir. Les amendes sont de leur point de vue une absurdité, voire la manifestation d'un acharnement de la société qui tend à condamner tout espoir pour eux de retrouver un jour une vie "normale". Les S.D.F. ont des amendes quand ils font des démarches pour trouver un travail ou pour aller voir une assistante sociale, loin de leur centre d'hébergement ou de leur squat. Ils ont aussi des amendes quand ils vont voir leur famille. À Paris, certains ont même des amendes quand ils doivent revenir de la Maison de Nanterre au petit matin, après avoir été embarqués la veille au soir par les "Bleus". Les amendes s'accumulent, alors qu'eux-mêmes se définissent comme "non solvables" (expression terrible). Cela amène les S.D.F. à construire une argumentation fataliste, comme s'il n'y avait pas d'espoir d'améliorer un jour leur situation, à l'encontre totale de tous les "efforts d'insertion" qui leur sont demandés par ailleurs.

Pour les bénévoles, la distribution du courrier des amendes est aussi un problème. Le Président de l'association où j'étais m'a avoué qu'il culpabilisait à l'idée de rendre un service qui risquait parfois d'accroître les difficultés des personnes, puisque la S.N.C.F. avait un moyen d'exiger le paiement et la Préfecture une adresse pour envoyer les convocations... En janvier 1994, des bénévoles ont décidé de brûler les amendes S.N.C.F. Le 2 mars de la même année, le facteur a mis dans la boite aux lettres un gros paquet de petites feuilles roses, sans enveloppe(s) et sans timbre(s). Elles étaient toutes envoyées par le Trésor Public à des S.D.F. inscrits à l'Association: après l'indication des nom et prénom des contrevenants, on pouvait lire : "Vous n'avez pas donné suite à mes précédentes demandes de règlement, il sera procédé bientôt à la saisie de vos biens mobiliers, et ce pour obtenir le paiement de...". A chaque fois la somme dûe était indiquée : entre 5 000 et 75 000 F (avec une moyenne approximative de 15 000 F). L'histoire n'a pas eu d'autres suites, à ma connaissance.

Pour les S.D.F. qui les reçoivent, comme pour les bénévoles qui les distribuent, les amendes provoquent ainsi le sentiment d'une profonde inadaptation des circuits administratifs et judiciaires habituels au cas particulier des personnes à la rue. Pourtant, elles rendent leur situation est de plus en plus insurmontable et creuse un écart symbolique entre eux et les autres.

La situation dans laquelle sont placés les S.D.F. qui reçoivent des amendes accrédite, à leurs yeux comme à ceux d'autrui, l'image qui les présente comme étant socialement irresponsables. Cette image se traduit dans leur vie quotidienne par des gestes ou des propos méprisants à leur encontre. J'ai raconté la manière dont un agent S.N.C.F. à Bourges a chassé trois S.D.F. qui semblaient s'installer dans la gare, et les injures qu'il a alors proféré. On connait aussi les réactions d'hostilité provoquées par la pratique de la mendicité (même quand elles sont parfois contrebalancées par des manifestations de pitié ou de sympathie). Bien des manifestations témoignent d'un non respect des personnes à la rue en tant que telles, comme les intrusions des journalistes qui viennent surtout en hiver et s'intéressent presque toujours aux plus "abîmés" d'entre eux.

En décembre 1993, dans un pain partagé de 200 personnes, un cameraman de France 3 est venu, et il a parlé avec la responsable (Mme B.), pour obtenir l'autorisation de filmer la salle ; apparemment elle lui a dit qu'il fallait demander. Il a d'abord demandé qui refusait de se faire filmer. Les trois quart de la salle ont levé la main. Mécontent, il a demandé qui acceptait. Il y en a seulement quelques-uns qui ont dit oui, ils ont été filmés. Puis, le cameraman s'est mis à filmer la salle. Un S.D.F. l'a vu, quelqu'un s'est levé et est allé taper sur la caméra, il y a eu presqu'une émeute.

J'ai pu encore observer la tendance à considérer les S.D.F. à la rue un peu comme des objets intéressants seulement par tout ce qu'ils ont de plus pitoyable lors d'un des reportages tournés à une réunion de prière de l'Armée du Salut, en décembre 1992. Les caméras de France 2 étaient là, ainsi que des officiers venus pour chanter[20]. Quand la réunion a été finie, les journalistes ont sorti rapidement leur matériel, en bousculant tout le monde. Deux S.D.F. se sont précipités vers la capitaine, responsable des lieux. L'un d'eux a dit : "Vous auriez dû le dire, qu'il y avait la télé parce que moi, si ma famille me voit !".

La vie quotidienne des S.D.F. prend des visages multiples, mais qui ont en commun toutes les dimensions de la misère, de la fatigue et du découragement. Les S.D.F. se voient constamment renvoyer un portrait qui les dévalorise. Pourtant, ils ont aussi des moments de révolte, et quelque chose qu'avec Goffman, on pourrait appeler "la négociation du stigmate", à travers la reconstitution d'un univers acceptable, en marge de la société. Les

---

[20]L'Armée du Salut, association religieuse protestante qui mène une action sociale et charitable au niveau mondial, est organisée suivant le modèle de la hiérarchie militaire (et ses cadres, hommes et femmes, portent un uniforme qui les rend très reconnaissables).

obstacles qui se dressent dans la vie quotidienne des personnes sans logement en effet contribuent à les convaincre de s'adapter à leur situation et à recomposer un mode de vie, en franchissant un nouveau palier qui les éloigne de la vie "normale". Cette évolution, si elle prend les allures des stéréotypes véhiculés par les théories de la prédestination (ainsi confirmés a posteriori), correspond en réalité à l'apprentissage d'une nouvelle vie sociale.

Le raisonnement en termes d'obstacles donne une image très négative de l'identité des S.D.F. En fait, l'observation de la vie quotidienne des S.D.F. montre que la phase de déstructuration et de "galère" n'est souvent qu'une étape dans la vie des individus après qu'ils aient perdu leur logement. Contrairement à une autre idée reçue, les sans-domicile-fixe en effet ne perdent pas seulement leurs repères antérieurs, mais ils en reconstruisent de nouveaux. Les S.D.F. trouvent dans leurs conditions de vie les ressources pour mener une existence parallèle, en apprenant les règles des mondes organisés de la "zone" ou de la "cloche"[21]. C'est cet aspect de la dimension sociale du phénomène sans-domicile-fixe que nous allons maintenant étudier, dans le quatrième chapitre.

---

[21]je m'inspire ici de l'analyse de H.S. BECKER sur la carrière du déviant, *Outsiders*, 1963.

# Chapitre 4

## Typologie des S.D.F.

On voit apparaître aujourd'hui dans des journaux, des rapports, des classifications qui distinguent de manière anarchique les malades mentaux, les hommes, les femmes, les jeunes. Connaissant la force des stéréotypes qui circulent sur la "fragilité" des S.D.F., on ne s'étonnera pas que j'évite de construire une typologie sur les S.D.F. à partir des raisons supposées qui ont pu les amener à se trouver sans logement mais, dans la continuité du chapitre précédent, suivant leur situation quotidienne et leur manière de négocier leur survie de tous les jours.

Les S.D.F. ne sont pas des individus isolés, incapables de mener une vie sociale. Sur le terrain, j'ai constaté qu'il existe trois mondes de la marginalité. Si certains individus peuvent les parcourir successivement dans un processus de dégradation continu, d'autres au contraire n'en connaîtront jamais qu'un seul ; car il s'agit de trois univers distincts, qui sont régis par des principes d'organisation et des rythmes de vie qui leur sont propres. Dans le premier monde se trouvent les individus et les familles, menacées d'être séparées, qui ont perdu leur logement et ne savent ni quoi faire ni où aller. Sans repères, confrontés aux obstacles de l'adresse et du toit, ils mènent une vie que l'on peut résumer par le mot "galère". Le deuxième monde est celui de la zone. Il est davantage organisé et regroupe des S.D.F. après une période de galère et d'autres, récents mais pris en charge par des anciens. J'ai connu ce monde de la zone en sympathisant avec un bénéficiaire du R.M.I., habitué des circuits parisiens de la restauration charitable. Les zonards peuvent être hébergés, en squat ou dans des endroits publics, ils ont en commun leur insertion dans les circuits institutionnels prévus pour les pauvres. Dans la zone, comme dans la galère, l'alcool est présent mais il n'est pas dominant. Dans le troisième monde, celui de la cloche, se trouvent les vrais clochards qui, selon l'expression d'une assistante sociale "ne demandent plus rien à personne", ou plus exactement qui n'ont pas recours aux institutions. Là, l'alcool et surtout le vin sont omniprésents.

La distinction entre la galère, la zone et la cloche suggère que les solutions pour faire sortir quelqu'un de la rue ne peuvent pas être uniformes pour tous les S.D.F. En particulier il faut tenir compte, pour un certain nombre d'entre eux, des nouveaux repères qu'ils se sont construits et qui peuvent expliquer mieux que la démission individuelle, le refus des hébergements temporaires, des petits boulots et des aides ponctuelles.

## LA GALÈRE

Appliquée aux S.D.F., l'expression "la galère" désigne d'abord la situation à laquelle sont confrontés tous ceux qui, en perdant leur logement, perdent du même coup leur point d'ancrage dans leurs circuits administratifs et sociaux et dans leur réseau de sociabilité. Mais la galère désigne aussi le monde particulier dans lequel ils se trouvent plongés quand ils adoptent une certaine manière de gérer cette situation, en déployant une énergie considérable pour sauver les apparences de la vie "normale" et surmonter les défis du quotidien de l'exclusion. La galère en effet est un monde organisé, ou plutôt désorganisé, par la confrontation de deux systèmes avec d'une part les règlements imposés aux marginaux, d'autre part les règles de vie sociale des gens "normaux". Dans ce monde tout s'ajoute, les problèmes liés à l'absence de domicile fixe, les contraintes horaires rigides et les délais d'attente supplémentaires, et les efforts pour "s'en sortir" et pour faire, autant que possible, comme si de rien n'était.

La vie quotidienne dans la galère varie en fonction des activités qui permettent d'avoir des moyens financiers. Dans ce monde, on trouve beaucoup de S.D.F. qui bénéficient de "droits sociaux" comme les A.S.S.E.D.I.C., l'Allocation Adulte Handicapé ou le R.M.I. J'ai aussi rencontré dans un Centre d'Hébergement et de Réinsertion Sociale, des S.D.F. avec des emplois stables, qui espéraient se réconcilier avec leur conjoint ou qui attendaient la réponse d'une demande à un organisme H.L.M. Toutefois, le monde de la galère est surtout celui des S.D.F. avec des formes particulières d'emploi et des petits boulots qui leur permettent de survivre dans la galère, mais pas d'en sortir. Ces activités ne leur donnent pas accès au logement et leurs statuts au regard du droit du travail sont souvent incertains, parfois aux limites de la légalité.

Pour illustrer ces aspects, le meilleur exemple est la vente des journaux à la criée, qui est une activité apparue en France au printemps 1993. Le premier numéro de *Macadam journal* était vendu 10 F, dont 8 F étaient acquis au vendeur (6 F à partir du mois de juin), et le reste à l'éditeur. Mensuel, vendu dans la plupart des grandes villes françaises, *Macadam* a atteint pendant l'hiver 1993-1994 un tirage de 600 000 exemplaires, avant de revenir à un chiffre inférieur, entre 100 000 et 150 000 numéros vendus. L'exemple a été suivi par d'autres journaux, comme *Réverbère*, *La Rue*, *Faim de siècle*, qui ont en France un tirage sensiblement inférieur (en 1994, *La Rue* par exemple atteignait difficilement 80 000 exemplaires, dont la moitié à Paris, l'autre moitié en Province). Ces journaux n'ont pas la même structure juridique, ni la même présentation, et ils affichent des philosophies quelque peu différentes. Ainsi, *Macadam* est une entreprise commerciale, orientée vers le profit. Par opposition, *La Rue* se flatte d'être une entreprise d'insertion, qui s'engage à donner à ses vendeurs une formation (ou au moins à essayer), et à reverser les bénéfices éventuels. *Réverbère* trouve son originalité dans le fait d'être conçu et écrit par des S.D.F. (et pas seulement vendu par eux)... Quoi qu'il en soit, du point de vue des exclus vendeurs, la démarche présente de grandes similitudes : aller acheter un paquet de journaux (6 F, 7,20 F, ou plus) et essayer de les revendre 10, ou 15 F l'unité.

Ces journaux vendus par des S.D.F. ont souvent été présentés par les médias, et ils se sont présentés eux-mêmes, comme le moyen d'"occuper" des Sans-Domicile-Fixe ou des chômeurs, et de leur donner un travail plus valorisant et plus valorisé que la mendicité. Mais cette activité demande une très grande disponibilité : elle prend beaucoup de temps pour être vraiment rémunératrice, et elle est très fatiguante. Surtout, elle suppose que les S.D.F. se montrent et même se proclament en tant que tels, ce qui est excessivement ambigu. La publicité faite autour de ces journaux présente moins leur contenu, que leur mission charitable. Dans ces conditions, les vendeurs sont naturellement amenés à développer dans leur discours l'élément principal qui doit motiver la vente : eux, ou plutôt tout ce qui dans leur situation peut provoquer la pitié. Un des animateurs du journal *La Rue* confiait en juin 1994[1] : "Nous visons à fidéliser le lecteur par un contenu intéressant. Le problème, c'est que souvent les gens ne lisent pas, ils donnent l'argent, ou même un peu plus. Ils ont gardé le réflexe de la mendicité". Le même animateur précisait aussi : "Au départ, on ne visait pas que les S.D.F. Mais ceux qui ne le sont pas nous disent

[1]Colloque du 1er juin 1994 "La Rue", organisé par le Plan Urbain (Ministère de l'Equipement) et les Compagnons de la nuit (Association loi 1901).

"On n'en est pas encore là", parce que ce n'est pas un métier valorisant".

De fait cette activité n'est pas un métier du tout, et les problèmes de reconnaissance qu'elle pose aux S.D.F. illustrent bien les aspects de la galère. Elle n'a pas de statut juridique. Il y a bien le statut de travailleurs indépendants, mais il faut que les S.D.F. fassent eux-mêmes la démarche de se déclarer. Ils le font d'autant plus rarement qu'ils sont alors confrontés à des problèmes compliqués avec la Sécurité sociale, et qu'ils sont suspendus du paiement du R.M.I. : or ils craignent trop de perdre leur seule ressource fixe et de ne pas pouvoir la toucher facilement à nouveau si leurs gains diminuent. Les S.D.F. qui vendent des journaux à la criée font donc un travail "au noir" toléré et même encouragé, mais qui, faute de reconnaissance légale, ne leur ouvre aucune porte. Au total, la vente des journaux à la criée maintient les S.D.F. dans les circuits particuliers de la marginalité et de la débrouille. C'est si vrai que, faute d'un accord avec la R.A.T.P., les vendeurs de journaux à la criée à Paris sont interdits de vente dans le Métro et qu'ils peuvent, comme les autres S.D.F., être à tout moment embarqués par les "Bleus" à la Maison de Nanterre.

Les S.D.F. que j'ai rencontrés étaient d'ailleurs partagés, entre ceux qui trouvaient que les "journaux pour les S.D.F." étaient une bonne chose, et d'autres qui disaient que c'était un "truc capitaliste" "pour se faire de l'argent sur notre dos". Dans la file d'attente pour un repas gratuit de l'Armée du Salut, en mai 1993, j'ai entendu une discussion entre deux d'entre eux.

" - Tu vends le journal, toi ?

- Pas vraiment. J'en ai vendu un pour voir, mais j'ai arrêté.

- Peut-être qu'il y en a qui vendent... Mais ils auraient pas dû dire que c'était pour les S.D.F., qu'il y avait 8 F pour les S.D.F.

- Pourquoi ? C'était obligé...

- Non, parce que j'ai entendu parler, dans des groupes où y avait pas de S.D.F.. Eh bien ils disaient : Ouais, on va pas donner pour ceux qui picolent. Voilà ce qu'ils disaient.

- Je connais quelqu'un, je ne sais pas si c'est vrai, il dit qu'il s'est fait deux briques et demie.

- Tu veux que je te dise ? Deux briques et demie ? Il aurait fallu qu'il en vende, calcule, c'est facile... 2 500 ! Va-z-y, toi, vendre 2 500 en trois semaines ! J'étais au Châtelet, j'en ai vu un, il avait un tas de 40 journaux. J'ai regardé, une heure, après je suis parti. Il n'avait rien vendu".

Le discours moralisateur sur le refus de favoriser l'alcoolisme des S.D.F., et les débats sur les gains mythiques ou réels de quelques-uns, sont des points communs avec la mendicité.

Dans la mesure où les revenus des "petits boulots" ou des "droits sociaux" ne suffisent pas à accéder au logement, ni même à faire face aux dépenses de nourriture et d'hôtell, les S.D.F. dans la galère peuvent être amenés à pratiquer la mendicité.

Même si elle n'est plus définie comme un délit par le nouveau Code Pénal (entré en vigueur en mars 1993), la mendicité reste interdite par le règlement des Chemins de fer (donc dans les trains, les métros et les R.E.R.). La mendicité "agressive" est aussi passible d'une amende dans certaines villes, comme par exemple Perpignan où un arrêté municipal a été pris en juillet 1993. De plus, la "manche" exige aussi du temps, de l'attention, et elle rapporte peu à ceux qui ne sont pas organisés. En effet, une pratique efficace exige souvent de la ténacité pour conserver sa place, une présence en continu ou au moins régulière, parfois même des horaires stricts et le respect pointilleux d'une localisation qui n'empiète pas sur le "territoire" d'un autre. Dans tous les cas, la manche constitue un revenu très irrégulier, qui ne présente aucune garantie. Elle ne permet de faire aucun projet et même, dans le cas des personnes qui vivent à la rue et n'ont pas de compte en banque, elle rend impossible toute économie, car il serait trop risqué de garder une somme importante sur soi quand on ne peut pas la mettre à l'abri. L'argent gagné est donc immédiatement dépensé, même et surtout quand il s'agit d'une somme importante, ce qui peut être mal compris (par exemple, quand le généreux donateur voit le S.D.F. aller dans un restaurant). La mendicité présente enfin le risque d'être repéré, ou de perdre toute estime personnelle, au point de ne plus pouvoir sauver les apparences par ailleurs.

Dans le monde de la galère, les S.D.F.passent beaucoup de temps à essayer de gagner un peu plus d'argent et ils sont souvent amenés à prendre des initiatives qui les dévalorisent aux yeux des autres, et à leurs propres yeux. Ces tracas se mélangent et s'ajoutent à toutes les difficultés qu'ils rencontrent pour dormir, manger, se vêtir, trouver les adresses où ils pourront assurer les conditions de leur survie quotidienne. Parmi les conséquences provoquées par l'absence d'adresse et de toit fixe, il y en a une que l'on néglige souvent. Un sans domicile fixe, en centre d'hébergement ou à la rue, ne peut pas rentrer chez lui quand il n'a rien à faire. Il en résulte nécessairement l'apparition de moments où il doit rester dehors, sans raison précise. Dans le monde de la galère, où il faut rester capable de prouver que l'on n'a pas "décroché", la gestion de ces moments est essentielle. Elle implique de trouver quelque chose à faire, et surtout quelque part où aller. À part les cafés, qui risquent de faire tomber dans la spirale de l'alcoolisme, il n'y a que les espaces publics ou semi-publics. Mais les S.D.F. sont contraints de ruser avec tous les dispositifs mis en place pour les empêcher de "détourner" les espaces publics de leur fonction et les obliger à circuler, depuis les sièges conçus pour dissuader les dormeurs dans les stations de métro à Paris, jusqu'aux arrêtés municipaux qui leur interdisent de "stationner" dans les centres de certaines grandes villes. Ces incertitudes et ces angoisses contribuent à rendre séduisantes des solutions plus durables qui peuvent devenir des pièges, en les amenant à s'installer dans un mode de vie déviant.

Bien sûr, il n'est pas question d'être strictement déterministe. Certains S.D.F. "s'en sortent" - encore faut-il s'entendre sur ce mot. Mais au-delà de ce constat, il faut voir que l'installation dans la vie marginale ne correspond pas à un renoncement, mais plutôt à un processus d'ajustement à un environnement particulier, à une mise en conformité aux règles particulières de la marginalité[2]., dans les mondes de la zone ou de la cloche.

## LA ZONE

De mes observations de terrain j'ai retiré la conviction que le monde de la zone (comme, d'une autre manière, celui de la cloche) correspond pour les exclus à l'apprentissage de manières de vivre qui existaient avant eux et qui se perpétuent à travers eux. En ce sens, on peut parler de l'intégration au groupe des zonards et d'une culture de la zone[3]. La zone est un monde organisé autour de l'utilisation des ressources offertes par les institutions destinées aux marginaux. Les zonards connaissent les administrations et les associations spécialement prévues pour eux, ils sont renseignés sur les "bonnes adresses", les personnes "gentilles" et ils savent où il faut aller pour dormir, pour manger. Pour gérer leur vie au mieux, ces S.D.F. ont adopté la solution de s'immerger dans ces réseaux. Mais ils doivent s'adapter à des contraintes qui tendent à les maintenir dans ce monde à part, où ils ne côtoient souvent que leurs semblables d'un côté, les travailleurs sociaux de l'autre.

À Paris, j'ai sympathisé avec un zonard (Georges) qui m'a introduite dans ce que l'on pourrait appeler "le circuit des pains partagés". Il s'agit de repas gratuits, servis à table par des

---

2 Cette idée me rapproche de l'analyse de BECKER sur ce qu'il appelle la "carrière" des déviants, dont l'aboutissement selon lui est l'apprentissage des modes de vie déviant dans un groupe organisé. cf Outsiders, 1963.

3 L'ensemble des remarques qui suivent correspondent au travail de terrain que j'ai réalisé pour ma thèse de sociologie à Paris entre 1991-92 et décembre 1994.

bénévoles[4]. Leur nombre et la complémentarité de leurs jours d'ouverture permettent aux zonards d'avoir chaque jour de la semaine au moins un repas complet. Par exemple, Georges, après plusieurs années de galère, avait acquis ses entrées dans un certain nombre de ces endroits. Son emploi du temps quand je l'ai connu lui permettait d'aller le lundi et le jeudi chez Mme B., le mardi au Secours Catholique, le mercredi à l'Armée du Salut, le vendredi dans une petite association catholique, le samedi à l'association où il aidait aussi comme bénévole ; le dimanche, il préférait manger pour 25F dans le Centre d'hébergement géré par l'Armée du Salut où il avait vécu quelques temps, pour garder contact avec des amis.

Dans les différents endroits où il m'a amenée, j'ai pu remarquer qu'il y avait beaucoup d'habitués, qui avaient eux-mêmes leur circuit, selon leurs habitudes et leurs préférences. La comparaison des différents endroits est d'ailleurs un thème de discussion important entre zonards, qui s'échangent des informations sur les dates d'ouverture ou de fermeture, la gentillesse des responsables, la qualité de la nourriture, la longueur de l'attente... Au moment de Noël, une des préoccupations des zonards est de se procurer des tickets d'invitation, de connaître les adresses et les manières les plus simples de se rendre aux bons endroits (car pour cet événement, les associations louent généralement une salle différente). Le caractère très organisé de cette vie peut être imagé par cette anecdote. En décembre 1992, le jour de la distribution des tickets pour le Noël de Mme B., un habitué est arrivé vers moi, furieux : "Tu sais pas la dernière ? Le Noël ici c'est le 18 décembre! Et à la Péniche, pareil ! C'était trop difficile de téléphoner pour se renseigner ? C'était quand même pas compliqué, mais non, ils s'en foutent, c'est pas leur problème, ils font ça en même temps !". Pour ponctuer ses dires, il a sorti un petit agenda, avec les différents repas de Noël prévus pour sa semaine.

D'une manière générale, les zonards adaptent leur vie aux ressources institutionnelles prévues spécialement pour les pauvres. Ils n'ont pas ou plus les angoisses de ceux qui sont dans la galère, qui viennent de perdre leur logement, et qui ne savent jamais s'ils vont manger le midi, ni où ils vont dormir le soir. En revanche, ils doivent consacrer du temps et de l'énergie pour se constituer ces circuits et pour les entretenir, et ils restent à la merci d'un déménagement des associations, d'un changement dans les bénévoles, le moindre conflit ou malentendu pouvant leur fermer définitivement la porte.

---

[4]Les soupes populaires, ces repas servis dehors, peuvent être une des ressources utilisées, mais ils sont plutôt un recours des exclus dans la galère et parfois des clochards.

En effet, comme au XIXème siècle où les dames patronnesses avaient "leurs pauvres", aujourd'hui encore, les responsables (souvent féminines) des repas gratuits connaissent souvent chacune des personnes qu'elles accueillent, et elles se renseignent en cas d'absence. Le système des tickets d'entrée, très répandu dans les pains partagés où Georges m'a amenée, contribue à l'exercice d'une discrète mais réelle pression pour fidéliser les S.D.F. Inversement, il permet aussi d'opérer un "filtrage" et une sélection des futurs habitués (sans avoir besoin de réclamer des papiers d'identité).

La première fois où je suis allée chez Mme B., en novembre 1992, Georges était anxieux à l'idée qu'elle pourrait ne pas m'accepter, et il m'a présentée avec un discours qui m'a semblé pour le moins surprenant - mais il s'amusait souvent à jouer au fantaisiste quand il ne voulait pas qu'on lui pose des questions trop précises.

- "Voilà une jeune personne, qui est malheureuse. Elle est étudiante n'est-ce pas, elle étudie la sociologie, la pauvreté et tout ça justement, elle est mariée, ça c'est heureux, mais elle est très malheureuse et c'est pour ça qu'elle m'a demandé de l'aider, et de la protéger".

Mme B. s'est alors tournée vers moi et j'ai expliqué, suivant les conseils que m'avait donné cet ami, que j'étais une étudiante "fauchée", que mon mari était à l'Armée et que je ne le voyais pas beaucoup. Elle m'a écouté et posé des questions : où était mon mari, combien de fois par mois il revenait, où je faisais mes études... J'étais un peu crispée, mal à l'aise des semi-vérités que je disais et de tous les regards que je sentais converger vers moi. Finalement Mme B. m'a donné un ticket.

Par la suite, j'ai vu Mme B. refuser de laisser entrer une jeune femme qu'elle n'avait jamais vu, en la traitant de tricheuse parce que celle-ci avouait avoir eu son ticket par "un ami".

Les circuits de la charité constituent un monde difficile d'accès, ils correspondent à un univers particulier, avec des règles, des contraintes et une sociabilité qui amènent les zonards à restreindre leur vie sociale aux limites de cet univers.

Ainsi, chez Mme B., il était conseillé de se présenter si possible entre 9h et 11h pour venir prendre son ticket, nécessairement délivré par Mme B. elle-même, ou une autre dame patronnesse (comme les appelait certains zonards, parce qu'elles étaient toutes les épouses d'hommes très riches et quelquefois nobles). Pour ce, il fallait pénétrer dans la salle et aller devant la porte de la cuisine, où ces deux dames se tenaient tour à tour. On avait alors le droit de rester à l'intérieur, près de l'entrée, pour lire, jouer aux cartes ou à des jeux de société, ou il y avait aussi pour ceux qui le voulaient des séances de catéchèse, au fond de la salle. Vers 12h30 - 13h00, tout le monde était invité à sortir dans la cour. Les quelques 200 personnes s'agglutinaient près de l'entrée, pour entendre l'appel de leur couleur et de leur numéro de ticket (fonction du moment où la personne l'avait obtenu, les premiers venus étant les premiers appelés). Une seule porte était ouverte. Une dame patronnesse criait, par exemple : "Les violets d'abord : de 1 à 10". Quand enfin on était appelé, il fallait souvent se faufiler. La personne qui faisait l'appel vérifiait que l'on ne trichait pas.

Une fois passé, à l'intérieur, une autre dame patronnesse disait bonjour et désignait vaguement des tables (mais chacun se précipitait en fait où il voulait, ou bien à la place qu'un copain lui avait réservée). Il n'y avait pas beaucoup de femmes (5 ou 6, 10 au maximum) parmi les assis. Les tables étaient petites, pour 5 ou 6 personnes. Chacun avait une petite assiette creuse, profonde, en plastique, un gobelet en plastique, une grande cuillère, une petite cuillère. Dans presque tous les pains partagés où je suis allée, j'ai remarqué qu'on ne mettait ni fourchette, ni couteau, sans-doute par souci sécuritaire.

Puis, Mme B. prenait un micro, pour faire un discours. J'ai retranscrit juste après coup le premier que j'ai entendu, le 23 novembre 1992.

- "Bonjour. Je voudrais pour commencer aujourd'hui vous parler des problèmes de racisme. Il n'y en a jamais eu ici, mais je veux dire quelque chose. Des étrangers, il y en a, il y en a. Mais la fois dernière vous étiez 130, aujourd'hui 160, la fois prochaine 200. Il ne pourra pas y en avoir 250, ce n'est pas possible. Donc la priorité est la suivante : d'abord ceux qu'on connait bien, de l'année d'avant etc. ; puis ceux qui ont le R.M.I.. Là il y a eu un incident, mais il ne faut pas dire : "Les étrangers ont droit de manger aussi". Ils ont le droit de manger, mais on ne peut pas nourrir tout le monde. Et puis je demande quelque chose aux étrangers qui sont là, c'est de respecter le silence. Quand on injurie, il ne faut pas répondre. C'est pas la peine, on se tait. Moi là je ne donne pas un ticket, je me fais traiter de putain *(exclamations et rires dans la salle)*, eh bien je ne dis rien, je ne réponds pas. Autre chose, maintenant : à propos des petites bêtes, qui viennent sur la tête. Certains en ont, ça peut arriver à tout le monde, même des mères de famille, mais dans ce cas il faut se faire soigner. A l'hôpital, ils font un shampooing, ou bien trouvez-vous 17F pour acheter para-poux. Sinon, le risque, c'est qu'on ferme. Vous voyez-pas qu'on doive fermer parce que certains n'ont pas fait l'effort de se soigner ? Parce que ça court vite, ces petites bêtes. Voilà. Bon, maintenant, le menu : d'abord, la traditionnelle soupe aux légumes ; puis de la brandade de thon. Des fois, c'est de la morue, là c'est du thon. Et puis vous pouvez applaudir, parce que c'est un jeune homme de 17 ans, là, un étudiant, qui a fait toute la béchamel tout seul *(applaudissements)*. Après, du fromage blanc. Sucré, on me dit de préciser. Et des petits gâteaux secs. C'est tout, c'est déjà pas mal. Je rappelle qu'on ne jette pas le pain. Ah, oui, j'allais oublier. Je vous présente une dame, qui est venue de Tchécoslovaquie pour voir comment ça se passe chez nous, et qu'on peut applaudir *(applaudissements)*. Et puis il y a aussi le Frère ..., qui va faire la catéchèse, maintenant que le Frère ... est parti à l'hospice. La catéchèse recommence dans 15 jours, à partir de 10h30. C'est important, Jésus. Y a à manger, bien sûr, mais la vie c'est aussi autre chose. Quelquefois on est seul, mais il y a toujours Jésus qui est là et qui aime chacun de nous personnellement. Et moi, c'est parce que je l'ai rencontré que je suis là, vous pouvez vous en souvenir. Alors ceux qui voudront lire le journal pourront continuer, ceux qui voudront jouer aux cartes pourront continuer, mais il y aura aussi la possibilité de penser, de parler de Dieu, ici au fond de la salle. Combien sont intéressés ? *(une dizaine de doigts se lèvent)*. Bien. C'est suffisant pour commencer. Aujourd'hui, c'est le Frère ... qui va dire la prière. Alors tout le monde se lève, comme d'habitude, on respecte la prière".

Chaque fois, le discours de Mme B. était suivi de l'énoncé d'un passage de la Bible et finalement la récitation d'un "pater", repris en choeur par la salle. Puis, les dames patronnesses et des étudiantes (ou plus rarement des étudiants) d'un lycée catholique se précipitaient pour nous servir : une louche de soupe chacun, pas plus. En revanche, il y avait plusieurs distributions de pain, pour ceux qui en voulaient. Le plat principal était servi dans la même assiette : il s'agissait souvent de quelque chose de simple et un peu lourd : il valait mieux, car j'ai pu remarquer qu'il est difficile de découper même un morceau de jambon avec une grande cuillère. Quand il y avait du fromage, il était servi avec une fourchette dans la même assiette. Le fromage blanc se mangeait dans des petites coupelles en plastique, et le sucre était présenté en morceaux. Après, il y avait encore un café (servi dans l'assiette, ou dans le verre). Le repas se terminait vers 14h00, parfois même 14h30. Quand nous sortions, il y avait invariablement déjà une file de personnes rangées deux par deux les unes derrière les autres, pour un "petit vestiaire" (pour ceux qui voulaient des vêtements gratuits).

Les zonards chez Mme B. protestaient quelquefois contre le temps qu'ils devaient passer à table, alors qu'ils avaient des rendez-vous administratifs ou autres. On entendait plutôt le reproche inverse dans un petit pain partagé de l'Armée du Salut.

L'Armée du Salut est une association protestante, organisée sur le modèle de l'armée, avec des permanents qui doivent respecter la hiérarchie, des soldats, des officiers. Je suis allée dans un de ses pains partagés parisiens le mercredi soir pendant près de 9 mois, du 7 octobre 1992 au 30 juin 1993. Ce pain partagé appliquait un système de tickets tous les jours et le repas valait 5F, sauf précisément le mercredi soir où il était ouvert et gratuit. Mais le repas était suivi de la réunion de prière, à partir de 20h.

Le service commençait à 18h. Il y avait 6 tables, ou 24 places, réparties dans deux salles : une petite, avec deux tables, et une grande, qui servait après pour la prière, avec quatre tables de quatre. Quand j'arrivais avec l'ami qui m'accompagnait toujours, vers 19h20 - 19h30, il y avait toujours la queue. Le principe était de permettre au plus de monde possible de manger, donc de faire un roulement. Par conséquent, la porte ne s'ouvrait que quand quelqu'un était sorti. Un zonard hébergé sur place, ou quelquefois l'officier responsable (la capitaine) criait : "Une !", ou "Deux !" suivant le nombre de places libérées et la personne la plus avancée dans la file d'attente dehors pouvait entrer. La porte se refermait alors sur elle, souvent en claquant. Pendant ce temps, dans la queue, les discussions allaient bon train.

Une fois entré, il fallait prendre du pain dans une corbeille, puis s'asseoir à la place qui avait été libérée. Un hébergé, après avoir rapidement nettoyé la table, se précipitait pour amener l'entrée dans une petite coupelle. Dès que l'on avait fini, ou même avant si on traînait un peu, la petite coupelle était aussitôt ramassée, et on entendait crier : "Un plat !". Quelqu'un d'autre se précipitait pour amener le plat principal dans une assiette, qu'il fallait manger à la grande cuillère. Venait ensuite le dessert : laitage ou fruit. Si le dessert était un fruit ou une pomme, il fallait le manger dehors, et sortir aussitôt. Quand il s'agissait d'un laitage, il était systématiquement périmé de 3, 5, ou même 10 jours. Bien sûr, il n'y avait pas vraiment de temps pour discuter. Une fois, un homme a refusé d'obéir et voulu manger sa pomme à l'intérieur : la capitaine lui a reproché son égoïsme et promis qu'il ne pourrait plus jamais entrer.

En attendant la réunion de prière, dehors, on regardait les hébergés qui après avoir sorti les tables, disposaient les chaises. La réunion de prière commençait vers 20h et durait environ une heure. Elle était animée par les recrues de l'Armée du Salut, les soldats et la capitaine, souvent aussi les étudiants d'un Institut biblique qui venaient pour leur "stage pratique". Quand il y avait trop de monde et pas assez de chaises, il fallait aller dans l'escalier. La salle, avec un cahier de chants pour deux, réclamait un numéro, la capitaine le cherchait dans le carnet, elle donnait le ton, et on chantait en lisant les paroles. Entre les chants, il y avait quelques sermons et les témoignages. La salle en théorie ne devait pas intervenir, ceux qui voulaient parler devaient attendre la fin de la réunion, où la capitaine ou un soldat pouvait les écouter à part. Après, il y avait un café, souvent très sucré, servi encore par des hébergés.

J'ai assisté ou participé à d'autres repas partagés. Dans presque tous, il faut manger avec une grande cuillère, parce qu'on ne donne pas de couteaux. Il n'y a pas souvent de viande, mais même les tranches de jambon sont difficiles à découper de cette manière. Il faut aussi libérer la place dès qu'un bénévole en donne l'ordre, savoir se taire, respecter les horaires, les règles particulières de chacun.

Avec les administrations et les associations spécialement prévues pour les S.D.F., les journaux vendus à la criée, la mendicité, les centres d'hébergement, les pains partagés font partie des institutions qui jalonnent le parcours des exclus et qui constituent les ressources habituelles et les points de repère des zonards. Pour vivre ou survivre mieux, ils ont adopté la solution de construire leur organisation et leur emploi du temps au quotidien en s'immergeant dans ces circuits. Mais les contraintes qui en résultent les amènent à rester dans un monde en marge, loin de la société "normale".

Le monde de la zone représente davantage que des modes de survie individuelle organisés autour des ressources institutionnelles. Il inclut aussi une prise de conscience par certains d'intérêts communs, voire d'une solidarité de groupe. Beaucoup de zonards, peut-être tous, ont intériorisé la distance sociale qui les sépare des non S.D.F. Pourtant, même quand ils ont arrêté de chercher un logement fixe et/ou un emploi régulier, même quand ils ont commencé à boire, ils n'acceptent pas nécessairement les stéréotypes véhiculés à leur sujet. Ils ont par rapport à ces stéréotypes une attitude de rejet qui peut être une réaction de stricte défense personnelle : "Je ne suis pas comme ceux avec qui on me confond", mais qui peut aussi prendre la forme d'une prise de conscience solidaire : "Ils nous prennent pour qui ?". C'est dans cet esprit qu'on peut comprendre certains mouvements de désapprobation et aussi l'omniprésence d'un humour souvent caustique.

Par exemple chez Mme B., le respect pour "la chef" n'empêchait pas les réactions face à des propos ou des comportements considérés comme injustes ou arbitraires. Sa décision, à partir du mois de décembre 1992 d'instaurer un système de cartes et de quota de 20 à 25 places pour les étrangers, a fait beaucoup de remous pendant plusieurs semaines (ce qui ne l'a pas empêché de l'appliquer). Mais la plupart des obligations étaient acceptées avec philosophie ou détournées avec humour. Pour contourner la récitation debout, avant le repas, du "pater", certains avaient pris l'habitude d'aller aux toilettes. La pratique fut donc interdite. Ou encore, le repas de Noël, auquel j'ai assisté, était obligatoirement précédé d'une messe. Comme les couteaux et les fourchettes sont remplacés par une grande cuillère, j'ai vu des S.D.F. sortir tranquillement de leur poche leur propre canif (pour découper par exemple du jambon). Ces détails montrent le recul que nombre de zonards, habitués d'un lieu, prennent souvent par rapport à certains traits caractéristiques des circuits qui leur sont destinés...

Dans les réunions de prière du "petit" pain partagé protestant de l'Armée du Salut, quand un sermon commençait à leur sembler trop long ou simplement ennuyeux, des voix de plus en plus nombreuses commençaient invariablement à crier : "10 !", ou "67 !" (pour désigner un numéro de chant). Les tentatives des soldats ou des étudiants pour faire participer la salle tournaient parfois au franc amusement, souvent à leurs dépens. C'est ainsi qu'en hiver, pendant un sermon sur la chaleur que Jésus peut communiquer, un exclu s'est levé pour demander : "ça veut dire qu'on va réparer le carreau cassé ?". D'autres fois, les soldats ou/et les étudiants présentaient un petit sketch pour illustrer le message de la Bible. En octobre 1992 une jeune recrue a entrepris d'illustrer le thème "on récolte ce qu'on a semé" (assez peu du goût du public, qui s'arrangeait toujours pour le faire savoir). Elle a d'abord montré une pomme de terre : "Si on plante, qu'est-ce qui pousse ?" (une pomme de terre), puis elle a sorti une cacahuète "Et là, disons, c'est une graine. Si on plante...". Quelqu'un dans la salle l'a interrompue : "Si on plante une cacahuète, il pousse pas grand chose !". La même recrue, lors d'une autre réunion, a gonflé une baudruche pour illustrer le parcours de la vie d'un homme en soufflant un peu pour le petit bébé, un peu plus pour l'enfant, encore plus pour l'adulte ; puis, elle lui a accroché sa guitare : "Donc, qu'est-ce qu'il devient ?". Un exclu a suggéré, malicieux : "Un zonard ?". La soldate a bredouillé, déclenchant l'hilarité : "Non, un musicien".

Il y avait ainsi tout une forme d'esprit qui s'appuyait sur un recul par rapport aux stéréotypes et qui pouvait glisser vers l'humour noir. Par exemple, en novembre 1992, la capitaine, comme cela arrivait assez régulièrement, a annoncé un décès, celui d'un certain Gérard, que l'on voyait souvent. "Et il est parti, comme nous partirons tous...". J'ai entendu deux hommes assis derrière moi chuchoter : "-Tu sais de quoi il est mort ? - D'une cirrhose, je crois. -Ah, c'est pour ça qu'elle dit qu'il est parti, comme nous partirons tous !".

Pourtant, le rire pouvait aussi se transformer en colère. Un soir, un étudiant, pour expliquer comment il avait rencontré Dieu, a confié : "Un moment, j'étais très mal, j'aurais pu vraiment mal tourner". Quelqu'un en riant a dit : "Comme nous ?". L'étudiant, sans sourciller, un peu méprisant, a répondu : "Oui". Un brouhaha est monté, si fort qu'il est devenu impossible d'entendre ce qu'il disait. Le calme est revenu seulement quand il s'est tu pour laisser place à quelqu'un d'autre.

Ces exemples rappellent la sensibilité des zonards et témoignent, à travers l'emploi du "nous", d'un sentiment de solidarité face aux condamnations ou aux injures individuelles ou collectives.

Les récits de certains S.D.F. et les observations que j'ai pu faire suggèrent aussi qu'il existe des comportements attendus et un vocabulaire particulier de la "zone".

Par exemple au début de l'année 1992, l'un d'eux m'a parlé en ces termes de certains compagnons de squat partis après l'avoir volé : "C'est surtout les jeunes, qui viennent de quitter leurs parents et qui ne connaissent pas les règles. Mais tout se sait, dans la zone. Après il aura un couteau dans le ventre et c'est tout. Les riches, encore, on peut les voler, mais pas ceux qui sont dans la zone, ça vraiment, je ne comprends pas". J'ai aussi remarqué que l'échange d'adresses et de renseignements pratiques est un sujet de conversations important et un moyen de nouer connaissance dans les files d'attente.

Dans les pains partagés, les discussions sont généralement plus variées, du temps qu'il fait à l'actualité politique, des stars de variété aux faits divers et aux problèmes quotidiens des exclus comme les "Bleus" à Paris. Je me suis aperçue que chacun racontait d'abord ce qu'il voulait, et que même si l'interlocuteur pouvait réagir, une règle implicite des conversations était de ne jamais poser de questions personnelles, même si la curiosité pouvait apparaître dans certaines exclamations, ou au détour d'une confidence tardive : "Ah, c'était pour ça !". Quand j'ai commencé à être mieux connue dans les endroits où m'amenait mon ami, j'ai entendu certains raconter des bribes de leur passé. Mais si je commençais à poser une question directe, même pour demander un éclaircissement, le zonard me regardait comme si j'avais fait quelque chose de totalement incongru et se murait dans le silence, cependant que mon ami me regardait, ironique.

Cet impératif de discrétion explique peut être un autre usage, qui est de ne jamais demander le nom de famille et de ne jamais donner le sien. Entre eux, les zonards s'appellent par un surnom ou un prénom, qui n'est pas nécessairement leur "vrai" prénom. Par exemple, parmi les habitués de chez Mme B., il y avait Henri, Vincent, Jeannot la pipe... Dans le petit pain partagé de l'Armée du Salut, les surnoms étaient plus pittoresques : Papillon, Camembert, Micky, La Puce, Douchka, Boite à outils... Une fois, j'ai demandé à Georges d'où venaient les surnoms. Il m'a répondu : "Comme ça, on ne sait pas". "Boite à outils" pourtant a raconté l'origine du sien : il avait oublié sa casquette, qui lui servait pour faire la manche, et la capitaine avait crié : "T'as oublié ta boite à outils !". Le surnom lui était resté, et lui-même l'employait pour se présenter.

La présentation de soi obéit également à des modalités et un déroulement particulier. Quand un zonard en rencontre un autre qu'il ne connait pas et qu'ils commencent à discuter, ils se tutoient rapidement, après quelques échanges impersonnels. A la fin de la discussion, s'il y a eu des confidences, une entente ou une sympathie, ils parlent de se revoir, en proposant un jour de la semaine et/ou un endroit où on peut les trouver régulièrement (par exemple, "chez Mme B. le lundi"). Alors seulement un des deux tend la main, en donnant un prénom ou un surnom. Et l'autre répond de même.

Il y a un vocabulaire des "zonards", quand ils parlent des Bleus, de l'Arnaque (pour l'Armée du Salut), ou encore tout un ensemble de mots qui décrivent l'activité de la mendicité : le "tape-cul" consiste à être assis et attendre, la "priante" est localisée à la porte de l'Eglise, la manche "à la rencontre" se fait en marchant, enfin l'expression "à la volée" désigne plutôt le mode de réponse de celui qui donne en jetant la pièce[5].

Les constats de régularités dans les comportements des zonards, l'existence de codes et d'expressions de vocabulaire spécifiques montrent que les personnes sans logement depuis déjà quelques temps ne sont pas simplement "désinsérées". Je n'étais pas vraiment immergée dans la zone mais l'impression qui se dégageait des moments que j'ai passés dans ce monde n'était pas celle d'une somme d'individus désemparés, atomisés. La zone est un monde cohérent, structuré voire solidaire, malgré les rites de maintien des distances et la méfiance. La vie dans ce monde toutefois reste mouvante, instable. Le zonard est à la merci d'un retournement de situation, chaque fois que les administrations changent les règlements, chaque fois que les associations ferment, déménagent, changent d'horaires, de responsables. L'apprentissage des circuits institutionnels n'empêche pas la précarité des équilibres, qui peuvent toujours être remis en question et plonger le zonard dans les angoisses de la galère ou le faire glisser dans la cloche, car les mondes de la marginalité sont perméables.

---

[5]*Sans Domicile Fixe dans l'espace public*, Actes du Séminaire Accessibilité et situations d'urgence (organisé par la DRAST, le Plan Urbain et la R.A.T.P. à La Défense), journées des 17 avril et 22 mai 1992, P. PICHON, "Les Sans Domicile Fixe : La carrière, l'asile, la manche", pp84-89.

## LA CLOCHE

Comme pour la zone, on peut parler à propos du monde de la cloche de manières d'être et d'un vocabulaire, voire de valeurs, de comportements qui ressemblent à une "culture"[6]. Les clochards se caractérisent par leur faible recours aux institutions (en particulier les services d'aide sociale, les pains partagés et les soupes populaires), et par l'importance qu'ils donnent à l'alcool dans l'organisation de la vie quotidienne.

Alors que les personnes que je rencontrais dans les pains partagés préféraient se définir comme des "zonards", l'ethnologue P. Gaboriau a suivi pendant plus de deux ans (à partir d'octobre 1990 jusqu'en mai 1993) des personnes qui se désignaient elles-mêmes par le terme "clochards". Dans *Clochard*, il décrit la vie d'un petit groupe de cinq personnes, quatre hommes et une femme, dans le XVIème arrondissement de Paris. Son mode d'insertion repose sur des rencontres régulières, pendant quelques heures ou une journée. P. Gaboriau n'a pas "vécu en clochard". Il s'est d'abord présenté à l'un d'eux (Didier) comme un stagiaire dans une école de cinéma qui voulait faire un film sur les gens qui vivent à la rue. Il a pu ainsi approcher les autres, que Didier rejoignait tous les soirs pour "faire la manche" vers 17h30, à la sortie d'une église. Les cinq clochards mangeaient et passaient la soirée ensemble, puis se séparaient. La femme vivait en couple avec un des membres du groupe, dans l'entrée d'un garage. Les autres dormaient ailleurs, Didier passait la nuit dans un square. Généralement ils se retrouvaient le matin, mais pas nécessairement, et ils ne passaient pas la journée ensemble.

L'auteur évoque une "culture de la place publique" qui se serait construite autour trois influences majeures : les valeurs ouvrières, car les membres du groupe qu'il a rencontrés étaient d'origine ouvrière ; une culture de la rue, transmise par des générations de personnes qui ont vécu "au-dehors" ; et une culture dominée, organisée en fonction de la place marginale que le clochard occupe dans la ville. Il montre comment Didier, Gilles, Rodrigo, Mireille, André (qui ont entre 45 et 60 ans), organisent leur existence autour de la mendicité, qu'ils considèrent comme un travail, et de l'alcool, principal poste de leurs dépenses. Ils ont un vocabulaire particulier, au sujet par exemple du "boulot" qui "les attend", ou des horaires. La description des journées de Didier montre la construction de nouveaux repères et la régularité : il se lève le matin vers six heures, après avoir dormi sur un banc dans un square. Entre six et sept heures, il part "faire ses besoins" entre les buissons, fait sa toilette et se rase près d'une pompe à eau située à

---

[6] cf H.S. BECKER, *Outsiders*, 1985 (1963) pp53-54.

cinq cent mètres de l'emplacement de nuit, avec un rasoir jetable. Puis il allume son transistor et mange un sandwich fait des restes de baguette de la veille. Vers sept heures du matin, l'arrivée des citadins signifie l'heure de son départ. Il prend son sac en plastique avec ses affaires, et il va retrouver le couple ; le groupe se retrouve pour discuter et échanger des aliments. A neuf heures, Didier repart vers le bois de Boulogne se promener, marcher... Au passage, il achète une baguette et deux litres de vin, avec l'argent de la mendicité. Vers midi, il mange seul. Puis, il va lire un livre, ou un journal trouvé dans une poubelle. A 17h30 il va retrouver ses collègues pour mendier à l'entrée de l'église. Il mange le soir avec le groupe réuni, avant de repartir vers 20h30. A 22h, il s'allonge pour dormir sur son banc. P. Gaboriau souligne le caractère rythmé, les repères spatiaux et temporels de cette vie quotidienne. L'organisation habituelle du groupe est perturbée par les fêtes et des "petites fêtes", qui dépendent de l'humeur générale et surtout des dons recueillis. Les "petites fêtes" sont synonymes d'une absorption d'alcool plus importante, car l'alcool au quotidien ne suffit pas à provoquer l'ivresse. Le luxe ou les "petits plaisirs" prennent la forme du "petit porto du dimanche" pour le couple, ou d'un mousseux débouché tous ensemble en cas de don important à l'un d'eux.

Parmi "les points forts de la culture de la place publique", on peut retrouver certains traits communs à la "zone". Ainsi, P. Gaboriau évoque les moqueries et la place du rire, dont les surnoms sont un des modes d'expression. Il note aussi que les clochards tendent à exploiter les ressources de leur contexte, en cherchant à découvrir ce qu'ils appellent les "failles", ou les "trucs" (par exemple, pour manger chaud grâce à un four micro-ondes mis à la disposition du personnel d'un magasin proche de leur lieu de rencontre). Mais la principale caractéristique de la cloche est l'habitude de la boisson, qui structure la vie des clochards, leur rythme quotidien et leur sociabilité. Le vin a de ce point de vue, des fonctions positives et des fonctions sociales, il sert de lien entre les personnages. Le clochard organise sa vie autour de la présence physique de la bouteille, avec une culture de la fête et du rire, où tout est prétexte à "arrosage".

P. Gaboriau conclut son livre par des recommandations :

"Le discours social dominant envisage le clochard comme 'manque', 'vide', 'absence', 'déstructuration', 'inadaptation'. Notre étude montre au contraire la forte insertion dans un système de pensée et de valeur... Il témoigne du présent de la culture de la place publique. Pour véritablement 'réinsérer' une personne qui vit à la rue, il conviendrait donc de comprendre qu'il n'existe pas

# TROISIÈME PARTIE

# REPENSER LA QUESTION S.D.F.

## Chapitre 5

# L'inadaptation des traitements actuels

L'exclusion ne se limite pas seulement au phénomène sans-domicile-fixe. Cependant ce n'est pas un hasard si les deux sont aujourd'hui presque systématiquement associés, au point que le projet de loi contre l'exclusion, annoncé dans la campagne du Président Chirac en 1995, prévoyait dans le premier article du premier chapitre la possibilité pour les S.D.F. de voter au lieu de leur organisme d'accueil[1]. Repenser l'exclusion, c'est accorder toute son importance à la question S.D.F., sans la masquer aussitôt par des incantations sur la lutte contre le chômage comme seule vraie solution.

L'échec du projet, rebaptisé projet de loi sur la cohésion sociale, critiqué de tous côtés pour son manque d'ambitions et son manque de moyens, disparu avant d'être adopté à l'annonce de la dissolution de l'Assemblée Nationale en avril 1997, est une leçon pour tous ceux, chercheurs, acteurs de terrain ou politiques, qui s'intéressent à la pauvreté et aux problèmes sociaux en général. Il faut la méditer. Elle signifie que l'exclusion n'est pas une priorité politique, elle signe aussi un constat d'impuissance et d'incompréhension. La campagne législative de mai 1997 remet au coeur des débats le thème de l'emploi, des contraintes macro-économiques et du retour de la croissance, comme si l'augmentation de la production était une panacée, comme si la lutte contre l'exclusion était subordonnée aux résultats économiques du pays. C'est une erreur d'appréciation. L'exclusion

[1]C'est-à-dire en fait l'organisme qui leur "prête" son adresse et assure un service de courrier, suivant le principe de l'élection de domicile auprès d'organismes agréés dans le cadre de la loi sur le R.M.I.

ne se limite pas aux S.D.F., mais elle ne se résume pas à la question du chômage, l'analyse de la question S.D.F. précisément le démontre. Les traitements actuels sont inadaptés. Prendre la mesure de cette inadaptation permet d'entrevoir qu'il y a beaucoup à faire, sans attendre une embellie économique.

Les sociologues n'ont pas vocation à être des experts, ni des conseillers en politique. Mais quand ils étudient des sujets sensibles, ils sont naturellement sollicités pour des conseils. Sans prétendre à la neutralité politique ou idéologique, je me risquerai donc, avec les précautions d'usage, à avancer mon point de vue sur les politiques menées et sur les voies à explorer.

Ma conviction, concernant les politiques mises en oeuvre, peut se résumer en une phrase : non seulement on ne fait pas assez pour les exclus, mais le peu qu'on fait n'est pas bien fait. Les insuffisances et les défauts s'expliquent largement par le poids du passé et des stéréotypes. Les politiques récentes, avec les lois sur le R.M.I., la loi Besson et le projet de loi sur la cohésion sociale apportent des éléments de réponse, comportent des limites et reproduisent des erreurs.

## LE POIDS DU PASSÉ.

D'une manière générale, on peut retrouver dans les traitements actuels des tendances lourdes, héritées du passé, guidées par des stéréotypes.,

Cet héritage du passé, contribue à expliquer que l'ampleur du problème soit largement sous-estimée. Les querelles sur les chiffres ne peuvent masquer la dégradation de la situation et l'augmentation du nombre de cas de pauvreté et d'exclusion depuis une vingtaine d'années, sans rapport avec l'évolution des moyens financiers, matériels et institutionnels qui leur sont consacrés.

### le manque de moyens

L'insuffisance de moyens se décline à plusieurs niveaux : l'offre de logements accessibles aux démunis ; les places d'hébergement ; les moyens matériels et financiers des structures d'accueil et des associations ; le faible poids des services publics par rapport aux associations, qui fait peser sur des bénévoles des responsabilités trop lourdes ; les effectifs des travailleurs sociaux et des bénévoles, surtout en été. Mais tous ces manques ne sont peut-être que le reflet du manque d'intérêt pour la question, comme en témoignent nos lacunes dans la connaissance des S.D.F.

*Le manque d'études et de données fiables*

Un récent rapport du Conseil National de Information Statistique propose des solutions pour remédier à notre ignorance du phénomène de l'exclusion par le logement. Il dénonce aussi, discrètement mais sans ambiguïté, les difficultés rencontrées pour obtenir les financements destinés aux enquêtes exploratoires menées. Dans la préface, Pierre Calame écrit : "J'ai trouvé un peu choquant, un peu contradictoire avec l'importance qu'on dit attacher à ces problèmes, qu'il soit si laborieux de réunir les quelques crédits nécessaires pour les études exploratoires. Je suis d'autant plus reconnaissant aux institutions qui ont mis la main à la poche mais je continue de m'interroger sur ce que signifient ces difficultés. Sommes-nous aussi pressés de connaître que nous le prétendons ?"[2]

Les incertitudes les plus spectaculaires concernent les données statistiques sur le nombre de personnes sans-domicile-fixe. Cette ignorance est générale en Europe. Aux États-Unis, des nombreuses enquêtes à grande échelle ont été mises en place. Sans mettre un point final aux querelles sur les chiffres, elles amènent les chercheurs à considérer que le nombre de "homeless" dans ce pays approcherait ou dépasserait les 2 millions (soit environ 0,8% de la population), avec une augmentation au cours des années 1980. En France, les chiffres généralement avancés par les politiques ou les médias varient dans des fourchettes larges, sans que les sources soient toujours citées.

Le tableau des principales évaluations est repris à la page suivante[3].

L'ampleur des divergences entre les estimations est un indice de leurs lacunes. Les populations de base des différentes enquêtes ne sont pas exactement les mêmes, comme l'attestent les termes utilisés : certaines études portent sur les "sans-logis," d'autres sur les "S.D.F.", d'autres encore sur les "sans-abri"... Pourtant, ces nuances sont loin d'expliquer les écarts des données chiffrées, qui varient de 200 000 à 627 000. L'analyse des sources révèle que faute de moyens financiers et logistiques, toutes les évaluations s'appuient

---

[2] *Pour une meilleure connaissance des sans-abri et de l'exclusion du logement*, C.N.I.S., Rapport final du groupe de travail sur les sans-abri, mars 1996, p7.

[3] cf Julien Damon, *Diogène*, mars 1994, n°8, en couverture.

soit sur les données incertaines de l'INSEE, soit sur des extrapolations d'enquêtes locales.

| Estimation | Terme utilisé | Titre de l'étude | Date de publication | Date des données traitées | Rédacteur | Destinataire |
|---|---|---|---|---|---|---|
| 202 000<br>dont<br>98 000 | Sans-abri<br>SDF | *Sans-abri, état des lieux* | 1992 | 1990 | BIPE | Groupe SCIC, Caisse des dépôts |
| 200 000 à 400 000 | Sans-abri | *Grande pauvreté et précarité économique et sociale* | 1987 | - | Père Joseph Wrésinski | Conseil Économique et Social |
| 250 000 | SDF | *La grande exclusion sociale* | 1993 | 1993 | Christian chassériaud | Ministère des Affaires Sociales |
| 627 000 | Sans-abri | *Laissés pour compte : profil des sans-abri en Europe* | 1993 | 1993 | FEANTSA | Associations grand public Commission des Communautés européennes |
| 200 000 à 500 000 | Sans-logis | *Les sans-logis* | 1993 | 1987 | Conseil de l'Europe | Comité directeur sur la politique sociale du Conseil de l'Europe |

Le premier rapport cité, *Sans-abri, état des lieux* a été réalisé par le Bureau d'Information et de Prévision Economique pour le compte du groupe S.C.I.C.[4] Le B.I.P.E. est une société privée, un

[4]Le groupe S.C.I.C., filiale immobilière de la Caisse des Dépôts et Consignations, se flatte d'être le premier propriétaire en France avec un parc locatif de 167 000 logements dont 90 000 H.L.M en 1992. Ce groupe a lancé

bureau d'étude indépendant. Le chiffre de 202 000, soit 0,4% de la population française, correspond à une catégorie construite dans le rapport, celle des "Exclus du logement", qui comprend les "S.D.F" ; les "abris de fortune (en bois ou en tôle)" ; les "personnes logées dans les centres d'accueil ou les foyers d'urgence". Ces sous-catégories regroupent respectivement 98 000, 45 000 et 59 000 personnes. Tous ces chiffres sont extraits du recensement 1990 de l'I.N.S.E.E. Les S.D.F. sont définis comme ceux que les enquêteurs de l'I.N.S.E.E., qui travaillaient sur des districts de taille réduite, ont signalé aux préfectures lors du recensement[5]. Au total, cette étude base ses estimations principalement sur une analyse secondaire des données de l'I.N.S.E.E. Étant donné le flou des directives adressées aux agents-recenseurs et les imprécisions dans les recensements, les chiffres sont donc douteux et invérifiables. Le recensement en effet est construit entièrement à partir d'enquêtes sur les logements et leurs habitants. Il comporte une catégorie à part pour les "habitations mobiles" qui regroupe indistinctement les bateliers, les nomades et par assimilation, les clochards que les enquêteurs rencontrent sur leur district. Mais les enquêteurs se fondent sur la seule apparence pour interroger un S.D.F., et ils ne les cherchent pas particulièrement. Le biais inverse n'a peut-être pas joué : en effet, les doubles comptes ont pu être évités dans la mesure où chaque agent-recenseur pouvait se souvenir des clochards rencontrés sur son petit district. Pour retrouver les S.D.F. tels que je les ai définis, il faudrait ajouter au chiffre de 202 000 une partie des occupants de chambres d'hôtel (470 000 selon le rapport) et une partie des "hébergés par des parents ou amis" (2 800 000), en particulier s'ils ne reçoivent pas leur courrier à l'endroit où ils vivent. En résumé, d'après les données de ce rapport, il semblerait qu'en 1990, en France, il y avait plus de 202 000 S.D.F. Mais cette évaluation est totalement incertaine.

La seconde estimation proposée dans le tableau (colonne de gauche, 3ème ligne) fait état des 200 à 400 000 "sans-abri" évoqués dans le *rapport Wresinski* en 1987[6]. Ce rapport a été commandé par le Conseil Economique et Social (assemblée consultative créée en 1958, composée de représentants du

---

la même année une Fondation d'Entreprise à laquelle il s'est engagé à verser 1% de ses bénéfices annuels (dans l'objectif avoué de se positionner sur le marché des logements "destinés aux plus démunis"). cf Groupe S.C.I.C., dossier de presse, 1992.

[5]*Les sans-abri, état des lieux*, rapport SCIC, 1992, pp 29-32.

[6]"Journal Officiel, Avis et rapports du Conseil Economique et social", 28 février 1987.

gouvernement et des principales activités économiques et sociales de la nation, chargée de donner son avis sur les textes ou les questions d'ordre économique et social). Joseph Wresinski, l'auteur du rapport, est un religieux (un abbé) qui a fondé en 1957 l'Association "A.T.D. Quart-Monde" (A.T.D. signifie : Aide à Tout Détresse). Voici comment lui-même présente sa technique d'évaluation : "A titre tout à fait indicatif et à défaut d'autres informations nous proposons une estimation encore très incertaine du nombre de personnes qui seraient, aujourd'hui en France, sans véritable logement (personnes sans-abri, en habitat de fortune, hébergées par d'autres, en logement déclaré insalubre ou menacées d'expulsion). Cette estimation fait suite au programme européen d'action globale concertée contre la pauvreté, mené de 1976 à 1980 sur la ville de Reims, par le mouvement A.T.D. Quart-Monde. Ce programme a permis une collaboration de nombreuses instances, celle-ci s'est poursuivie et permet d'estimer aujourd'hui à un millier le nombre de personnes sans véritable logement sur les 200 000 personnes de l'agglomération rémoise, soit une proportion de 0,5%. Compte-tenu de cette proportion observée sur une ville moyenne, il nous semble raisonnable de supposer qu'au plan national pour 200 000 à 400 000 personnes, le respect du droit au logement n'est pas aujourd'hui une réalité"[7]. On voit qu'il s'agit d'une approximation très discutable, à partir de données déjà relativement anciennes (au mieux, réactualisées en janvier-février de l'année 1987). La définition est floue, mais elle semble inclure des personnes que je ne définis pas comme S.D.F., notamment celles qui habitent en logement insalubre. Malgré les lacunes évidentes, il faut noter que c'est sur ce rapport que les différents Ministères se fondaient encore en 1994 pour avancer un chiffre "officiel" de 400 000 (soit entre 0,7 et 0,8% de la population).

La troisième estimation proposée dans le tableau (1ère colonne à gauche, 4ème ligne) fait état de 250 000 "S.D.F." en France. Le chiffre est extrait d'un rapport, commandé par le Ministère des Affaires sociales, de la santé et de la ville sur *La Grande Exclusion Sociale, questions liées à l'insertion et au devenir des publics en grande difficulté sociale,* remis en novembre 1993 par Christian Chasseriaud[8]. Le rapport étudie plus généralement toute la population "qui, entre 18 ans et 55/60 ans en France, se trouve dans la grande exclusion sociale". Parmi les dix

---

[7] "Journal Officiel, Avis et rapports du Conseil Economique et social", 28 février 1987, p42.

[8] *La Grande Exclusion Sociale,* rapport au Ministre des Affaires Sociales, de la Santé et de la Ville, par C. CHASSERIAUD, 1993.

entrées retenues, on en trouve une pour"la population des sans domicile et des sans-abri ou celle ayant d'importantes difficultés de logement". Sous cette entrée, on lit : "Nous connaissons l'existence d'une population S.D.F. en France qui se compose de clochards "anciens" mais aussi de toute une génération jeune de sans domicile en risque de clochardisation. Différentes sources d'estimation (grands réseaux caritatifs nationaux) avancent le chiffre de 250 000 sans-domicile en France"[9]. On ne peut pas être plus imprécis, d'autant qu'une note en bas de page informe le lecteur que la F.E.A.N.T.S.A. estime à 627 000 le nombre de sans-abri.

Par rapport aux précédentes, l'estimation de 627 000 sans-abri en France effectue un saut quantitatif. Elle émane du deuxième rapport de l'Observatoire Européen des Sans-Abri réalisé par Mary Daly, édité en 1993 avec le soutien de la Commission des Communautés Européenne, sous le titre *Laissés pour compte : profil des sans-abri en Europe.* Pour se procurer les informations sur les pays européens, l'Observatoire a créé en 1991 un réseau de correspondants nationaux (renouvelé en 1992). En France, le correspondant est membre de la F.N.A.R.S., Fédération Nationale des Associations d'accueil et de Réinsertion Sociale, elle même membre de la F.E.A.N.T.S.A. Les correspondants ont eu la tâche de fournir des renseignements, en particulier sur les données chiffrées. Leurs estimations sont annoncés comme suit : "La Communauté Européenne compte non moins de 2,5 millions de personnes reconnues sans-abri, soit 7,5 pour 1000 habitants. Ces chiffres, cependant, sont fondés sur une définition très limitée de la notion de sans-abri : ils ne reprennent que les personnes que l'on sait sans logement ou qui sont bénéficiaires d'un service d'hébergement public ou social/non gouvernemental pour les années 1991 ou 92"[10]. Pour la France, l'estimation de 627 000 sans-abri représente 1,11% de la population[11]. Selon l'auteur du rapport, ces chiffres sous-estiment le phénomène sans-abri, dans la mesure ils ne font que traduire le simple taux de demande de service destinés aux sans-abri. En particulier, ces chiffres omettent les sans-abri cachés, qui ne s'adressent pas aux services (de leur propre volonté ou faute de services disponibles), et les sans-abri

---

[9]*La Grande Exclusion sociale*, rapport CHASSERIAUD, 1993, p26.

[10]*Laissés pour compte : Profil des Sans-Abri en Europe*, F.E.A.N.T.S.A., 1993, p3.

[11]Pour comparaison, les taux sont de 1,22% au Royaume-Uni, ou 1,28% en Allemagne. Ailleurs, les taux sont inférieurs à 0,3% ; pour les pays du Sud de l'Europe, l'auteur explique cet écart par la faiblesse de l'offre de services, qui biaise toute estimation faite à partir de la demande de services.

potentiels, hébergés chez un ami ou un membre de leur famille. Si on les comptait, il faudrait multiplier le total au moins par deux : d'où une autre estimation, de 5 millions de sans-abri pour l'Europe. Toutefois, le rapport ne signale pas comment les données ont été collectées, ni dans quels services (en particulier, aucune information n'est donnée sur les précautions qui ont été prises pour éviter les doubles comptes ou pour corriger ce biais). Le paragraphe sur l'ampleur du phénomène se termine sur l'expression d'un regret : "Tant que nous disposerons d'informations aussi insuffisantes sur la demande de services, l'action que nous menons pour satisfaire les besoins des sans-abri et évaluer l'efficacité des services en place, n'avancera qu'à petits pas"[12].

Le cinquième et dernier chiffre du tableau (1ère colonne à gauche, 6ème ligne) est tiré du rapport *Les sans-logis*, réalisé dans le cadre du Programme de recherches coordonnées dans le domaine social 1991-1992, édité par les éditions du Conseil de l'Europe en 1993. Ce rapport a été établi par le Groupe d'étude sur les sans-logis, qui a réuni à Strasbourg le 17 juin 1991, et du 1er au 3 juillet 1992, des représentants des différents ministères des Affaires sociales de la C.E.E.. Le paragraphe sur le nombre de sans-logis est introduit par un nouveau constat d'impuissance : "On ne dispose dans aucun pays de chiffres fiables. Les chiffres avancés sont très variables et controversés. Leur signification est incertaine". Puis, une technique est indiquée : les estimations seront déduites à partir des admissions réalisées dans les centres d'hébergement dans une année. Le rapport souligne que cette façon de procéder entraîne "des comptages multiples de personnes successivement hébergées ou aidées par le même service (récurrence interne) ou par des services différents (récurrence externe)". Aussi, dans un certain nombre de pays, (dont la France), on a cherché à mesurer cette récurrence. Le rapport ne précise pas à partir de quel échantillon, c'est-à-dire dans combien de centres d'hébergement a été effectuée cette mesure, mais il donne comme ordre de grandeur une durée moyenne en centre d'hébergement de trois mois. Un chiffre global de 4 millions de personnes sans-logis dans les Etats membres du Conseil de l'Europe est alors avancé[13]. Enfin, en annexe au premier chapitre, des estimations par pays sont livrées. Il est indiqué, pour la France, en 1987 : 100 000 personnes par an

---

[12] *Laissés pour compte : Profil des Sans-Abri en Europe*, F.E.A.N.T.S.A., 1993, p5.

[13] *Laissés pour compte : Profil des Sans-Abri en Europe*, F.E.A.N.T.S.A., 1993, pp26-29.

dans les centres d'hébergement, et 200 à 400 000 personnes ayant recours à des logements de fortune[14]. Ces chiffres peuvent servir de base à toutes les extrapolations.

En résumé les estimations en France se fondent sur deux critères principaux : les statistiques de l'I.N.S.E.E. du recensement de la population, et/ou des études locales sur la demande de services destinés aux sans-abri. Dans les deux cas, les auteurs soulignent que ces données de base sont très peu fiables. Le flou est quasi total, autorisant tous les discours, y compris ceux qui prétendent que le phénomène n'a pas l'importance qu'on lui prête. La technique utilisée n'étant jamais la même, il est en outre impossible de connaître l'évolution dans les années 1980. En revanche, sur ce dernier sujet, on dispose de témoignages d'acteurs de terrain qui dans l'ensemble disent qu'il sont de plus en plus submergés. Un autre signe me semble intéressant : l'évolution et le nombre d'expulsions prononcées par les tribunaux. Les statistiques disponibles souffrent aussi d'imprécisions, compte tenu de modifications fréquentes dans la manière de compter, notamment d'un changement de nomenclature en 1988. Mais entre 1982 et 1987, les données comparables du répertoire général civil du Ministère de la Justice font état d'une augmentation du nombre d'expulsions prononcées au fond par les tribunaux d'instance de 43% en 6 ans, passant de 24 322 à 34 711 en France métropolitaine. Entre 1988 et 1992, les données additionnées au fond et en référé pour la France entière augmentent de près de 11%, passant de 95 022 à 105 318[15]. Bien sûr, toutes les personnes expulsées ne se retrouvent pas S.D.F. Néanmoins l'augmentation du nombre d'expulsions depuis une quinzaine d'années, sachant en outre qu'elles sont prononcées dans 80% des cas pour impayés de loyers, montre bien le lien entre les variations du contexte social et les difficultés que les individus rencontrent en matière de logement.

*Le manque de logements bon marché*

Maillon essentiel pour comprendre l'ampleur et la profondeur des phénomènes d'exclusion du logement, le manque de logements accessibles aux ménages les plus modestes, malgré les lacunes de l'information, ne fait aucun doute. Il n'y a pas assez de

---

[14]*Laissés pour compte : Profil des Sans-Abri en Europe,* F.E.A.N.T.S.A., 1993, p38.

[15]Pour plus de précisions, voir M. Bresson, *La construction de l'identité sociale des sans-domicile-fixe dans la France contemporaine,* thèse de 3ème cycle, soutenue à l'Université de nanterre le 19 décembre 1994.

logements bon marché, et une proportion trop faible des logements bon marché est réservée aux démunis.

D'une manière générale les constructions sont insuffisantes pour répondre à la demande de logements. Depuis le milieu des années 1970, les experts notent le ralentissement des constructions neuves : de plus de 500 000 mises en chantier par an dans les années 1960-1970[16], on est passé à moins de 300 000. Cette baisse se prolonge dans les premières années de la décennie 1990. Or, le besoin de logements a tendance à augmenter, avec la baisse de la fécondité, la montée du divorce et le développement de l'union libre, la baisse de la mortalité (puisque beaucoup de personnes âgées vivent seules ou en couple sans enfant)[17]. Dans ces conditions, l'offre de logements ne suffit pas à satisfaire les besoins. Partant du recensement de 1990, l'I.N.S.E.E. a établi des projections qui évaluaient les besoins en logements à 362 000 logements par an entre 1990 et 1995, puis 314 000 logements par an entre 1995 et 2000[18]. Pourtant, le nombre de mises en chantier a été de 309 000 en 1991 et 277 000 en 1992[19]. Un tel déséquilibre sur un marché génère une tension sur les prix. De plus, il faut aussi faire intervenir un "effet qualité". L'augmentation de la taille moyenne des logements, le gain de surface pour le ménage et la généralisation, depuis les années 1970, de la norme "tout confort" ont également un coût. Selon l'Enquête nationale logement 1992, la part de revenu consacré par les ménages aux dépenses locatives ne cesse d'augmenter. Elle est passée de 12,4% en 1984 à 17,1% en 1992.

C'est dans ce contexte qu'il faut situer la pénurie actuelle de logements sociaux. Les files d'attente pour les organismes H.L.M., déjà importantes dans les années 1980, ont encore doublé ou triplé au début des années 1990. Entre le moment de l'inscription au fichier des mal logés et l'attribution d'un logement, les responsables de ces organismes comptent qu'il faut patienter entre deux et cinq ans selon les situations des familles, et on ne compte plus les cas où les ménages se plaignent d'attendre depuis sept ans, dix ans ou

---

[16]J. PEYTHIEU, *Le financement de la construction de logements*, 1991, p 6 et annexe 3.

[17]*L'approche quantitative et qualitative des besoins en logement et de la solvabilité de la demande*, Rapport présenté par J. NIOL, J.O. Avis et rapports du Conseil Economique et social, 12 juillet 1993, annexe n° 1.3, pp 96-101.

[18]Rapport présenté par J. NIOL, J.O. Avis et rapports du Conseil Economique et social, 12 juillet 1993, annexe n° 1.3, p 9.

[19]Rapport présenté par J. NIOL, J.O. Avis et rapports du Conseil Economique et social, 12 juillet 1993, annexe n° 1.3, p 8.

plus. La pénurie est aggravée par le fait que ce ne sont pas nécessairement les plus modestes qui habitent les logements H.L.M. Moins de 20% des logements H.L.M. sont habités par des ménages dont les revenus sont inférieurs au seuil de pauvreté[20], inversement seuls 24% de ces ménages pauvres sont logés dans le parc H.L.M.

Le résultat, c'est que l'accès à un logement social est particulièrement difficile et aléatoire pour les ménages les plus modestes, à chacune des six étapes du parcours du demandeur[21].

La première étape est l'inscription du candidat : celui-ci doit déposer un dossier de demande de logement auprès d'un réservataire (préfecture, mairie, entreprises via les collecteurs du 1% logement, ou organismes d'H.L.M. eux-mêmes). A ce niveau, on estime à la moitié des demandes celles qui ne sont pas faites en bonne et due forme. Cet écrémage s'explique par le découragement, lorsqu'une famille en connait de nombreuses autres qui depuis des années ne parviennent pas à se loger ; mais aussi quelquefois par l'initiative d'employés de Mairie de refuser une demande, sous prétexte que le candidat ne dispose pas d'une durée de séjour suffisamment longue sur la commune. Parmi les autres raisons de la non-inscription en contingents, on trouve aussi la crainte des contrôles pour ceux qui vivent dans la clandestinité, ou qui sont hébergés illégalement par la famille ou les amis (par exemple en H.L.M. où l'hébergement est formellement interdit) ; et la méconnaissance des droits et des questions administratives (certaines familles ne savent pas qu'elles doivent renouveler leur demande tous les ans). Il faut ajouter que ceux qui n'ont pas d'emploi ou des emplois précaires, ne bénéficient pas des contingents patronaux du 1% logement. Les plus modestes ne déposent pas non plus de candidatures spontanées auprès des organismes d'H.L.M., car celles-ci coûtent cher s'ils veulent les déposer dans un nombre suffisamment grand d'organismes et elles ont de toutes façons peu de chances d'aboutir. Les organismes ont en effet tendance à considérer que les plus défavorisés relèvent exclusivement des contingents des préfets au titre de la solidarité nationale, et des Maires au titre de la solidarité communale.

Après la demande, la seconde étape est la libération d'un logement : pour bénéficier d'un logement social, il faut

---

[20]Ce montant correspond à la moitié du revenu médian par unité de consommation de l'ensemble des ménages soit 33 200 F annuels en 1992. 12% de l'ensemble des ménages français ont un revenu inférieur à ce montant. Rapport du C.N.I.S., mars 1996.

[21]Quentin WODON, *Logement, le droit des exclus*, Les éditions ouvrières, Le Social en acte, 1992.

évidemment qu'un logement soit libre, qu'il soit signalé comme tel par l'organisme d'H.L.M. à son réservataire et que ce réservataire n'en perde pas la trace. C'est à ce niveau qu'intervient la pénurie de logements disponibles.

La troisième étape est la proposition du réservataire au candidat, c'est-à-dire que le réservataire doit choisir le candidat dans l'ensemble de ceux inscrits dans son fichier. Or, les réservataires de logement ne proposent pas les plus défavorisés aux organismes d'H.L.M., parce qu'ils anticipent les refus. Les ménages les plus modestes sont alors pénalisés puisque, lorsque le "taux d'effort" est supérieur à 25%, la candidature est le plus souvent refusée par les organismes.

Quatrièmement, le candidat doit accepter le logement. Q. Wodon note que les refus sont rares, faute d'autre choix. Néanmoins, il souligne la nécessité de les comprendre car les familles démunies craignent de nouvelles difficultés financières et ont peur aussi de perdre leurs réseaux de solidarité.

Cinquièmement, l'organisme d'H.L.M. examine le dossier du candidat qui lui a été transmis par le réservataire. Si la candidature lui apparaît "risquée" il réalise une enquête sociale. Le refus est motivé principalement par deux raisons : la crainte des impayés de loyer et celle des troubles de voisinage (bien que la santé financière de ces organismes se soit fortement améliorée, après une détérioration entre 1980 et 1984). Ce n'est que si l'enquête s'avère positive que le candidat peut emménager, à condition bien sûr qu'il ait les moyens de payer sa caution, son premier mois de loyer, son déménagement, ses frais de branchement à l'E.D.F., voire ses frais d'ameublement.

La sixième et dernière étape consiste à éviter l'expulsion sans relogement, sous peine de retour à la case départ. Parmi les obstacles au maintien dans un logement, il faut souligner les effets pervers des modalités des aides, comme, par exemple, l'interruption du versement de l'A.P.L. aux ménages en incapacité temporaire de payer leur solde de loyer[22].

Le rapport du C.N.I.S. montre que l'ensemble du parc de logements à loyers bas, privé et public, connait la même évolution. D'une part ce parc a diminué fortement. Dans le secteur privé, les logements à loyer inférieur à 100F/m$^2$/an de surface corrigée représentaient 30% du total en 1984 contre seulement 12% en 1992. D'autre part les logements les moins couteux n'abritent pas les ménages les plus modestes, les faibles loyers s'expliquant souvent par l'ancienneté de l'occupation. Il y a absence de

---

[22]*L'Attribution des logements sociaux*, "Rapport GEINDRE", 1989, p23.

correspondance entre parc à bas loyer, parc hébergeant les plus pauvres et en partie, parc inconfortable[23]. Or les aides au logement, accordées aux ménages dont les ressources ne dépassent pas un certain plafond, ont augmenté moins que le coût du logement, et elles ne peuvent être demandées que par ceux qui sont déjà logés, une fois le logement obtenu. Les sans-domicile-fixe, les personnes dont l'habitat n'est pas aux normes, ne peuvent pas en obtenir.

Faute d'alternative, certains ménages très modestes sont contraints de louer des logements au rapport qualité/ prix très élevé, par exemple en hôtels meublés. Encore ces types de logements relativement chers mais faciles d'accès ont-ils eux-mêmes fortement diminué en nombre, jusqu'en décembre 1993 où les politiques ont décidé de relancer ce type de logement. Cette décision témoigne d'une prise de conscience des effets pervers liés aux politiques de réhabilitation de l'habitat et de généralisation des normes du confort moderne. Dans les années 1960 et 1970, les gouvernements successifs ont mené une politique de disparition des taudis. La loi sur la résorption de l'habitat insalubre est promulguée en juillet 1970. Cette "homogénéisation par le haut" a eu pour effet de réduire considérablement le parc social de fait, dans lequel les bas revenus trouvaient à se loger. Tant qu'il y avait des taudis, des bidonvilles, ou même des hôtels meublés, il y avait des solutions de logement pour les ménages les plus modestes. Mais le combat pour la généralisation du confort moderne s'est retourné contre les ménages avec des revenus faibles ou irréguliers, jusqu'à compromettre leur accès au logement.

Tous ces éléments contribuent à peser sur l'offre de logements accessibles aux plus démunis.

*le manque de places en centres d'hébergement*

Malgré les débats sur le manque d'estimations statistiques fiables du nombre de sans-abri, on peut sans risque de se tromper dénoncer le manque de places en centres d'hébergement, avec trois arguments principaux.

Premièrement, les incertitudes sur le nombre de S.D.F. ne peuvent masquer l'évidence ressentie sur le terrain. J'ai raconté les défilés de sans-domicile-fixe, le matin de bonne heure, dans les centres d'hébergement d'urgence à Paris, alors que tous affichaient déjà complet. J'ai aussi relaté l'anecdote du Président de l'association où j'étais bénévole, chef de service au Bureau d'Aide Sociale de la mairie d'arrondissement, qui en octobre 1993 a passé près d'une heure au téléphone, en déclinant à chaque fois son

[23]"Pour une meilleure connaissance des sans-abri et de l'exclusion du logement", C.N.I.S., Rapport final du groupe de travail sur les sans-abri, mars 1996, p134.

identité, pour trouver seulement une place pour la nuit alors qu'il y avait deux personnes qui attendaient dehors. En hiver, le nombre de places augmente parce que les lits sont doublés, que des matelas sont ajoutés jusque dans les couloirs. Ce n'est pas par hasard si quand une station de métro est ouverte en période de grand froid, elle est aussitôt investie par des S.D.F. Les discours des ministres sur les pauvres individus trop désaxés pour penser à aller passer la nuit au chaud alors qu'il y a des places partout sont loin de ces réalités. Au début des années 1990, selon le Guide édité par la Préfecture de Paris, il y avait environ 8 000 places en hiver dans la Proche et la Grande couronne, pour un nombre de S.D.F. généralement estimé par les services municipaux à plus du double, entre 15 et 20 000. Encore faut-il tenir compte du fait que ces chiffres intègrent le cas particulier de la Maison de Nanterre, où les S.D.F. répugnent à se présenter spontanément.

Le deuxième argument qui amène à dénoncer le manque de places est l'évolution de ces dernières années. Sans revenir sur les débats sur le nombre de S.D.F., il est raisonnable de penser que la situation tend plutôt à empirer, or les places, en particulier dans la région parisienne, diminuent chaque année, dans le cadre d'une politique volontariste qui vise à rendre les centre plus "accueillants". Comme pour l'érosion du parc de logements à loyers bas, l'application de normes de sécurité et de confort contribue à comprimer le nombre de places d'hébergement en France, surtout dans la région parisienne.

Troisièmement, il faut distinguer la capacité d'hébergement affichée par les centres, le nombre de places qu'elles proposent dans la réalité et le nombre de places auxquels l'information disponible permet aux S.D.F. d'avoir accès. La plupart d'entre eux ne peuvent pas se permettre des appels téléphoniques multiples dans un grand nombre de centres or ni la mairie, ni les autre centres d'hébergement ne peuvent les renseigner sur les endroits qui ne sont pas complets.

À ces remarques, il faut ajouter le manque de places prévues pour des S.D.F. qui ne correspondent pas au stéréotype de l'individu isolé, valide et sans emploi. Il n'y a pas ou quasiment pas de places d'hébergement pour les couples, pour les handicapés ou les blessés qui ont par exemple une jambe dans le plâtre. Les règlements prévus dans les foyers pour travailleurs, qui demandent un contrat de travail, et dans les centres d'hébergement d'urgence, qui appliquent des horaires stricts, ne sont pas adaptés pour les personnes qui ont un stage ou un "petit boulot", ou simplement des rendez-vous auprès d'employeurs.

*le manque de moyens des services sociaux et des associations*

Qu'il s'agisse du secteur public ou du secteur associatif, il suffit de se rendre dans des institutions d'accueil ou d'hébergement des S.D.F. pour prendre la mesure de la faiblesse des moyens matériels et financiers qui leur sont consacrés. Le mauvais état des structures d'aide aux démunis, l'environnement peu attrayant, vont de pair avec les difficultés à trouver et à garder un local. Pour les petites associations, leur extrême précarité les rend très proches de ceux qu'elles doivent accueillir. De manière habituelle, les locaux des organismes destinés aux exclus sont dans un état délabré ou dans un quartier en pleine construction et dès qu'une opération de réhabilitation est finie, ils déménagent. Les travailleurs sociaux et les bénévoles le savent, au point qu'ils l'annoncent par avance, quelquefois pour essayer de l'empêcher, souvent avec fatalisme et résignation.

Par exemple à Paris, dans une des annexes du Bureau d'Aide Sociale spécialisées dans l'accueil aux S.D.F., l'assistante sociale chef m'a expliqué d'emblée au début de mon stage, en 1992, que la Permanence subissait les travaux de la Place Mazas depuis des années, qu'elle l'avait accepté mais qu'elle s'était battue pour obtenir de rester là quand les travaux seraient terminés. Elle avait eu du mal, elle savait qu'il lui faudrait être vigilante, mais elle était fière d'annoncer qu'elle avait obtenu gain de cause sur le principe.

Dans le petit pain partagé de l'Armée du Salut où je suis régulièrement allée manger pendant plus d'un an, on discutait souvent des bureaux en construction juste en face, de la rue encombrée par des échafaudages. À peine les travaux finis, il a fallu partir ailleurs. Selon la rumeur, les occupants des bureaux avaient signé une pétition avant d'avoir commencé à travailler dedans.

Mais l'exemple que j'ai le mieux connu est celui d'une petite association de quartier à Paris où j'étais bénévole. Le manque de moyens faisait peser une menace constante non seulement sur son bon fonctionnement, mais même sur sa survie. Le Président (Jean) m'a raconté un jour son origine. Pendant l'hiver très froid 1985-1986, le gouvernement a donné un financement à l'association "les Petits frères du pauvre" qui s'occupe en priorité des personnes âgées. Il était travailleur social au Bureau d'Aide Sociale d'arrondissement et diacre de l'Eglise catholique, aussi les responsables lui ont proposé une partie de la somme, et il a décidé de fonder une association "loi 1901", avec des personnes du quartier, pour aider les Sans-Domicile-Fixe. Les difficultés pour trouver un local d'implantation ont aussitôt commencé. A l'origine, l'Association était installée dans une paroisse. Mais certains paroissiens se sont plaints, ils ne voulaient pas voir tout le temps des S.D.F. dont beaucoup n'étaient même pas croyants. Jean a alors réussi à convaincre les responsables de l'Aide Médico Sociale aux

Vieillards de louer leur local. Mais les riverains ont fait une pétition, l'ont envoyée à la Mairie, finalement le contrat, qui était déjà tout prêt, n'a pas été signé. Il a alors trouvé le soutien d'une paroisse protestante. Mais la salle était trop petite, elle ne permettait pas de proposer des repas. Il a donc signé une convention avec une autre association pour les travailleurs africains. Au bout d'un an, il y a eu des pétitions pour qu'ils s'en aillent, parce que c'était dans un quartier résidentiel et que les commerçants se plaignaient, ils affirmaient que leur chiffre d'affaire avait baissé. Au moment de la loi sur le R.M.I., Jean a négocié avec la Mairie pour obtenir un local. Il a obtenu que la location d'une maison pour une somme modique (700F/mois), dans un quartier voué à la démolition. Il a négocié avec la Préfecture l'agrément pour recevoir des élections de domicile, c'est-à-dire pour proposer une adresse et un service de courrier, et il a proposé à un couple de S.D.F. d'être les gardiens de la maison.

Quand j'ai connu l'Association, elle venait d'emménager dans cet endroit. Je l'ai fréquentée de l'hiver 1991 à l'été 1994, d'abord comme observateur, puis comme bénévole plus ou moins régulière et enfin comme responsable de fait de la permanence du mercredi soir, en tandem avec un ancien S.D.F. qui avait gardé l'adresse de l'assocIation, allocataire du R.M.I., Georges. L'effectif de l'association était composé de sept bénévoles, pour la plupart locataires ou propriétaires dans le quartier, et d'au moins autant de S.D.F. bénévoles, qui venaient le samedi aider à la cuisine ou même en semaine au courrier, mais qui ne faisaient pas partie du Conseil d'Administration.

Si ce petit monde à l'origine passait l'essentiel de son temps à la préparation et au service des repas, peu à peu l'activité du courrier s'est développée, jusqu'à prendre une ampleur démesurée pour les capacités de cette petite association. Le nombre de domiciliés a augmenté de manière exponentielle, de 135 en 1989, 315 en 1990, 550 en 1991, 800 en mai 1992, plus de 1 000 en septembre 1992, 1626 en décembre 1992, plus de 2000 en mars 1993, 2200 en avril 1993. Il y avait à cette date plus de cent nouveaux inscrits par semaine, soit en moyenne vingt par jour d'ouverture. Notre petite association de quartier était la seule dans Paris à accepter toutes les demandes, sans se limiter à une catégorie particulière et sans opérer de filtrage des candidatures. Les grandes associations pour assurer un suivi des personnes qu'elles domicilient, limitent le nombre de nouvelles demandes.

Pour la permanence du mercredi soir, une bénévole membre du Conseil d'Administration venait vers 16h30 pour trier le courrier du jour. A partir de 18h, elle commençait la distribution. Les jours d'affluence, au moment de l'arrivée des lettres-chèques du R.M.I. ou des cartes de pointage de l'A.N.P.E., elle se faisait aider du couple de gardiens. Georges et moi nous occupions des domiciliations. S'il y avait trop de monde, le gardien faisait office de "videur".

Les bénévoles ont commencé à être débordés et les incidents se sont multipliés : des retards à l'ouverture liés à une mauvaise évaluation du temps de tri du courrier ou à l'absence d'une bénévole partie en vacances, des confusions entre deux personnes domiciliées qui avaient le même nom et le même prénom et ne voulaient pas que leur courrier soit ouvert par quelqu'un d'autre... En mars-avril 1993, le Président a décidé que nous allions arrêter de prendre de nouvelles inscriptions et il a prévenu par écrit les services sociaux et les principales associations.

Aux problèmes posés par l'explosion des demandes, ont alors succédé les menaces de la Préfecture de retirer l'agrément à l'Association, et l'angoisse de l'expulsion. En août 1993, Le Président a été convoqué à la Préfecture par Madame l'Inspecteur chargée du R.M.I. à la DDASS de Paris qui voulait voir les fichiers de l'association. Il s'est fait sermonner, avec deux reproches : d'abord, de ne pas avoir mis à jour régulièrement les fichiers (avec la recommandation d'enlever les fiches de tous ceux qui ne se présentaient pas pendant cinq mois) ; le second reproche était d'avoir inscrit des personnes qui ne demandaient pas le R.M.I., parce que le système des domiciliations était prévu dans la cadre de la loi sur le R.M.I. Pour les bénévoles, cela aurait impliqué de refuser tous ceux qui avaient des A.S.S.E.D.I.C., l'Allocation Adulte Handicapé, et les jeunes de moins de 25 ans. À partir de cette date, les bénévoles ont reçu la consigne de noter sur la fiche de chaque S.D.F. venu chercher son courrier la date du jour, et de recenser tous ceux qui avaient le R.M.I., en posant des questions aux intéressés et en vérifiant le courrier envoyé par la Caisse d'Allocation familiale, les lettres-chèques et la Déclaration Trimestrielle de Ressources étant glissées dans des enveloppes très reconnaissables. Il fallait aussi refuser les duplicatas de domiciliation sans papier d'identité, ou au moins sans un acte de naissance et une photo.

En même temps les rumeurs de démolition enflaient. La démolition était prévue depuis le début, mais personne ne savait quand, et nous savions par notre Président qu'une partie de la Mairie ne voulait pas nous proposer un autre local. S'il y avait déménagement il pouvait se produire n'importe quand, aussi le traditionnel arrêt des repas et des colis pendant l'été (faute de bénévoles) était prolongé jusqu'à nouvel ordre. Les gardiens de la maison devraient être relogés.

L'automne a passé dans cette atmosphère lourde de menaces, avec des moments d'éclaircie passagère. Début novembre 1993, Jean a fait savoir qu'il avait reçu une lettre "de l'Etat" (la

D.D.A.S.S.), très encourageante, disant que vu ce que faisait l'Association, il pouvait demander une subvention. Quand la date du 15 novembre a été franchie, date limite pour les expulsions avant la fin de l'hiver, il a annoncé tout heureux son intention de reprendre les petits-déjeuners de 7h à 8h en semaine et peut-être même les repas du samedi midi. Mais en décembre, les problèmes ont repris : l'électricité a été coupée dans toute la ruelle, au motif que le quartier était en démolition et qu'il fallait contraindre les locataires indésirables à s'en aller. L'association en a aussi subi les conséquences "par erreur". Quand l'électricité a été rétablie les S.D.F. ne sont plus revenus au petit déjeuner du matin. Les gardiens se plaignaient parce qu'ils avaient peur que l'Association les abandonne. Surtout, le Président est tombé malade. En janvier 1994, il est décédé d'une occlusion intestinale : il avait 63 ans. Une bénévole, Elizabeth, lui a succédé et elle a décidé de reprendre les élections de domicile, mais uniquement pour les demandeurs du R.M.I.

Au printemps, l'Association a de nouveau été prise dans la tourmente, après la fin de la trêve d'hiver pour les expulsions le 15 mars. Les maisons dans la rue étaient presque toutes démolies, la tension recommençait à monter, les gardiens étaient nerveux. En avril 1994, un responsable de la Mairie a prévenu que la démolition était imminente, mais il n'avait aucune solution pour un local de rechange à proposer. Le 22 juin, les bénévoles ont appris que tout devait être fermé pour la semaine d'après. On ne savait toujours pas où était situé le futur local de l'Association. La nouvelle adresse, dans une rue proche, a été communiquée le 2 juillet et l'Association a déménagé en catastrophe le 5. Le local était plus petit, il n'était plus possible de faire des repas, et aucune solution n'avait été trouvée pour les gardiens de l'association. Ils n'avaient droit à aucun relogement parce qu'ils étaient considérés comme "occupants sans titres" de l'Association. Effondrés, ils ont annoncé qu'ils devaient se séparer ; lui restait sur place sans savoir où aller, elle allait chez sa soeur, dans le Sud. Le nouveau local de l'association était loué par la Mairie pour un an. A cette échéance il devait à son tour être démoli, comme tout le quartier.

L'exemple révèle la grande précarité des petites associations, qui se voient pourtant confier de lourdes responsabilités. Il montre que le problème n'est pas seulement financier[24]. Trouver un local à une association, c'est donner une place aux exclus dans un quartier, une commune, et c'est peut-être ce qui est le plus difficile compte tenu des stéréotypes. Les pétitions des riverains, les réticences de la mairie impliquent que le problème est aussi dans les mentalités. Les

---

[24]Pour donner un ordre de grandeur : dans le rapport d'activité 1992, le budget d'exploitation de l'association était de 150 000F.

difficultés matérielles que rencontrent les associations, les réticences des municipalités ont d'autant plus d'importance que l'État consacre peu de moyens aux exclus et prétend surtout avoir un rôle d'incitateur et de coordinateur.

*les problèmes posés par l'ampleur des missions confiées au secteur associatif et aux collectivités locales*

Les associations, dans le contexte actuel de désengagement de l'État, se voient confier des tâches importantes sans que leur soient assurés les moyens matériels de les mener à bien. En plus du problème des locaux et du mauvais état des structures, les associations manquent d'effectifs, surtout en été. Le courrier est un service important, qui réclame du temps, de l'énergie, de la régularité et de la constance. Le recours à des simples volontaires pose problème, surtout s'ils sont débordés, comme c'est le cas.

La précarité des associations peut provoquer des situations difficiles à gérer et à résoudre pour des non professionnels du social. Dans la petite association dont j'ai raconté l'histoire, suite au déménagement, les S.D.F. ont aussi dû changer d'adresse. Leur courrier aurait dû suivre, en fait la Poste n'a transmis que les enveloppes et les paquets qui comportaient l'inscription en toutes lettres du nom de l'association : beaucoup de courrier n'est jamais arrivé, car les S.D.F. préfèrent donner à leurs correspondants une adresse "normale" sans dire qu'il s'agit d'une association. Les Déclarations Trimestrielles de Ressource (obligatoires pour le renouvellement du R.M.I.), les cartes de pointage, et même des chèques ont été renvoyés à l'expéditeur, qui a suspendu les versements. Faute de connaître les rouages administratifs et d'avoir l'assise institutionnelle du Président décédé, la nouvelle responsable a eu beaucoup de mal à obtenir les rendez-vous nécessaires pour rétablir la situation, après des gâchis qui n'ont jamais pu être évalués.

Le problème des responsabilités se pose aussi pour les collectivités locales, auxquelles l'État confie des missions d'intérêt public, tout en n'assurant qu'une très faible participation financière. À Paris les annexes du Bureau d'Aide Sociale spécialisées dans l'accueil aux S.D.F. instruisent toutes les demandes de S.D.F., y compris les demandes d'aide légale et de R.M.I. Le bénéfice d'allocations comme le R.M.I. est donc subordonné dans les faits à l'acceptation du dossier par les services municipaux qui instruisent les dossiers. Ils reçoivent pour cette raison un financement par l'État, qui reste dérisoire par rapport à celui des mairies[25]. Or dans

[25]On peut rappeler pour ordre de grandeur, qu'à la permanence Mazas en 1992 la Mairie de Paris versait environ 6 millions de francs et l'État 500 000F ; la plus grande part du total servant à financer les emplois d'assistantes sociales.

le cas particulier des S.D.F., les municipalités n'ont pas intérêt à aider des personnes qui statutairement ne dépendent pas d'elles, tant qu'elles ne résident pas sur leur territoire. Elles n'ont pas intérêt non plus à se montrer plus généreuses que leur voisines, car elles prennent alors le risque d'attirer un grand nombre d'exclus. C'est ce qui explique la situation apparemment absurde, mais profondément logique, dans laquelle se trouvent les permanences d'accueil municipales aux S.D.F. à Paris qui ont pour consigne de n'aider que les S.D.F. "parisiens" (les S.D.F. doivent prouver qu'ils ont une attache sur Paris, en étant domiciliés auprès d'une association depuis au moins un mois).

Les stéréotypes contribuent à empêcher de prendre la mesure du phénomène, de comprendre sa spécificité et de mettre en oeuvre des mesures adaptées aux enjeux. Le manque de moyens est aggravé par la méconnaissance des problèmes et par les contradictions entre la logique de la situation à laquelle les exclus sont confrontés et les modalités d'organisation des institutions.

### Des logiques de gestion inadaptées

La gestion sociale de la population sans-domicile-fixe reste marquée par le sceau de la répression du vagabondage, de la méfiance vis-à-vis des oisifs, du soupçon d'incapacité mentale et de fragilité psychologique et sociale.

#### *Ségrégation et méfiance institutionnalisées*

Du point de vue des institutions, on constate une ségrégation des sans-domicile-fixe par rapport aux autres pauvres, soit que les organismes auxquels les S.D.F. peuvent recourir soient spécifiques, soit qu'il s'agisse des mêmes organismes, mettant en oeuvre des procédures et des pratiques différentes.

J'ai rappelé comment à Paris le Bureau d'Aide Sociale s'est peu à peu déchargé du secours aux populations sans-domicile-fixe, pour le déléguer à des permanences spécialisées. Les associations font aussi une différence dans les prestations qu'elles donnent aux S.D.F. et aux pauvres domiciliés. Certaines, à l'occasion de la loi sur le R.M.I., se sont spécialisées dans les services à cette population, dont elles assurent la domiciliation ou le courrier. D'autres assurent apparemment le même service pour tous, notamment en ce qui concerne les repas. Mais en fait, dans le cas des "Restos du coeur" par exemple, la distribution de denrées alimentaires se fait aussi suivant deux circuits séparés, parce qu'on ne peut pas donner la même chose selon que la personne peut ou non faire cuire ses aliments. Quelles qu'en soient les raisons, il y a ainsi des formes de ségrégation, fruit d'*une* différence, qui facilitent en retour les inégalités de traitement. Les S.D.F. étant absents de la communauté des citoyens "ayant droit", les comportements institutionnels par rapport aux S.D.F. ont donc déjà comme point commun le fait de se définir uniquement par rapport aux deux autres volets d'action vis-à-vis des pauvres que sont la répression et l'assistance.

Je propose d'étudier plus en détail ces deux volets, et en premier lieu celui de la répression. L'aspect le plus spectaculaire aujourd'hui est le "ramassage" des "clochards" dans la rue, par les cars de la Préfecture de Paris, pour conduire quelquefois par la force ceux qui sont sommairement "repérés" et qui ne peuvent pas justifier d'un domicile vers la Maison de Nanterre. La pratique a longtemps été justifiée par les articles du Code Pénal relatifs à la condamnation du vagabondage et de la mendicité. Après une période de mise en sommeil, elle a été remise à l'honneur en 1955, après l'hiver meurtrier, et depuis 1968 le service a pris le nom de B.A.P.S.A., Brigade d'Aide Pour les Sans Abri. Le discours tenu à la fois par les responsables de la Police et les responsables administratifs et médicaux de Nanterre peut être résumé comme suit : le ramassage est un bien pour les S.D.F., car au moins ils pourront se laver, manger, dormir dans un lit et surtout être soignés, puisqu'un médecin les examine. La contrainte est le seul moyen de s'assurer que ces gens-là se soignent.

D'une manière générale le mode de fonctionnement des espaces publics est un vrai problème, mal résolu.

Les espaces publics ont cette particularité d'être théoriquement ouverts à tous. Ils se définissent par opposition aux "espaces privés" que constituent les habitations individuelles. Le sociologue H. Coing a montré comment l'amélioration des conditions de l'habitat allait de pair avec un mode de vie qui fait passer plus de temps dans "la maison", et qui transforme l'espace de la rue en lieu de passage (alors que dans les anciens "quartiers" très conviviaux, la rue était un lieu de rencontres)[26]. Les S.D.F., qui n'ont pas de "maison" et donc pas d'espace privé, se trouvent exclus de ce mode de vie urbain. Dès lors, leur seul recours est de se réfugier dans des espaces publics. Mais dans ces espaces (la rue, mais aussi les gares, le métro) les Sans-Domicile-Fixe ne font pas que passer : ils demeurent, et ils organisent une vie quotidienne.

De ce fait, les S.D.F. apparaissent comme des intrus, des indésirables, puisqu'ils sont accusés de s'approprier un espace qui n'est pas à eux[27]. Ce dernier qualificatif ("indésirables") est

---

[26] cf H. COING, *Rénovation urbaine et changement social : l'évolution de la vie sociale*, 1966.

[27] En réalité, la définition de tout ce qui est public est elle-même un objet de débats (et un enjeu). Par exemple, au sujet des gares, il est clairement admis

précisément celui qui est employé par les dirigeants et les employés de la S.N.C.F.. De manière implicite ou explicite, on retrouve le même discours chez les responsables d'Aéroport de Paris, ou de la R.A.T.P.. En décembre 1991, Aéroport de Paris a monté une tente pour certains d'entre eux, et parallèlement fermé les aérogares la nuit pour les empêcher de venir s'y installer ; en même temps, la Direction a invité les médias à faire connaître son action...

Les responsables des espaces publics manient l'idée de conciliation des volets répressif et humanitaire, reprise par la B.A.P.S.A. de la Régie Autonome de Transports Parisiens (la R.A.T.P.), qui assure à l'intérieur du Métro et du R.E.R. le même service que la B.A.P.S.A. de la Préfecture dans les rues de Paris. La cohérence du traitement est assurée par la collaboration de ces services et par les mutations de personnel : c'est l'ancien médecin de la Maison de Nanterre qui a ainsi été chargé de construire un schéma d'ensemble des opérations menées en direction de la population S.D.F. à la R.A.T.P.. Le problème a été posé dans une logique de gestion des espaces publics, dans un cas de détournement de leur fonction. La réflexion a abouti à un plan, baptisé "Opération Atlas", qui illustre bien le mélange voulu entre aide et coercition. Ce plan se compose de trois parties : "Atlas au quotidien" correspond au ramassage par la contrainte. "Atlas plus", depuis septembre 1992, propose à des S.D.F. volontaires de la nourriture dans un camion, et un bus pour les transporter... jusqu'à Nanterre. Là, ils vont dans un dortoir différent, où les agents ne sont pas en tenue et où l'atmosphère est plus "conviviale". La troisième partie du plan correspond aux situations de crise, et est baptisée "Atlas Orsec" ; elle répond aux injonctions des pouvoirs publics, quand la R.A.T.P. est sommée d'ouvrir des stations de Métro. L'ensemble est géré par le Comité de "Sécurité des réseaux", au département "Environnement et Sécurité". Ce Comité est coordonné avec un autre Comité "de Prévention et de Sécurité", chargé de l'opération "Coup de Pouce" qui consiste à "aller à la rencontre" des S.D.F. pour aider les volontaires dans leurs démarches et les orienter vers des services compétents à la surface. La continuité entre toutes ces actions est présentée comme une rencontre entre la logique d'entreprise, visant à améliorer la qualité du service rendu, et la logique humanitaire, pour éviter que les S.D.F. se désocialisent dans le métro.

---

qu'il faut acheter un ticket pour prendre un moyen de transport ; mais la question de l'accès aux espaces couverts et aux quais n'est pas évidente. Ce sujet, qui dépasse le cadre de ce livre, a été abordé lors du Colloque : "Gare du Nord : mode d'emploi" qui a eu lieu les 14 et 15 décembre 1993 dans la "Gare-Londres" à Paris.

La confusion entre ce qui est répressif et "pour leur bien" est consciente, et justifiée au nom de l'incapacité des S.D.F. à voir leur propre bien, et même à exprimer une volonté. Il faut aller les chercher, et les soustraire à ces milieux délétères que sont la rue ou le métro. C'est "l'injonction thérapeutique"... Mais ce type de traitement postule des individus incapables d'autonomie et impose un contrôle qui ne vise qu'eux.

Ce contrôle se retrouve à tous les niveaux de la gestion sociale des Sans-Domicile-Fixe. Parmi les institutions qui relèvent théoriquement du volet assistance, les services du Bureau d'Aide Sociale spécialisés dans l'accueil aux S.D.F. donnent des "secours d'urgence" d'un montant très faible, et dans tous les cas largement inférieur en moyenne à ceux octroyés par leurs homologues des Bureaux d'Aide Sociale d'Arrondissement.

J'ai discuté avec l'assistante sociale chef du montant du secours :

"- Cela permet de rester propre, de se déplacer, de téléphoner, d'aller aux toilettes. Et puis c'est une question de dignité, avoir quelque chose en poche, empêcher la dégradation physique à titre préventif.

- Mais je ne pensais pas que c'était trop, je me demandais même si c'était assez.

- Pour la restructuration de la personne, il ne faut pas trop d'un coup. Et puis il faut motiver les gens, pour qu'ils viennent plus souvent, quand ils ont un dossier en cours. C'est comme la carte orange : pour celui qui a du mal à marcher, ou qui va avoir un métier, on la donne. Mais ce n'est pas systématique, et c'est ponctuel ; c'est un encouragement, pour qu'après ils achètent, pour leur donner l'habitude et l'idée d'acheter. Ce sont des petites touches qui doivent stopper la marginalisation".

Les services sociaux spécialisés dans l'accueil aux S.D.F. distribuent ainsi des tickets repas ou un coupon de carte orange, un peu comme les personnes qui préfèrent donner à manger plutôt que de l'argent, pour éviter aux mendiants la "tentation" d'aller acheter du vin et des cigarettes. Les centres d'hébergement, mais aussi les associations qui assurent des repas gratuits, servis à table par des bénévoles (ce qu'on appelle des "pains partagés"), ne fournissent généralement pas de couteau ni de fourchette mais seulement une cuillère, "à cause des bagarres". Justifié ou non par le comportement de certains S.D.F., ces détails sont révélateurs du soupçon qui colore toute l'assistance aux S.D.F. dans la société française contemporaine.

Les centres d'hébergement d'urgence enfin ne permettent pas à ceux et celles qu'elles accueillent de rester plus de cinq ou quinze nuits, pour les inciter à ne pas s'installer dans la dépendance et à chercher du travail. Qui dans le contexte actuel peut soutenir que cinq ou quinze jours suffisent à trouver même un petit boulot ? Que penser des contraintes horaires, qui obligent à se présenter à dix-huit heures exactement le soir ?

Les organismes d'aide et en particulier les centres d'hébergement sont des lieux profondément déstructurants, qui cumulent les inconvénients d'un contrôle trop strict et d'une de prise en charge insuffisante. Ils laissent les exclus livrés à eux-mêmes, mais la politique de stricte limitation des secours, combinée avec une surveillance régulière et des formes d'encadrement contraignantes, n'autorise aucune initiative. Les organismes spécialisés dans la prise en charge des S.D.F. appliquent un *mélange d'aide et de répression* qu'on peut définir comme une méfiance institutionnalisée. Tout se passe comme si, "sachant que" les S.D.F. n'ont "en général" pas le sens des responsabilités, il valait mieux leur enlever à tous toute occasion d'en exercer. Ce traitement orienté vers la surveillance des S.D.F. "pour leur sécurité et pour la nôtre" est profondément discriminant. Il s'appuie sur une image stéréotypée que rien ne permet vraiment d'étayer.

*La psychologisation des cas*

Le mélange de répression et d'aide au nom de l'incapacité des S.D.F. à voir leur propre bien, est cohérent avec le jugement social porté sur leur "fragilité". Ce jugement explique aussi ce que j'appelle la tendance des travailleurs sociaux à la "psychologisation des cas".

La formation des assistantes sociales est principalement composé de l'étude de la psychologie, et leur travail est orienté par une conception du "suivi social" très imprégnée du recours à cette discipline. Toute leur action tend à individualiser les cas, et à trouver des solutions personnalisées à leurs problèmes. La psychologisation colore leur pratique des entretiens et leur façon de les mener. Sans discuter de cette orientation, on peut regretter sa place quasi-exclusive dans le traitement social des exclus. Le recours aux assistantes sociales et l'organisation d'un suivi social ne sont pas propres aux S.D.F. Mais les S.D.F. sont obligés d'en "passer par là" pour tout. Quand ils veulent un timbre fiscal pour refaire leur carte d'identité, des tickets-repas pour la semaine, ou un bon de vestiaire pour remplacer leurs chaussures trouées, les "Sans-Domicile-Fixe" doivent venir raconter leur situation, même si elle n'a pas changé, à des personnes qui ont été formées pour les aider psychologiquement. Pour justifier leur demande, ils sont incités à trouver des raisons convaincantes et à mettre en scène leur "fragilité".

Dans les structures financées pour un collectif de S.D.F., en particulier pour tout ce qui touche à leur santé, on trouve aussi un mécanisme de "psychologisation des cas" à travers la grande place accordée d'office aux psychiatres, malgré la gravité des dermatologies, des lésions etc. Dans nombre de cas, on peut parler de traitement inadapté. Ces logiques de gestion sociale des services publics et privés ne doivent pas tout aux mentalités. Elles s'inscrivent dans un contexte légal qui les favorise. La ségrégation, la psychologisation, sont favorisées par les dits et les non dits de la loi.

### Les lacunes juridiques

Le S.D.F. est présenté par des associations comme "Droit au logement" ou "La raison du plus faible" comme un "sans-droit". À l'opposé les responsables politiques prétendent que les lois sont bonnes, mais mal appliquées et que les S.D.F. ont des droits, mais qu'ils ne savent pas les faire valoir. Le problème est important dans une communauté qui se définit comme une Nation et met au coeur de la cohésion sociale la citoyenneté et l'accès aux droits civils et sociaux.

L'analyse révèle qu'il y a des lacunes juridiques, à la fois dans les dispositions anciennes qui restent en vigueur et dans les "nouveautés" apparues dans les années 1980. En simplifiant, on peut dire que jusqu'aux années 1980, les S.D.F. étaient absents de la citoyenneté et que depuis cette date, ils ont été partiellement réintégrés mais à part, comme des sous-citoyens. Dans les différents Codes, Code civil, Code de la Sécurité Sociale, Code de la famille et de l'Aide sociale... les exclus ne sont pas privés des droits civils et sociaux. En soi, le fait d'avoir un domicile n'est explicitement présenté nulle part comme un devoir du citoyen, ni comme une condition d'accès aux droits, en ce sens les S.D.F. ne sont pas "exclus" de la citoyenneté. Dans les textes de la République, la citoyenneté est d'abord conditionnée par le critère de nationalité. Ainsi, l'article 8 du Code Civil déclare : "Tout Français jouira des droits civils". Plus loin, il est indiqué que la privation de ces droits ne peut intervenir que par la perte de la qualité de Français, ou suite à des condamnations judiciaires. Dans le Code électoral, l'article L. 2. stipule : "Sont électeurs les Françaises et Français, âgés de dix-huit ans accomplis, jouissant de leurs droits civils et politiques et n'étant dans aucun cas d'incapacité prévu par la loi". Parmi ces cas prévus figurent notamment les individus condamnés par le pénal et les majeurs en tutelle, mais pas les personnes sans toit ou adresse. Les S.D.F. ne sont pas sur le même plan que les délinquants, ou que tous ceux qui ont été privés de leurs droits, parce qu'ils ont commis un délit.

Pourtant, on peut à juste titre parler à leur propos de "sans droit". Les S.D.F. sont encore trop souvent "absents" des droits, au sens où leur cas n'est pas prévu dans les procédures, ce qui amène les administrations et les services sociaux à les refouler.

En particulier en France, le droit de vote est réservé depuis 1850 à ceux qui sont inscrits sur des listes électorales établies au niveau de la commune. Aujourd'hui les employés municipaux exigent deux preuves de résidence : quittance de loyer, facture E.D.F.-G.D.F., facture d'eau ou de téléphone. Comme pour éviter les fraudes, les électeurs qui ne sont plus domiciliés dans une commune sont souvent rayés des listes électorales, les S.D.F. ne peuvent voter nulle part. Tous les droits civils sont subordonnés à une appartenance communale et les Actes de l'Etat civil doivent être établis au lieu de la commune de résidence. Les procédures courantes ignorent la possibilité pour les S.D.F. d'une existence civile.

L'absence du droit la plus spectaculaire, aujourd'hui présentée comme un mauvais souvenir pour les S.D.F., a longtemps été inscrite dans le *Code administratif* ; elle est relative aux procédures prévues pour faire ou refaire la carte nationale d'identité des S.D.F. (ou leur carte de séjour s'ils sont étrangers). D'après le décret du 26 septembre 1953, il fallait un justificatif de domicile pour faire établir la carte d'identité, ou une attestation sur l'honneur. Après 1987, un décret en date du 2 juin a exigé un double justificatif de domicile avec des documents récents[28]. Le projet de décret ajoutant à la loi un alinéa relatif au cas des S.D.F. a soulevé dans les procédures de concertation interministérielle la question suivante : la carte d'identité est faite pour définir l'identité de quelqu'un ; mais juridiquement, le domicile ne fait-il pas partie de cette identité ? Le fait même que cette interrogation ait pu être posée permet de saisir l'ampleur des difficultés et des lacunes juridiques, même si la réponse apportée a été théoriquement favorable aux S.D.F. puisque le 14 octobre 1994 un décret a légitimé la domiciliation auprès d'un organisme agréé comme procédure qui ouvre droit à la carte d'identité.

En revanche, le double justificatif de résidence reste indispensable dans de nombreuses autres dispositions, comme par exemple les textes du *Code Civil* relatives aux procédures du mariage. A l'intérieur du Titre deuxième, chapitre III "Des actes du Mariage", l'*article 76* précise que les "domiciles et résidences des époux" doivent figurer sur l'acte de mariage. Le cas des S.D.F. semble prévu à part, à travers la *Loi du 10 décembre 1850, ayant pour but de faciliter le mariage des indigents, la légitimation de leurs enfants naturels et le retrait de ces enfants déposés dans les hospices*. Selon l'*article 1er* :"Les pièces nécessaires au mariage des indigents... seront réclamées et réunies par les soins de l'officier de

28 Code administratif DALLOZ, p 1389, Article 6.

l'état civil de la commune dans laquelle les parties auront déclaré vouloir se marier. Les expéditions de ces pièces pourront, sur la demande du maire, être réclamées et transmises par les procureurs de la République". *Article 2* : Les procureurs de la République pourront, dans les mêmes cas, agir d'office et procéder à tous les actes d'instruction préalables à la célébration du mariage". Ce texte néanmoins suscite des interrogations : le mariage n'est-il pas subordonné au bon-vouloir du maire et des procureurs de la République ?

Toute l'ambiguïté de la loi éclate dans le titre cinquième du *Code Civil*, intitulé "Du mariage". Le chapitre premier énonce les "*qualités et conditions requises pour pouvoir contracter mariage*" : l'âge, le consentement des époux, et des parents pour les mineurs, la dissolution du premier mariage, et des conditions en terme de prohibition (inceste). Aucune ne porte sur l'obligation de résidence. Mais dans le chapitre II, cette obligation est réintroduite dans les "formalités relatives à la célébration du mariage". Selon l'*article 165 (Loi du 21 juin 1907)* : "Le mariage sera célébré publiquement devant l'officier de l'état civil de la commune où l'un des époux aura élu son domicile ou sa résidence". Il est seulement ajouté : "Pour les personnes dépourvues de domicile ou de résidence fixe depuis plus de six mois et logeant de façon permanente dans un véhicule, une remorque ou tout autre abri mobile, le rattachement à une commune produit les effets attachés au domicile en ce qui concerne la célébration du mariage". Cet alinéa se situe dans la continuité de la loi de 1969 pour les "Gens du Voyage", mais la condition exclut pour deux S.D.F. "sédentaires" la possibilité de se marier.

Si l'on combine toutes les dispositions, leur mariage peut donc aujourd'hui être décidé avec le soutien d'une mairie, mais aucune municipalité n'est à proprement parler tenue de le célébrer : de ce fait, le mariage n'est plus vraiment un "droit" pour eux (dans la réalité, j'ai rencontré un jeune couple de S.D.F. qui s'est ainsi vu essuyer un refus dans plusieurs arrondissements de Paris).

Avec cette absence du droit au mariage, on touche à ce que j'appelerai "l'absence du droit à la famille" (qui aboutit à une privation de fait). Les époux ont en effet le devoir d'assurer la charge matérielle et morale de leurs enfants. Mais un S.D.F. est considéré dans la jurisprudence comme étant incapable d'assurer cette charge, et l'enfant lui est retiré. Dans notre pays, on peut retirer à une famille ses enfants parce qu'elle est pauvre. De plus, les sans-domicile ne peuvent même pas obtenir d'aide puisque, selon la formulation de l'*article 150* du *Code de la famille et de l'Aide Sociale* : "Tout chef de famille ayant à sa charge deux enfants de nationalité française...peut, s'il ne dispose pas de ressources suffisantes pour les élever, recevoir, au titre de ses enfants à charge, l'aide sociale à la famille. Est assimilé au chef de famille, la personne qui assume de manière permanente la charge matérielle de l'enfant". Les sans domicile ne répondant pas à cette définition n'entrent pas dans les conditions pour prétendre à cette aide.

C'est d'ailleurs une autre vérité générale, qui n'est paradoxale qu'en apparence, les plus pauvres des pauvres, les S.D.F. sont les grands absents des droits sociaux.

Le grand système de protection sociale issu de la Seconde Guerre mondiale et qui continue d'exister dans les années 80-90 a été construit autour de la norme Travail : la *Sécurité Sociale* est réservée à ceux qui ont cotisé auprès de caisses professionnelles. Les prestations sont subordonnées à l'exercice d'une activité professionnelle ou au lien de famille avec une personne remplissant cette condition (conjoint...). Si les S.D.F. ne sont généralement pas assurés, c'est généralement d'abord parce que ce sont des jeunes n'ayant jamais eu d'emploi, ou des chômeurs qui ne cotisent plus depuis un certain temps.

Ceux qui n'ont pas de carte de Sécurité Sociale, ne sont pas pour autant sans droit(s). *Le Code de la famille et de l'aide sociale*, promulgué par un décret du 24 janvier 1956 dans la filiation de l'Assistance publique, a été conçu pour permettre à ceux qui n'ont pas ou pas assez de revenus par le travail de subsister. Or dans ce *Code*, les "droits sociaux" sont réservés aux résidents, c'est-à-dire que pour bénéficier de l'aide sociale il faut un domicile. Selon l'*article 124* : "Toute personne **résidant en France** bénéficie, si elle remplit les conditions légales d'attribution, des formes de l'aide sociale telles qu'elles sont définies par le présent code". L'*article 125* sur la procédure et les conditions d'admission (décret n° 61-495 du 15 mai 1961) précise : "Les demandes d'admission au bénéfice d'une quelconque forme d'aide sociale... sont déposées à la mairie de résidence de l'intéressé"[29]. Ainsi, l'absence de domicile est sanctionnée par une mise à l'écart de la collectivité et de ses "ayant-droit". Au total, l'Aide Sociale apparaît comme largement inaccessible aux S.D.F. (ces dispositions sont toujours en vigueur dans les années 1990).

Les plus pauvres ne bénéficient pas des droits civils et sociaux mais il ne s'agit pas d'une aberration, d'un grain de sable dans un système qui tourne bien. Contrairement au lieu commun qui veut que les lois sont bien faites, mais mal appliquées, dans le cas des S.D.F. les lois ne sont pas bien faites, parce que même

[29] (à trois exceptions qui concernent l'aide à l'enfance, les frais afférents à l'I.V.G. et aux produits contraceptifs, et les tuberculeux).

quand elles se proclament universelles, en réalité les procédures usuelles ne permettent pas de les intégrer. Si les S.D.F. ne votent pas, si beaucoup ne perçoivent pas le R.M.I., s'ils sont chassés des hôpitaux, s'ils ne sont pas soignés, ce n'est pas parce qu'ils sont fragiles ou qu'ils ont des difficultés à faire valoir leurs droits. Il ne s'agit ni de dysfonctionnements passagers ni de "bavures" : c'est parce que les lois ne sont pas adaptées à leur cas, parce que les sans-domicile sont structurellement absents de la citoyenneté. Les S.D.F. n'ont pas accès à certains droits et ce n'est pas seulement un fait regrettable mais la *conséquence directe de ce qui est inscrit dans la loi,* à travers les procédures qu'elle prévoit depuis les origines du droit républicain et de l'aide sociale.

Les S.D.F. ne sont pas exclus du droit, mais absents, sans droits. Leur cas est pourtant cité dans certaines lois sociales des années 1980 et 1990 qui visent à réintégrer les S.D.F. comme citoyens en corrigeant au fur et à mesure les textes.

## LES ORIENTATIONS ACTUELLES

L'absence des S.D.F. au coeur des dispositifs de droits civils et sociaux est profondément inscrite dans la logique procédurale et réglementaire des lois de la République. Pourtant à partir des années 1980 les S.D.F. commencent à être partiellement réintégrés, leur cas est désormais prévu dans les lois de décentralisation, la loi sur le R.M.I., la loi Besson et le récent projet de loi sur la cohésion sociale. Il faut apprécier les progrès tout en présentant les limites des orientations récentes, qui présentent le défaut général de préserver la logique des dispositions anciennes et de mettre systématiquement à part le cas des S.D.F., ce qui introduit le risque de remplacer l'absence ou l'exclusion par la ségrégation et la formation d'une catégorie de sous-citoyens. Avant de développer ce point, je voudrais revenir sur les risques d'un retour pur et simple à la répression, car les lois récentes sont inspirées par une volonté d'intégrer et une tolérance encore très fragiles.

### Les arrêtés d'interdiction de la mendicité

La République a pu construire un système juridique complet autour de la condition de domicile à cause du poids du passé et de la condamnation morale et pénale du vagabondage. La disparition du délit de vagabondage et mendicité dans le nouveau Code Pénal en 1993 est de ce point de vue, une date importante, même si on a pu dire que dans les faits ce délit semblait tombé en désuétude.

En fait, il est clair aujourd'hui que les tenants de la répression n'ont pas dit leur dernier mot, qu'ils continuent d'agir et de faire des propositions. Au moment où le Code Pénal allait être abrogé, je me suis entretenue avec le commissaire de la Préfecture de Paris, chargé du service des cars de ramassage des clochards qui les amènent à Nanterre. Il m'a expliqué qu'avec des travailleurs sociaux et des membres d'association, il avait contribué à mettre en place un groupe de pression auprès des parlementaires. Ils avaient réussi à convaincre de la nécessité d'aider les S.D.F. même contre leur gré en les amenant de force dans un centre d'hébergement assurant une consultation médicale, au motif que la plupart des personnes à la rue ne sont pas capables de se rendre compte de l'état physique et moral dans lequel elles sont. Mais l'argument véritable, selon lui, c'est qu'il ne voyait pas comment les responsables politiques, les commerçants et même les fonctionnaires pourraient se passer de son service pour empêcher des S.D.F. de s'installer devant chez eux.

On retrouve des préoccupations proches dans les discours des maires qui, presque immédiatement après la promulgation du nouveau Code Pénal, dès 1993, ont pris des arrêtés pour interdire la pratique de la mendicité dans leur ville. Les arrêtés anti-mendicité se sont multipliés depuis. Les premiers ont été annulés, mais le gouvernement a lui-même indiqué des éléments pour une rédaction acceptable, le champ d'application de l'arrêté devant être limité dans le temps et dans l'espace. De nombreux arrêtés sont désormais pris tous les étés pour interdire la mendicité "agressive" dans les centres des villes touristiques. En novembre 1996, le maire de Nice a organisé un référendum sur la question qui a été boudé par plus de 77% des électeurs mais a recueilli plus de 66% de voix favorables. C'est dire que les réactions des responsables politiques et de la population restent hésitantes.

J'ajouterai qu'au moment de l'annonce d'un plan d'urgence pour l'hébergement des S.D.F. au début du mois de novembre 1993 un des députés de la majorité (R.P.R./U.D.F.) a déposé une proposition de loi visant à emprisonner ceux qui dormiraient dans des locaux non prévus à cet effet. La proposition n'a pas été retenue mais si elle devait être renouvelée et adoptée, la norme Logement, de norme sociale, deviendrait une norme juridique et l'absence de logement serait un nouveau délit.

Les tendances actuelles restent multiples et contradictoires. On aura compris que personnellement, je réprouve les méthodes répressives et discriminatoires, aussi je ne m'appesantirai pas davantage et je discuterai plutôt les éléments qui me paraissent positifs et les problèmes non résolus dans les textes qui prétendent aider les S.D.F. et leur redonner un statut de citoyen.

**La décentralisation, la loi Besson et la loi sur le R.M.I.**

La loi sur le R.M.I. en 1988 et la loi Besson en 1990 sont les héritières des lois de décentralisation de 1982, au sens où elles contribuent à la réorganisation du social en donnant plus de pouvoirs aux collectivités locales, en particulier aux départements. Par rapport à la population des sans-domicile-fixe, ces trois lois présentent le double point commun de les faire apparaître comme une nouvelle catégorie d'ayant droit et de ne pas se donner les moyens réglementaires pour faire des S.D.F. des citoyens comme les autres.

*La décentralisation*

En 1982 les législateurs, pour assurer la mise en oeuvre du transfert de compétences politiques aux départements, ont voulu éclaircir les responsabilités respectives des collectivités locales et de l'État. C'est dans ce cadre que les sans-domicile-fixe ont été explicitement désignés, pour la première fois puisqu'avant il n'apparaissaient nulle part. Les lois sur la décentralisation marquent un tournant essentiel dans le traitement légal des S.D.F. en précisant que les individus qui n'ont pas de justificatifs de domicile ne dépendent pas des départements, mais de l'Etat[30]. Comme la décentralisation a donné lieu à une la littérature administrative et juridique importante, les références à ce "cas particulier" sont aujourd'hui très nombreuses dans la législation, d'un poids tout à fait disproportionné par rapport au nombre de gens concernés. En particulier, suite à ces dispositions, le *Code de la famille et de l'aide sociale* a été modifié en 1986, pour préciser que les dépenses d'aide sociale sont à la charge du département dans lequel les bénéficiaires ont leur domicile de secours, à l'exception des prestations que les lois sur la décentralisation mettent à la charge de l'État[31].

---

[30]cf article 35 de la Loi n° 83-663 du 22 juillet 1983.

[31]Selon l'article 192 ,"*A l'exception des prestations à la charge de l'Etat en vertu de l'article 35 de la loi (sur la décentralisation) et sans préjudice de la participation financière des communes prévue..., les dépenses d'aide sociale sont à la charge du département dans lequel les bénéficiaires ont leur domicile de secours*".Selon l'article 193, "*le domicile de secours s'acquiert par une résidence habituelle de trois mois dans un département postérieurement à la majorité ou à l'émancipation*". L'*article 194* précise qu'il se perd : "*1° par une absence ininterrompue de trois mois... 2° par l'acquisition d'un autre domicile de secours*".

Cette évolution, dans le domaine du social, n'a fait que confirmer en le renforçant le principe du domicile de secours qui datait de la naissance de l'Assistance Publique au XIXème siècle et que l'Aide sociale avait gardé en 1945. Cependant la décentralisation a contribué à faire prendre conscience d'une différence entre les S.D.F. et les autres pauvres, en même temps qu'elle a favorisé un traitement juridique et institutionnel particulier.

Les S.D.F. sont réintégrés comme ayant droit puisqu'ils sont à la charge de l'État. Mais comme le législateur n'a pas mis en place d'institutions publiques autonomes pour les S.D.F., et qu'il a délégué la question des sans-domicile aux organismes déjà existants, dans les faits la gestion sociale des S.D.F. est renvoyée aux collectivités locales, qui pourtant n'ont pas d'obligation légale et n'ont pas vocation à aider des individus qui ne relèvent pas de leur territoire de compétence. L'exemple du Bureau d'Aide Sociale de Paris qui n'accepte d'accueillir que les S.D.F. "parisiens" illustre la tendance bien connue des collectivités locales à se désengager vis-à-vis des pauvres qu'elles ne reconnaissent pas comme étant les leurs, dont elles estiment ne rien recevoir et qu'elles ne tiennent pas attirer. Les S.D.F. ne sont donc plus absents des droits à l'aide sociale au sens où leur cas est prévu, mais les législateurs n'en ont pas tiré les conséquences et ils n'ont pas donné les moyens à l'État de les prendre en charge.

La décentralisation a ainsi fait passer les S.D.F. du statut de non citoyen, au statut de sous citoyen ou de pseudo citoyen.

*La loi Besson*

La loi Besson du 31 mai 1990[32], dont l'objectif affiché est pourtant "*la mise en oeuvre du droit au logement*", n'échappe pas à cette ambiguïté, en donnant aux départements la responsabilité de mettre en oeuvre ce droit. Au coeur de la loi figurent en effet les "plans départementaux d'action pour le logement des personnes défavorisées". Selon les articles 3 et 4, le département est désigné comme le principal co-acteur et d'après l'article 7, comme le principal co-financier chargé de désigner les bénéficiaires du "droit au logement".

Aujourd'hui, ce sont surtout les "mal logés" qui ont pu bénéficier des réalisations et des mesures créées par la loi. Louis Besson l'explique par une mauvaise application de la loi, qui "ne vaut bien sûr que par l'usage qui en est fait localement"[33], d'autres

---

[32] *Journal Officiel "Lois et décrets" du 2 juin 1990*, pp 6551-6554.

[33] interview par "Macadam journal", dans *Macadam Journal*, n°5, du 15 octobre au 15 novembre 1993, "Logement : les exclus dans l'impasse ?", p5.

auteurs évoquent une sorte de fatalité du "glissement vers le haut d'un dispositif initialement prévu pour les plus défavorisés"[34]. En fait, contrairement à cette interprétation, le "glissement" est la conséquence inévitable d'une contradiction inscrite dans les termes même de la loi, entre les objectifs affichés d'une part, les moyens prévus pour les atteindre d'autre part. Les départements n'ont pas vocation à résoudre un problème national. Le plan départemental "analyse les besoins et fixe, par bassin d'habitat, les objectifs à atteindre...". La notion-même de "bassin d'habitat" exclut les personnes qui "n'habitent" nulle part et sont sans domicile. Selon l'article 6, "le plan départemental institue un fonds de solidarité pour le logement destiné à accorder des aides financières... à des personnes... qui entrent dans un logement locatif ou qui, étant locataires, se trouvent dans l'impossibilité d'assumes leurs obligations relatives au payement du loyer et des charges". Ceux qui "entrent" dans un logement ou qui sont "locataires" sont déjà dans le bassin d'habitat du département ; il n'est question nulle part de ceux qui sont à la rue. De même, la loi développe les aides personnelles au logement, mais seulement pour ceux qui sont déjà locataires ou sous-locataires "assimilés aux locataires".

La loi Besson a été conçue dès l'origine pour aider les "mal logés" ou ceux qui risquent de perdre leur logement. En même temps qu'elle proclame un nouveau droit qui parait concerner de manière prioritaire les sans-domicile-fixe, elle réintroduit un principe de gestion départementale, avec des procédures qui ne permettent pas de les faire bénéficier des mesures prévues. Le problème se situe dans le principe, qui n'est jamais remis en cause, de transférer les responsabilités de l'aide sociale aux collectivités territoriales, plus précisément aux départements. Ce principe, justifié par le double souci d'alléger la charge de l'État central et de rapprocher la mise en oeuvre des politiques sociales du citoyen, est profondément incompatible avec l'intégration des sans-domicile-fixe aux droits civils et sociaux. Cette contradiction n'est pas résolue parce que la loi n'institue pas un droit au logement au sens d'un principe absolu et universel, garanti pour tous. Elle énonce un souhait qui ne se traduit par aucune obligation pour la collectivité et pour l'État, vis-à-vis de tous les citoyens.

*La loi sur le Revenu Minimum d'Insertion*

La loi sur le R.M.I. s'inscrit dans une autre logique, celle du droit universel. Pour cette raison, elle se devait de prévoir les moyens d'intégrer les S.D.F., qui commençaient à symboliser l'exclusion. Elle a relevé ce défi grâce à l'invention d'une procédure essentielle, la domiciliation auprès d'un organisme agréé.

---

34 Q. WODON, *Logement, le droit des exclus*, 1992, p94.

La loi sur le R.M.I. est aujourd'hui le modèle qui inspire les décrets et les projets de loi pour la réintégration citoyenne et l'application des droits aux exclus. Du point de vue de tous ceux qui croient que les pauvres sont des citoyens à part entière et qu'il faut corriger la misère, elle représente un progrès essentiel et une conquête qu'il faut défendre, sans la dénigrer. Malgré les réelles avancées qu'elle a permises, j'indiquerai certaines de ses limites dans le modèle qu'elle propose de gestion sociale de l'exclusion.

Les débats qui ont précédé la loi marquent une prise de conscience de l'importance du phénomène de la pauvreté dans notre pays, de la dimension globale du problème et des responsabilités du politique à cet égard. Comme l'ont à juste titre mis en avant les promoteurs et les défenseurs de cette loi, elle se situe dans la logique des droits universels, accessibles à tous sans discrimination. La loi sur le R.M.I. instaure une allocation différentielle, c'est-à-dire qu'elle pose le principe que chacun doit percevoir un revenu minimum dont il peut jouir selon sa convenance. Elle contient l'assurance de ressources faibles mais régulières. Le revenu minimum est un filet de sécurité qui permet aux plus pauvres de ne pas être sans rien. Le versement mensuel les réintroduit dans un modèle proche du salariat traditionnel, ce qui est conforme avec l'autre grand principe inscrit dans le nom même de la loi, l'insertion.

Pour les S.D.F., non seulement la loi contient la promesse d'une amélioration de la vie quotidienne mais surtout, elle prévoit des moyens de tenir cette promesse. Dans le texte de la loi, adopté en 1988, l'*article 15* établit la procédure qui doit leur permettre de bénéficier de la mesure : "Une personne sans résidence stable doit, pour demander le bénéfice de l'allocation, élire domicile auprès d'un organisme agréé à cette fin conjointement par le représentant de l'Etat dans le département et par le Président du conseil général... Un organisme au moins dans le ressort de chaque commission locale d'insertion est tenu de recevoir toute déclaration...". Cette procédure permet que le nouveau droit ne soit pas seulement virtuel pour les sans adresse. Par rapport aux lois antérieures, c'est une avancée considérable qui permet de réintégrer les exclus à l'intérieur de la sphère de citoyenneté et des droits sociaux.

Pourtant, l'expérience a montré que la loi ne résout pas tous les problèmes de l'exclusion. On peut l'expliquer par plusieurs raisons.

Premièrement, si le cas des S.D.F. est prévu, il y a quand même des exclus du R.M.I. Le cas le plus connu est celui des jeunes de moins de 25 ans. Pour les inciter à travailler et à ne pas refuser les mesures faiblement rémunérées comme les T.U.C., les C.E.S., les stages etc., visant à leur mettre le pied à l'étrier et leur donner une première expérience, les législateurs n'ont pas voulu "enfermer" les jeunes trop vite dans ce qu'ils considèrent implicitement comme un cercle vicieux de l'assistance. Dans la mesure où le chômage des jeunes dépasse les offres de petits boulots, cette limite importante contribue à précipiter nombre d'entre eux à la rue et à les faire passer par des périodes de galère sans recours, d'autant plus difficiles à surmonter. Il y a aussi des exclusions plus ponctuelles mais également perverses, quand un bénéficiaire du R.M.I. se voit retirer le bénéfice de son allocation parce qu'il a obtenu un stage ou un petit boulot. Les délais administratifs se traduisent presque toujours par des périodes sans ressources qui, dans le cas de situations toujours très précaires, peuvent avoir des conséquences dramatiques.

Deuxièmement, bien que le R.M.I. se présente comme un droit universel, ses bénéficiaires n'échappent pas aux condamnations morales sur les assistés et à leurs conséquences pratiques sous forme de vexations, de contrôles et des limitations de toutes sortes. Cette situation s'explique notamment par l'ambiguïté fondamentale sur la notion d'insertion, qui n'a jamais été levée ni dans les débats à l'Assemblée Nationale, ni dans le texte lui-même, ni dans la pratique. Les divergences d'interprétation portent sur la place et le statut de l'insertion, devoir de la Nation et droit imprescriptible des individus, ou obligation des individus vis-à-vis de la Nation venant se substituer imparfaitement au travail comme contrepartie du revenu. La norme et le contrat se combinent et s'opposent dans cette loi paradoxale qui prévoit un financement pour tous les citoyens, demande aux travailleurs sociaux d'insérer tout le monde sans discrimination mais les autorise à donner un avis négatif au renouvellement de l'allocation, s'ils estiment que les efforts demandés n'ont pas été accomplis. Mais par qui ces efforts sont-ils définis ? Pas par la Nation, mais par une chaîne de responsabilité diffuse qui va des assistantes sociales aux membres des commissions d'attribution. Dans la loi sur le R.M.I., l'existence ou non d'un contrat social et le contenu de ce contrat sont laissé à l'appréciation des acteurs de terrain, et le droit universel est subordonné à des appréciations variables suivant des critères flous. Le droit au R.M.I. reproduit dans ses modalités et dans ses pratiques le modèle de l'assistance et à ce niveau il n'est ni universel, ni inconditionnel.

La troisième limite que je vois au dispositif du R.M.I., c'est qu'il ne prévoit pas de lien avec le droit au logement. On peut discuter sur le meilleur montant possible, sur la possibilité que l'insertion soit un substitut satisfaisant ou non de l'emploi, la combinaison des normes Travail et Logement implique qu'un revenu minimum, même combiné avec des activités d'insertion, ne peut pas résoudre le problème de l'exclusion s'il ne donne pas accès au logement. Or, le rapport établi pour le Conseil économique et social par J. Niol montre que "près d'un R.M.I.ste sur deux ne dispose pas d'un logement autonome"[35]. Un autre rapport du C.E.R.C. sur les Atouts et difficultés des allocataires du revenu minimum d'insertion donne les résultats de trois vagues d'enquêtes en juillet 1990, décembre 1990 et mai 1991. Il apparait que les pourcentages de ceux qui sont en foyer ou en squat n'ont pratiquement pas bougé entre le moment de l'accès au R.M.I. et après dix mois d'allocation[36]. À l'évidence, le minimum légal ne suffit pas pour assurer l'accès au logement. Par conséquent, il ne suffit pas pour prévenir l'exclusion.

La quatrième et dernière limite que j'évoquerai ici concerne les problèmes posés par la procédure de domiciliation, prévue pour intégrer les S.D.F. au dispositif. Cette procédure soulève la double question de l'exclusion des Sans-Domicile-Fixe qui rencontrent des difficultés pour se faire "domicilier" par une association, et de la ségrégation des S.D.F. par rapport aux autres pauvres.

D'une part, rien n'oblige des bénévoles à accueillir tous ceux qui se présentent, alors que l'élection domicile auprès d'une association est un préalable obligatoire à l'exercice du droit. Certains diront peut être que la loi est bien faite et mal appliquée, puisqu'elle prévoit qu'un organisme au moins dans le ressort de chaque commission locale d'insertion est tenu de recevoir toute déclaration. Mais comme rien n'est prévu pour s'en assurer et que la mission est confiée aux organismes qui demandent l'agrément, la procédure est inadaptée. Confier la domiciliation, préalable obligatoire à l'accès au R.M.I. ou à la carte d'identité, à des associations fondées sur la loi de 1901, indépendantes et libres de refuser qui elles veulent est profondément contraire à la philosophie du droit pour tous. Les associations peuvent imposer des critères particuliers, elles peuvent aussi être débordés par le travail de tri et de distribution du courrier des personnes déjà inscrites. Mon expérience de terrain prouve que ce n'est pas une hypothèse d'école. Or, si les S.D.F. ne sont pas assurés de toujours pouvoir trouver un organisme qui les "domicilie", ils ne sont pas assurés non plus de pouvoir faire valoir leur "droit" au R.M.I., ou à

---

[35]*L'approche quantitative et qualitative des besoins en logement et de la solvabilité de la demande,* Rapport présenté par Joseph NIOL, Journal Officiel, Avis et rapports du Conseil Economique et Social, Lundi 12 juillet 1993, p11.

[36]*Atouts et difficultés des allocataires du revenu minimum d'insertion,* Documents du C.E.R.C., La Documentation Française, 3ème trimestre 1991, p122.

la carte d'identité. Pour les sans-domicile-fixe, l'accès aux droits reste donc incertain.

D'autre part, si c'est à l'évidence la volonté de permettre aux "personnes sans résidence stable" de bénéficier du R.M.I. qui anime le texte, la création d'organismes agréés spécialisés marginalise les pauvres sans domicile au niveau des procédures à suivre et des lieux à fréquenter. La domiciliation contient même des effets pervers pour les S.D.F., parce qu'elle confirme que l'adresse est bien une dimension essentielle de l'identité pour l'accès au droit d'exister socialement et administrativement. De plus elle n'ouvre pas toutes les portes (en 1997, elle ne permet pas de voter).

La domiciliation fait des S.D.F. des citoyens à part, et même des sous-citoyens, dans la mesure où leur accès aux droits est limité et saupoudré de facultatif.

Pour les papiers d'identité, pour le R.M.I., pour le mariage, on retrouve le *problème du facultatif mêlé au droit*. Les droits civils et sociaux des S.D.F. dépendent du bon vouloir de personnes privées, bénévoles des associations ou employés de mairies. Même quand les lois prévoient "l'accès aux droits" des S.D.F., elles n'organisent pas un droit inconditionnel à cet accès. La domiciliation pour les S.D.F. ouvre la petite porte de la citoyenneté, celle qui n'instaure pas d'obligation pour la collectivité et les administrations, celle du sous droit. Sans domicile, ils n'ont pas les moyens d'exiger quoi que ce soit, même si certaines portes leur sont facultativement ouvertes. Cette caractéristique essentielle permet de préserver la logique de la gestion sociale de cette population, fondée sur la ségrégation et la méfiance, conforme aux stéréotypes.

C'est l'État-Nation qui garantit les droits civils et sociaux des citoyens. En déléguant les pouvoirs d'application et de mise en oeuvre des droits aux collectivités locales, l'État a pris le risque d'exclure une catégorie particulière dont il peut seul avoir la charge, les sans-domicile-fixe.

Les lois de décentralisation ont ouvert une ère du social qui se voulait plus proche des citoyens, plus démocratique et plus efficace. Les mots de liberté, de proximité et de solidarité ont justifié les missions confiées au secteur associatif. Pourtant, ces évolutions ont renforcé les effets pervers que comportent pour les sans-domicile-fixe toutes les formes de désengagement de l'État. Les lois sur le Revenu Minimum d'Insertion et le droit au logement ne parviennent pas à sortir de cette contradiction.

La procédure de domiciliation reflète la tentative pour réintégrer les S.D.F. dans un ensemble de dispositifs qui ont été mis en place sans eux. L'adresse d'un organisme agréé permet de rattacher à un territoire administratif, ouvrant la possibilité de faire des papiers d'identité et de bénéficier de certaines prestations sociales. Mais elle introduit une ségrégation, dans la mesure où les institutions ne sont pas les mêmes et les démarches, plus compliquées. De plus, cette procédure n'ouvre pas toutes les portes, c'est-à-dire qu'elle correspond à une citoyenneté limitée. Enfin, comme il n'y a pas d'organisme véritablement tenu de domicilier tout demandeur, cette citoyenneté est conditionnelle. S'ils ne sont plus absents du droit, les exclus restent à la marge, différents, toujours menacés de se voir refuser ou retirer ce qu'ils ont plus que tout autre, des difficultés à obtenir.

**Le projet de loi contre l'exclusion**

Lors de la campagne présidentielle en 1995, le candidat Chirac avait promis de lutter contre la "fracture sociale". Cette promesse est à l'origine du projet de loi pour le renforcement de la cohésion sociale dont la discussion à l'Assemblée Nationale a été interrompue par la dissolution de cette Assemblée en avril 1997. Ce projet est aujourd'hui abandonné pour cause de changement de majorité parlementaire. Il me parait intéressant toutefois de discuter ses orientations.

Le projet proposait de poser le problème de l'exclusion globalement, dans ses multiples facettes. L'exposé des motifs pose clairement le principe de "l'accès de tous aux droits de tous". Il réaffirme, dans le respect de l'esprit et des textes de loi sur la décentralisation, la co-responsabilité du Préfet et du Président du Conseil général dans la conduite des politiques d'insertion et annonce la volonté du gouvernement de mobiliser tous les décideurs locaux, l'État organisant la répartition des rôles et une meilleur coordination des actions.

Le premier titre du projet de loi, intitulé *De l'accès aux droits*, retient cinq droits fondamentaux : citoyenneté, emploi, logement, santé, culture. Dans le domaine de la citoyenneté, il organise l'accès au droit de vote pour les personnes sans-domicile-fixe. Il préconise que les établissements d'accueil évitent de séparer les enfants et les parents. Il crée dans chaque département au moins un service d'information et d'orientation des personnes en difficulté fonctionnant en permanence. Enfin il institue des médiateurs entre les administrations et les administrés. Dans le domaine de l'accès à l'emploi, le projet annonce un effort massif pour passer de la logique de la prestation d'assistance, à celle du salaire d'activité. C'est le principe de l'activation des dépenses passives, selon lequel les allocataires du R.M.I. et d'autres prestations devraient accéder à des emplois proposés par les associations et les collectivités locales.

Pour réaliser cet objectif le projet institue un nouveau contrat de travail, le contrat d'initiative locale C.I.L. L'accès aux soins pour les personnes en situation de précarité ou sans résidence stable est organisé dans le cadre d'un schéma départemental d'accès aux soins, inscrit comme matière obligatoire du plan départemental d'insertion. La compétence en matière de tuberculose est transférée à l'État. Dans le domaine de l'accès au logement, le projet annonce l'objectif de créer 100 000 logements d'insertion en cinq ans. Il étend les possibilités de réquisition des locaux vacants à l'initiative du préfet. Il prévoit un fichier unique par département des demandes de logements sociaux. Le texte annonce des mesures fiscales d'encouragement à la réhabilitation des logements. Pour éviter que les personnes ne présentant pas les garanties financières suffisantes soient systématiquement écartées, il autorise les offices d'H.L.M. et O.P.A.C. à acquérir des logements en vue de les louer à des organismes agréés ayant pour objet d'organiser la sous-location à des personnes en difficulté. Enfin dans le domaine de la culture, la lutte contre l'illétrisme devient une priorité nationale. Un comité national de l'illétrisme est créé pour orienter les politiques menées.

Le deuxième titre du projet de loi fixe l'objectif d'unifier les institutions de lutte contre l'exclusion dans le cadre d'un dispositif départemental. Un Conseil départemental de l'insertion et de la lutte contre l'exclusion (CODILE) est chargé d'élaborer le plan départemental d'insertion et de lutte contre l'exclusion, dans le respect réaffirmé des lois de décentralisation.

Le troisième titre prévoit d'adapter la formation des travailleurs sociaux aux problématiques de la lutte contre l'exclusion, et le quatrième, d'élargir les missions des institutions sociales et médico-sociales aux actions d'information, de soutien et de maintien à domicile. Enfin les dispositions finales annoncent dans un délai de deux ans, un rapport d'évaluation de la loi.

Les acteurs de terrain, en particulier dans le secteur associatif ont souligné que le principal mérite de ce texte, s'il avait été adopté, aurait été d'exister. Leur principal reproche a été le manque de moyens prévus pour réaliser la grande ambition de promouvoir la cohésion sociale. Le coût global était estimé à 500 000 F. La mesure la plus onéreuse, la création de 300 000 C.I.L., était financée par un simple transfert des ressources puisque ce sont les anciens bénéficiaires des minima sociaux qui devaient en bénéficier. Par ailleurs il était prévu de simplifier les aides et notamment de réformer l'allocation spécifique de solidarité, pour les aligner sur le montant du R.M.I. Les esprits critiques ont aussitôt dénoncé le manque de solidarité d'une redistribution qui prélève sur les pauvres pour donner aux plus pauvres.

De mon point de vue, il est clair que les orientations défendues par ce projet ne peuvent pas permettre de combler les manques de moyens matériels et financiers et les problèmes d'effectifs dans la gestion sociale de la grande pauvreté. Je ferai aussi d'autres critiques qui touchent à la logique du texte et aux principes qu'il énonce.

La citoyenneté des sans-domicile-fixe est réaffirmée dans le premier article du premier chapitre, qui prévoit leur inscription sur la liste électorale de la commune de leur organisme d'accueil. Cette disposition subordonne le droit de vote aux aléas de la procédure de domiciliation. Le secrétaire d'État à l'action humanitaire, Xavier Emmanuelli, avait rédigé une autre proposition : l'inscription sur la liste électorale de la commune de naissance, pour les S.D.F. nés en France, ou sur la liste de la commune de leur dernier domicile, pour les S.D.F. nés à l'étranger. Cette procédure aurait instauré un droit inaliénable, mais peu praticable. Les S.D.F. sont loin de leur domicile antérieur, ils n'ont que rarement le désir et les moyens d'y retourner pour voter. Un citoyen doit pouvoir s'exprimer près de l'endroit où il vit. La dernière version du projet, revenue au principe de la domiciliation auprès d'une association agréée, est plus proche des réalités. Mais elle présente l'inconvénient majeur de réaffirmer la nécessité d'avoir une adresse, sans donner les moyens d'en garantir une pour chacun.

En ce qui concerne l'accès aux soins, on retrouve dans le projet la même contradiction que pour la loi Besson. Par avance, on peut prévoir que le schéma départemental d'accès aux soins des plus démunis ne permettra pas de protéger la santé des personnes sans-domicile-fixe. En effet les lois sur la décentralisation prévoient que les S.D.F. sont à la charge de l'État. Les départements se sentiront responsables des problèmes de santé des pauvres domiciliés qui résident sur leur territoire administratif. Ils ne s'occuperont pas d'une population mouvante dont ils ne sont pas responsables, et qu'ils ne tiennent pas à attirer.

D'une manière générale le texte proclame ou réaffirme des "droits" mais il délègue leur mise en oeuvre aux collectivités locales et aux associations, dans une logique qui s'apparente à la sous-traitance dans le domaine industriel. L'accès aux droits civils et sociaux pour les S.D.F. reste inscrit dans le cadre d'une citoyenneté conditionnelle et limitée. Leur citoyenneté est conditionnelle, puisqu'elle dépend du bon vouloir des organismes qui font les domiciliations et qui instruisent les dossiers. Elle est limitée, puisque si le texte prévoit d'étendre la disposition au code électoral, en revanche il laisse en suspens la question de tous les autres droits pour lesquels les administrations réclament des justificatifs de domicile.

Malgré le vocable employé dans l'exposé des motifs, l'accès au logement n'est pas pensé dans une logique de "droit". Le logement serait un droit si tous les citoyens, même ceux qui ont un revenu au minimum légal, étaient assurés de pouvoir y accéder. Comme dans la loi Besson, aucune proposition n'est même ébauchée dans ce sens. Le projet de loi sur la cohésion sociale reste dans une logique de marché et de correction des règles du marché. Il vise à augmenter l'offre de logements pour les démunis, sans débloquer de moyens financiers. On comprend le scepticisme que ces propositions ont suscité. Le texte pourtant pose le vrai problème des garanties à donner au bailleur pour pouvoir entrer dans un logement. Il préconise une solution déjà expérimentée à petite échelle, la sous-location auprès d'organismes agréés. Mais cette proposition reproduit une logique proche de celle de la domiciliation. Elle constitue un progrès par rapport à l'exclusion radicale des "sans garanties", mais elle implique une démarche particulière dont la responsabilité est confiée à des associations, statutairement libres de leurs critères d'acceptation et de refus des dossiers, et qui ne pourront pas traiter tous les cas. Le système fait des associations la caution financière que les plus pauvres ne peuvent présenter, on peut donc craindre que son développement ne pourra pas être à la hauteur des besoins. De même, le principe des réquisitions, dont l'opportunité est laissée à l'appréciation des préfets, ne pourra certainement pas résorber le déséquilibre sur le marché de l'offre et de la demande de logements à loyers bas.

La principale mesure du projet, celle qui fait l'objet des plus longs développements dans l'exposé des motifs et dans le programme d'action qui accompagne le projet de loi, concerne l'accès à l'emploi. La création du contrat d'initiative locale (CIL) répond au principe dit "de l'activation des dépenses passives", c'est-à-dire de "la transformation en salaire d'activité d'une prestation d'assistance". La mesure vise principalement les bénéficiaires du R.M.I., de l'A.S.S.[37] et de l'A.P.I.[38]. Selon moi, une telle proposition marque une régression, qui à terme pourrait menacer le droit à un revenu minimum. En effet, le R.M.I. est assimilé à une prestation d'assistance, ce qui est contraire à l'esprit de la loi de 1988. L'originalité de la notion d'insertion est totalement gommée par l'exposé des motifs, qui présente "l'activité professionnelle durable" comme un "facteur essentiel d'insertion sociale". Le projet consiste à réaffirmer l'objectif qu'il n'y ait pas de revenu sans contrepartie et il assimile cette contrepartie à l'emploi salarié stable. Dans le contexte actuel de chômage massif, cela parait irréaliste.

---

[37] allocation spéciale de solidarité, pour les chômeurs longue durée.

[38] allocation parent isolé, pour les familles monoparentales avec un enfant de moins de trois ans.

Malgré l'intention affichée de créer des activités, on peut douter que le nombre d'emplois ainsi créés soit suffisant et que tous les bénéficiaires de minima sociaux en bénéficient. L'objectif de 300 000 CIL était d'ailleurs très en deçà du nombre de bénéficiaires du R.M.I. (estimé à un million), auxquels il faut ajouter les bénéficiaires de l'A.S.S. et de l'A.P.I. En revanche ce type de mesure risque de jeter la suspicion sur les bénéficiaires de minima sociaux qui ne seront pas "actifs". Quant aux activités proposées, elles risquent soit de se substituer à des emplois qui auraient pu être créés, si elles répondent à un besoin, soit de reproduire les erreurs des ateliers nationaux sous la Révolution Française, si elles se contentent d'occuper des individus à des activités inutiles et sous-payées. Activer les dépenses passives, c'est une autre manière de dire : organiser la mise au travail des assistés. Il n'y a aucune raison d'organiser cette mise au travail pour les allocataires de minima sociaux, à côté du marché de l'emploi, si ce n'est dans une logique où on considère que le problème essentiel est leur motivation ou leur "employabilité" - interprétation qui me parait simpliste. Les minima sociaux répondent à une logique de compensation du déficit d'offres d'emploi par rapport à la demande.

Les principales propositions du projet reposent sur l'idée que le fait de travailler suffit à conjurer l'exclusion. Le texte reproduit la confusion entre travail et emploi, entre contrat social et norme sociale. Il ne tient pas compte de l'importance du logement comme condition d'intégration. Pour toutes ces raisons, il me semble inadapté à la réalité de l'exclusion aujourd'hui.

En résumé, le projet de loi contre l'exclusion posait des vrais problèmes, mais il en résolvait peu. Il réaffirmait les droits des exclus, comme le droit de vote, sans lever les ambiguïtés liées au statut de l'adresse. Il confiait aux départements et aux associations des missions de service public et proposait pour l'accès au logement et à l'emploi des solutions qui n'étaient pas à la hauteur des enjeux. Le principe d'activation des dépenses passives ne peut pas résoudre les problèmes des exclus.

# Chapitre 6

## Des pistes pour l'avenir

La réflexion et les critiques appellent des propositions. Repenser un sujet aussi sensible que l'exclusion, c'est inviter presque dans le même temps à l'action sociale. L'action sociale est politique, dans son sens général d'action pour la cité. Elle l'est aussi dans son sens plus partisan. La lutte contre l'exclusion est un thème qui peut rassembler, comme l'a montré le vote à l'unanimité de la loi sur le R.M.I. Mais aucun sujet ne peut faire l'accord complet de tous les partis et de toutes les opinions. Ce n'est pas en tant que scientifique mais en tant que citoyen qu'un sociologue prend position. C'est donc dans cet esprit que j'indiquerai des pistes pour l'objectif que je partage : l'intégration citoyenne et sociale des plus démunis.

Dans le cas des sans-domicile-fixe, la simple refonte des dispositifs traditionnels navigue entre deux écueils qui se rejoignent : l'exclusion et la ségrégation. Tout l'édifice juridique et institutionnel républicain repose sur la mise en oeuvre de procédures qui obligent les citoyens à présenter des justificatifs de domicile. Peut-on, sans mettre en péril cet édifice, à la fois prévoir le cas des S.D.F. et éviter de les enfermer dans un ghetto qui reproduira d'autres formes d'exclusion ?

Le fait de poser cette question implique un état d'esprit. Pour lutter contre l'exclusion, il faut la prendre au sérieux. Elle n'est ni une anomalie que l'on peut gommer facilement, ni une conséquence inévitable et malheureuse de la situation sur le marché de l'emploi. De ce point de vue, les meilleures intentions sont des obstacles au traitement des problèmes. L'idéal, bien sûr, serait qu'il n'y ait ni S.D.F., ni chômage, ni précarité. Cela ne justifie pas de ne rien faire pour ceux qui sont dans ces situations. Il n'y a pas besoin d'attendre une amélioration de la situation économique, un retour de la croissance ou un recul du chômage, pour lutter contre l'exclusion. Sans rien changer du contexte, il y a deux niveaux de l'action. Au premier niveau, il s'agit de corriger la misère et d'empêcher que la pauvreté et la précarité dégénèrent en exclusion sociale. Au deuxième niveau, il faut trouver les moins mauvaises solutions pour aider les exclus, leur donner accès aux droits civils et sociaux et éviter les risques de déstructuration que renferment toutes les formes de ségrégation. Je propose donc de suivre deux orientations qui se complètent, sans se recouvrir : prévenir de nouvelles exclusions, mieux gérer celles qui existent.

## PRÉVENIR DE NOUVELLES EXCLUSIONS

L'action de prévention est souvent freinée par la confusion entre pauvreté et exclusion. Il s'agit pourtant de deux réalités distinctes. En simplifiant, on peut dire que la pauvreté est matérielle et l'exclusion, symbolique. L'exclusion sociale se situe au niveau des représentations, dans les conditions que pose par une collectivité pour accepter des individus comme des membres à part entière. Pour ne pas être exclu il faut respecter les normes Travail et Logement, c'est-à-dire avoir un emploi ou un statut reconnu par rapport à l'emploi, et avoir un logement.

Par conséquent, il n'y a pas une mais deux manières de prévenir de nouvelles exclusions. La première consiste à éradiquer le chômage et la pauvreté. Elle sera efficace contre l'exclusion si les emplois proposés garantissent l'accès au logement. La deuxième manière consiste à empêcher que le chômage et la pauvreté ne se dégradent en exclusion. Elle suppose de reformuler le contrat social et de revoir la politique du logement. La croissance économique et le plein emploi sont des éléments favorables à la lutte contre l'exclusion, mais qui ne sont ni nécessaires, ni suffisants. Il me parait donc important d'explorer la deuxième possibilité.

### Reformuler le contrat social

La Révolution a fondé la démocratie sur le principe du contrat social. Ce principe implique des obligations réciproques de la collectivité et des individus. L'exclusion est la rupture du contrat par une des deux parties. Soit c'est l'individu qui n'a pas rempli sa part, soit c'est la collectivité qui n'a pas respecté la sienne.

L'État républicain pouvait ignorer l'exclusion tant que la norme Travail correspondait aux obligations du contrat. La norme Travail a évolué, elle évolue encore. Aujourd'hui la collectivité a développé une certaine tolérance vis-à-vis de ceux qui ont un emploi à temps partiel, un emploi précaire. Elle hésite pour le demandeur d'emploi, le bénéficiaire du R.M.I. Mais ces statuts ne garantissent pas l'accès au logement, c'est-à-dire, puisque le logement émerge comme une norme, qu'ils ne garantissent pas l'intégration. Le contenu de la norme Travail ne définit plus les termes du contrat social. Il n'y a plus vraiment de contrat. Le contenu des obligations demandées aux individus est flou et la société ne garantit rien en retour.

Prévenir l'exclusion, c'est donc reformuler le contrat social. Il faut, d'abord, trouver un accord sur les conditions de la citoyenneté et sur les obligations des individus vis-à-vis de la collectivité. C'est un choix politique au sens fort du mot, un défi de grande ampleur. Sans proposer une solution toute faite, je souhaite éclairer le débat sur les deux grandes options possibles, en insistant sur la nécessité d'en choisir une pour combattre efficacement l'exclusion. Les Révolutionnaires demandaient à tous les citoyens de donner leur travail à la collectivité. Il s'agit aujourd'hui de décider si cette condition doit ou non rester au coeur du contrat social.

Dans le contexte actuel, garder l'obligation de travail implique de préciser le contenu de cette obligation. On ne peut pas continuer à faire comme si le travail était synonyme d'activité professionnelle durable sur le marché de l'emploi, sauf à renoncer à toute action efficace contre l'exclusion. En revanche on peut élargir la notion aux emplois précaires, aux stages et surtout aux activités d'insertion prévues dans la loi sur le R.M.I. Dans cette logique, le revenu et le logement seraient une contrepartie des efforts fournis. Par exemple, dans le dispositif du R.M.I., les travailleurs sociaux seraient les délégués de la collectivité, garants que les individus font bien les efforts demandés. La collectivité devrait prévoir des activités d'insertion pour tous. Le fait d'exercer ces activités serait suffisant pour garantir l'accès à un logement. La principale difficulté pour la mise en oeuvre de cette solution serait de définir le contenu de ces activités de telle manière qu'il y en ait toujours suffisamment et, si possible, de s'assurer qu'elles ne se substituent pas à des emplois qui pourraient être créés sur le marché[1].

Il y a une autre voie qui consiste à refuser la logique de la contrepartie et à considérer que la collectivité est légalement responsable de tous ses membres, sans exception ni discrimination.

---

[1] C'est un des obstacles principaux dans la mise en oeuvre du volet "insertion" du R.M.I., dont certains s'étonnent ingénument du faible développement. Le secteur dit "de l'insertion par l'économique" (associations intermédiaires, chantier écoles) est aussi confronté quotidiennement au problème.

L'emploi pourrait rester valorisé par des revenus plus importants que les autres statuts. Mais tous les citoyens auraient un revenu minimum, qui leur garantirait l'accès à un logement. Dans cette logique, le logement et l'intégration seraient des droits imprescriptibles. Concrètement, suivre cette voie supposerait de redéfinir les liens entre citoyenneté, nationalité et résidence. En effet il faudrait trouver un critère satisfaisant pour définir l'appartenance légale à la collectivité. Le critère de la nationalité pose le problème des immigrés, y compris ceux qui sont en situation régulière. Le critère de la résidence pose le problème des sans-domicile-fixe. La loi sur le R.M.I. prévoit le cas des immigrés résidents et le cas des S.D.F. domiciliés auprès d'un organisme agréé. Cette solution mais ne résout pas les problèmes liés à la domiciliation. Je reviendrai sur cette question dans les propositions pour gérer l'exclusion.

Une fois les critères de citoyenneté reprécisés, il resterait à organiser l'accès au logement pour respecter la norme Logement, et aussi à des activités, pour respecter la norme Travail. Il est possible que cette dernière évolue à nouveau, mais on peut penser que les mentalités collectives attendront toujours des formes de participation à la vie de la cité. Toutefois, ces formes de participation ne seraient plus une contrepartie de l'intégration. Des activités sociales seraient proposées aux sans-emploi, elles pourraient donner lieu éventuellement à un complément de revenu, mais l'exclusion de ceux qui ne font rien resterait au niveau des mentalités et du jugement social. Le revenu minimum serait inconditionnel[2]. L'accès au logement serait garanti à tous les citoyens. Il n'y aurait pas d'obligation mais une incitation à chercher un emploi sur le marché, préservée par le différentiel entre revenu minimum et revenu d'activité professionnelle.

Cette formule, qui me séduit davantage, comporte le même risque que la précédente : les activités sociales, comme les "activités d'insertion" prévues dans la loi du R.M.I. ne doivent pas se substituer aux emplois du marché, ni devenir des formes d'exploitation et de travail sous-payé[3]. Leur contenu devrait donc être précisé. Mais cela parait plus facile d'éviter la dérive dans le cadre de cette proposition que dans celui de la contrepartie au travail, où l'activité professionnelle est le modèle des activités d'insertion. De plus, la création de nouvelles activités sur le marché

---

[2]Cette proposition s'inspire des travaux sur le "revenu d'existence" de l'économiste Y. Bresson. *Repenser la solidarité*, 1995. Le sociologue A. Caillé propose une version un peu différente, qu'il appelle "revenu de citoyenneté".

[3]Je rappelle que ce risque est démultiplié dans le projet de réactiver les dépenses passives par le CIL.

serait favorisée par l'assurance, pour les innovateurs, de ne pas se retrouver sans ressources, à la rue.

La redéfinition du contrat social contient l'obligation pour la collectivité de respecter sa part, c'est-à-dire de prévoir les moyens pour que tous les individus qui remplissent les conditions soient intégrés. Quelle que soit l'option choisie, même si la situation de l'emploi s'améliore, la lutte contre l'exclusion passe par le respect d'un impératif incontournable pour la collectivité : faire du logement un véritable droit, que tous les participants à la collectivité peuvent réclamer et obtenir. Cela nécessite une autre politique du logement.

### Revoir la politique de logement

Si le logement était une marchandise comme une autre, sur un marché régi par le libre jeu de la concurrence, le droit au logement serait inconcevable et impraticable. Ce n'est pas le cas. Depuis le XIXème siècle, l'État intervient pour garantir l'existence de logements à bas loyers (dans les H.B.M. devenus H.L.M.).

En simplifiant, voici les grandes principes de son intervention. Pendant longtemps, l'État a privilégié l'aide à la pierre, c'est-à-dire à la construction de nouveaux logements par des organismes et des particuliers. Il a mis en place un système de prêts avantageux pour les organismes qui acceptaient de pratiquer une politique de bas loyers (comme les sociétés d'H.L.M.). L'État a aussi mis en place des prêts pour les particuliers dont le montant de leurs ressources est inférieur à un certain plafond (comme les prêts d'accession à la propriété P.A.P.). À partir des années 1970, l'État est passé progressivement d'une politique d'aide à la pierre à une politique d'aide à la personne. Il s'est désengagé de la construction et il a libéré les loyers mais il a mis en place des compensations financières pour aider les ménages à bas revenus à payer leur loyer. C'est le principe des A.P.L. (aides personnalisées au logement).

Aujourd'hui, l'État est le seul à pouvoir engager une politique efficace en faveur des exclus et à garantir le respect d'un véritable droit au logement. En raisonnant systématiquement, la réforme passe par deux étapes. La première consiste à s'assurer qu'il y a suffisamment de logements pour couvrir tous les besoins, même non solvables. Il existe déjà des évaluations sur la base des projections de l'I.N.S.E.E[4]. Il faudrait les reprendre et les affiner, avant de relancer une politique d'aide à la construction. Les réquisitions, les réhabilitations de logements anciens ne suffiront pas. Les résultats des encouragements sur le marché privé restent

[4]Rapport présenté par J. Niol devant le Conseil Économique et Social.

incertains. L'État devra donc encourager la construction de logements sociaux. Cela implique des choix budgétaires, et une véritable réflexion sur les arbitrages entre qualité et nombre de logements. La deuxième étape exige d'aider les ménages peu ou pas solvables à entrer dans un logement et à pouvoir le garder. En ce qui concerne l'accès aux logements sociaux, il faut revoir les règles d'attribution, en tenant compte des deux écueils : exclure les plus démunis d'une part ; les regrouper tous dans les mêmes logements ou les mêmes quartiers d'autre part. Il est souhaitable qu'il y ait aussi des démunis logés dans le secteur privé. Mais le système qui consiste à confier au secteur associatif, libre de ses critères, limité dans ses moyens, la mission de donner des garanties au bailleur parait très insuffisant. Là aussi, il me parait préférable que l'État prenne ses responsabilités en élargissant les missions du Fonds de Garantie. Pour éviter les expulsions pour cause de non paiement de loyer, outre les dispositifs de prévention et d'information existant, il faudrait revoir le système des aides au logement. Elles devraient être systématiquement accordées aux ménages à faibles ressources. Le montant global des aides accordées devrait être suffisant pour que la part du loyer payée par les ménages n'excède pas un certain pourcentage de leur revenu[5].

La tendance actuelle n'est pas à la dépense budgétaire, ni à l'intervention de l'État sur des marchés. Mais l'État est le garant du contrat social. Pour empêcher que le chômage et la pauvreté dégénèrent en exclusion par le logement, il n'y a pas d'autre solution que de faire du logement un droit, et d'en prendre les moyens. Le souhaitons-nous vraiment ? C'est un vrai débat. La prévention de nouvelles exclusions implique des transformations et des engagements importants, mais qui ne sont pas hors de portée.

## MIEUX GÉRER L'EXCLUSION

Quelle que soit l'efficacité des mesures de prévention, elles ne suffiront pas à résoudre tous les problèmes.

La notion de contrat implique la liberté de rompre pour les deux parties. De plus, l'exclusion se situant au niveau des représentation sociales, son évolution peut prendre de vitesse les politiques de prévention. Mais ces considérations ne sont pas les plus importantes. Il y a des exclus aujourd'hui, la lutte contre l'exclusion implique de mettre en place des mesures pour eux.

[5] Il va de soi que ces mesures devraient pouvoir bénéficier aux ayant droit qui ne sont pas pris en charge par les collectivités territoriales, c'est-à-dire les S.D.F. Je développe après la question de l'accès des S.D.F. aux droits.

Dans le cadre de l'édifice juridique et institutionnel actuel, les procédures ne permettent pas aux sans-domicile-fixe de bénéficier de nombreux droits. Si l'on n'y prend pas garde, les S.D.F. pourraient même se retrouver exclus des dispositifs de prévention de l'exclusion[6]. Que de tels dispositifs soient ou non mis en place, ils ne dispensent pas d'aider les S.D.F. et d'assurer leur intégration dans la citoyenneté. Pour cela, il importe de combler les manques au niveau matériel, institutionnel et juridique. Cela passe par une amélioration de nos connaissances du phénomène de l'exclusion, en particulier de la question S.D.F.

**Mesurer la question S.D.F.**

Le récent rapport du Conseil National de l'Information Statistique fait des propositions pour une meilleure connaissance des sans-abri et de l'exclusion du logement[7]. Ce rapport met paradoxalement en garde contre les dangers du dénombrement. Demander simplement "combien ?" peut être une question dangereuse, porteuse de la tentation du coup de filet, de la dérive qui consiste à vouloir les trier, les répartir, les caser, pour les faire disparaître de notre vue. Il faut "comprendre, connaître et reconnaître comme personnes et non étiqueter et dénombrer"[8].

Je ne peux que souscrire à cette idée, qui implique de mener des études qualitatives. Cependant compter reste une question légitime. Dans les évaluations sur le nombre de S.D.F., les incertitudes sont tellement spectaculaires qu'elles paralysent l'action. Il faut avoir une idée plus précise des besoins de logement, d'hébergement, de services sociaux, pour mobiliser les énergies et débloquer les moyens financiers à la hauteur des enjeux.

Le rapport du C.N.I.S. ne dit pas le contraire puisqu'il réclame des crédits pour les études et élabore des recommandations pour des enquêtes statistiques : une enquête nationale auprès des utilisateurs des services d'hébergement et d'accueil ; une meilleure prise en compte les S.D.F. dans le recensement de la population et les enquêtes nationales traditionnelles ; des investigations locales sur l'accès au logement des populations à bas revenus ; une enquête nationale sur les ménages menacés d'expulsion et sur l'issue des procédures[9].

---

[6] L'exemple de la loi Besson le démontre. cf supra.

[7] *Pour une meilleure connaissance des sans-abri et de l'exclusion du logement,* C.N.I.S., mars 1996.

[8] *Pour une meilleure connaissance...,* C.N.I.S., mars 1996, p5.

[9] *Pour une meilleure connaissance...,* C.N.I.S., mars 1996, p14.

J'insisterai aussi sur la nécessité de traduire un certain nombre de travaux réalisés aux États-Unis, qui ont incontestablement de l'avance dans ce domaine et ont réfléchi sur des erreurs qu'il est inutile de reproduire. En particulier les enquêtes par questionnaire doivent être construite et menées avec précautions, car les procédures validées sur des populations domiciliées sont souvent inadaptées. L'amélioration des connaissances sur les S.D.F. aidera à évaluer les besoins et à orienter les politiques en conséquence.

**Revoir la politique d'hébergement**

En 1997, il est clair que le nombre de places offertes en centre d'hébergement est insuffisant. Dans le cadre d'une politique globale de lutte contre l'exclusion, son augmentation dépendrait des estimations concernant les besoins et des succès de la politique du logement menée en parallèle.

Dans tous les cas, il me parait indispensable de mener une vraie réflexion sur la qualité des places d'hébergement proposées. Il faut trouver un juste milieu entre le nombre de places, la qualité des logements et les contraintes budgétaires. L'augmentation de la surface et du confort par personne hébergée est souhaitable, mais elle sert actuellement d'alibi à la réduction du nombre de places offertes qui est dommageable, eu égard aux besoins. Il faut prendre garde à la tentation de considérer les dépenses de réhabilitation des locaux comme des moyens supplémentaires accordés à l'ensemble des exclus, alors qu'ils ne bénéficient qu'à quelques-uns. Les discours abstraits sur l'évolution parallèle du nombre de S.D.F. et des dépenses qui leur sont consacrées sont loin des réalités. La politique d'hébergement ne peut pas consister non plus à faire correspondre le nombre de personnes à la rue et le nombre de places d'hébergement. Elle implique d'évaluer plus finement la demande et d'aménager des centres pour qu'ils puissent accueillir les handicapés, les accidentés, et surtout les familles (actuellement séparées)[10]. Là encore, ces mesures exigent que l'État mette en oeuvre des moyens financiers et qu'il coordonne une politique harmonisée sur le territoire national.

L'organisation générale des centres d'hébergement devrait également être revue. Le système qui oblige les S.D.F. à quitter leur centre d'hébergement d'urgence après cinq nuits sans savoir où aller est angoissant, risqué et inefficace par rapport à l'objectif de les inciter à chercher du travail. D'une manière générale, il s'agirait

[10]Dans *Suerte, L'exclusion volontaire,* C. LUCAS évoque l'existence de "vis-à-vis" réservés aux couples, des "parloirs intimes" qui humanisent les prisons espagnoles. Ne peut-on imaginer un équivalent pour les S.D.F. ?

de corriger l'ensemble du fonctionnement institutionnel, organisé autour de la méfiance et de la surveillance, rythmé par des horaires trop contraignants. L'intimité sous la douche devrait en tout cas être respectée. Il faudrait au moins deux horaires de rentrée possibles le soir, avant et après le repas (par exemple à 18 heures et 22 heures). Il faudrait aussi tenir compte des problèmes d'horaires particuliers dans certaines professions comme la restauration. Les S.D.F. devraient avoir la possibilité de laisser leurs affaires dans une armoire fermée ou dans une consigne sur place, ainsi que de laver et sécher leur linge sur place. Entre l'angélisme et les humiliations quasi-permanentes, il y a un chemin à trouver.

Pour permettre aux exclus de trouver un centre d'hébergement qui les accueille dans l'urgence, pour les aider éventuellement à quitter ce centre pour un autre mieux adapté à leur situation, il faudrait aussi créer des services d'accueil et d'orientation.

### Créer des services d'accueil et d'orientation

Pour améliorer la gestion de l'exclusion, l'État ne doit pas seulement garantir que le nombre de services offerts soit à la hauteur de la demande, il faut aussi qu'il organise l'information et l'orientation, afin de permettre aux exclus de savoir où aller, à qui s'adresser.

Il est inévitable que des S.D.F. soient à la rue contre leur gré, alors que des places d'hébergement restent vacantes parce que les S.D.F. sont mal renseignés,. Il n'y a rien de plus décourageant que de traverser la ville dans tous les sens, en transport en commun dans le meilleur des cas, à pied le plus souvent, sans avoir l'assurance de trouver un lit pour la nuit. C'est pourquoi le projet de loi sur l'exclusion prévoyait de créer dans chaque département au moins un service d'information et d'orientation chargé d'une sorte de veille permanente sur le dispositif d'accueil d'urgence, en faisant obligation aux établissements de déclarer leurs places vacantes à l'autorité compétente[11]. L'exposé des motifs précisait que ce ne devait pas être un nouveau service mais une mise en commun des services existants en gestion publique (par exemple, en C.C.A.S.) ou associative (par exemple, association ou regroupement d'associations gestionnaires de C.H.R.S.). Je pense au contraire que la mission d'information est trop essentielle pour la confier à des services déjà surchargés, qui appliquent des critères

---

[11] article 6 du projet : "Il est créé dans chaque département, à l'initiative du préfet, au moins un service d'information et d'orientation des personnes en difficulté, fonctionnant en permanence pour la mise en oeuvre des dispositions du présente article...".

restrictifs dans l'accueil aux S.D.F. C'est donc à l'État de créer de nouveaux services dotés de moyens suffisants pour informer et orienter tous les exclus. De plus, cette mission doit être élargie à d'autres services que l'hébergement.

La mise en place de services publics d'information et d'orientation me parait la condition indispensable pour assurer l'accès aux droits des S.D.F., qu'il s'agisse de l'hébergement, de la santé, des droits civils et sociaux. Leurs missions devraient être définies en ce sens. Ces services devraient être disponibles, en nombre suffisant et bien situés pour pouvoir servir de plaque tournante dans le dispositif institutionnel en faveur des personnes en difficulté. Ils devraient être faciles d'accès et proches géographiquement de services sociaux et médico-sociaux. Au moins un service par département devrait avoir une antenne fonctionnant en permanence pour pouvoir orienter vers les centres d'hébergement et les services médicaux d'urgence. Toutes les administrations, toutes les associations auraient pour consigne d'adresser à ces services les personnes qu'elles ne peuvent aider. Ces services devraient être polyvalents, chargés d'orienter les personnes en difficulté vers les centres d'hébergement, les administrations, les associations, les hôpitaux, voire les services bancaires et postaux. Ils devraient être constamment informés par ces institutions des services qu'elles offrent (places vacantes, jours et heures d'ouverture, papiers exigibles et démarches à suivre). Ils pourraient ainsi non seulement aider efficacement les exclus dans leur vie quotidienne, mais connaître les besoins, les lacunes d'un dispositif local et en informer rapidement les autorités. Ils pourraient pallier éventuellement eux-mêmes à certains manques et offrir des services comme les toilettes, les douches, éventuellement des espaces d'accueil et de repos.

En résumé, il faudrait des services publics destinés aux personnes en difficulté, chargés de recueillir les informations d'orienter et de faciliter les démarches, de recenser les lacunes des dispositifs dans l'accès aux droits.

### Garantir l'accès aux droits

Pour garantir la citoyenneté des S.D.F. et leur accès aux droits, il faudrait réintégrer les S.D.F. dans les dispositifs juridiques et institutionnels. Mais comment ? Toutes les procédures, tous les règlements, prévoient d'exiger des certificats de domicile, puisque la mise en oeuvre des droits et les vérifications sont toujours confiées à des échelons intermédiaires entre les individus et l'État, au niveau des collectivités territoriales (communes ou départements).

En raisonnant logiquement, on peut voir deux solutions à l'intégration des S.D.F. dans la communauté des citoyens. La première serait de changer les procédures pour tout le monde, en repensant entièrement un système où les S.D.F. seraient intégrés comme les autres. La deuxième solution serait de garder les mêmes procédures pour les domiciliés et de réintégrer les S.D.F. dans des procédures à part.

Concrètement, la première parait irréalisable, compte tenu du degré de partage des compétences et de l'omniprésence de la sectorisation à tous les niveaux de l'organisation administrative, politique, médicale, sociale. C'est probablement pourquoi c'est la deuxième qui est aujourd'hui privilégiée, avec la généralisation de la procédure initiée par la loi sur le R.M.I., la domiciliation auprès d'un organisme agréé. Malheureusement, cette deuxième solution aboutit à une ségrégation, avec deux inconvénients majeurs. Elle n'est pas accessible à tous, et elle n'ouvre pas à tous les droits. La domiciliation transforme l'accès aux droits en possibilité d'accès, en accès facultatif, dans la mesure où les organismes agréés sont des associations ou des services municipaux, qui appliquent leurs propres critères et sont parfois débordés. De plus la procédure n'est pas acceptée pour tous les droits.

Je propose donc de garder le principe de la domiciliation, qui est la seule solution qui parait applicable et réaliste, en corrigeant autant que possible ces deux inconvénients. Pour cela, il s'agit d'assurer la possibilité pour tous les S.D.F. de se domicilier auprès d'un organisme, et d'établir partout, dans tous les textes, la stricte équivalence entre domiciliation et domicile. C'est me semble-t-il le seul moyen de ne pas créer un droit des exclus mais d'organiser au contraire l'accès de tous aux droits de tous[12]. Concrètement, je ne préconise pas que cette réforme de la domiciliation se fasse par l'instauration de nouveaux organismes publics spécialisés dans le service de courrier pour les S.D.F. En effet cette méthode, outre qu'elle représenterait un nouveau coût pour le contribuable, ne serait pas satisfaisante non plus pour les S.D.F., qui n'ont souvent ni intérêt ni envie de faire connaître leur situation à leurs correspondants (par exemple s'il s'agit d'employeurs). S'il y avait sur un territoire donné une seule adresse pour les S.D.F., celle-ci serait particulièrement stigmatisante. La variété des organismes agréés est une bonne chose, une garantie d'anonymat. Ce qui est défavorable, c'est l'incertitude qui plane sur l'accessibilité et la durabilité de la domiciliation. C'est pourquoi je propose plutôt de recourir aux services d'information et

---

[12]La formule est empruntée à l'avant projet de loi d'orientation relatif au renforcement de la cohésion sociale, dans l'exposé des motifs (mais j'ai montré que les dispositions prévues sont incompatibles avec cet objectif affiché).

d'orientation, dont j'ai mentionné plus haut la nécessité. Une des missions de ces services serait précisément de tenir à jour la liste des organismes agréés pour la domiciliation et de s'assurer que toutes les catégories de S.D.F. ont constamment la possibilité d'y avoir recours. Ils pourraient assurer eux-mêmes un service de courrier pour pallier aux problèmes temporaires, et seraient chargés d'informer les autorités des manques au niveau local, pour que celles-ci suscitent éventuellement la création de nouvelles associations ou qu'elles renforcent les moyens des organismes municipaux.

Les services d'information seraient donc chargés de vérifier que les S.D.F. peuvent constamment avoir accès à la domiciliation auprès d'un organisme. Dans le cas contraire, un dispositif de secours serait prévu. Ainsi les S.D.F. ne pourraient plus être exclus de cette procédure. Par ailleurs, pour éviter les effets pervers de la ségrégation, il faudrait que cette procédure soit la seule particulière aux S.D.F., dans l'accès aux droits. Puisque tout notre édifice juridique et institutionnel repose sur le principe de la sectorisation géographique, le seul moyen de réintégrer les S.D.F. dans la citoyenneté consiste à les raccrocher à cet édifice. La domiciliation peut permettre de parvenir à ce résultat, si elle est reconnue une fois pour toutes, dans tous les cas, comme un équivalent du domicile. Alors les S.D.F. n'auraient plus à suivre des procédures compliquées, différentes des autres pauvres, dans des organismes spécialisés, mais ils auraient accès aux mêmes droits et aux mêmes services que tous les pauvres domiciliés. Reconnus comme membres à part entière de la collectivité territoriale dans laquelle réside l'organisme qui les domicilie, ils seraient notamment électeurs de la commune, pris en charge par les bureaux d'aide sociale ou les C.C.A.S., soignés par les hôpitaux du secteur, intégrés dans les dispositifs départementaux pour la mise en oeuvre du droit au logement[13]...

La raison d'être de cette solution, son premier avantage, serait de garantir réellement l'accès aux droits des S.D.F. Ils ne seraient plus ni exclus de la citoyenneté, ni citoyens à part. Cependant, la formule comporte le risque que les collectivités territoriales préfèrent décourager l'installation d'associations qui pourraient demander l'agrément pour domicilier, et qu'elles durcissent les conditions d'accueil des S.D.F. dans les organismes municipaux et départementaux, pour éviter de les attirer. Ce risque peut être contourné de deux manières. D'une part, il faudrait que

[13]Il existe déjà à Paris des personnels affectés à des annexes spécialisées dans l'accueil aux S.D.F. et la gestion de tous les secours, y compris les aides légales. Il s'agit d'une forme de ségrégation dont j'ai souligné les nombreux effets pervers. Ces personnels seraient donc réintégrés dans les services sociaux ordinaires.

l'État continue d'assumer la charge financière des S.D.F. et qu'il subventionne effectivement les collectivités territoriales et les hôpitaux à hauteur du nombre de S.D.F. domiciliés dans leur secteur. D'autre part, les services d'information et d'orientation pourraient permettre d'éviter les dérives, dans la mesure où ils seraient chargés, pour faire de la domiciliation un droit, de recenser les demandes.

Ces recommandations pratiques ne dispensent pas d'un débat de fond pour résoudre deux questions essentielles : redéfinir les conditions de citoyenneté d'une part ; éclaircir le partage des responsabilités entre l'État, les collectivités et les associations d'autre part.

**Redéfinir les conditions de la citoyenneté**

Comme la prévention de l'exclusion qui repose sur la mise en oeuvre effective du droit au logement, l'accès aux droits des S.D.F. implique aussi de redéfinir les conditions de la citoyenneté. La proposition qui consiste à formuler la stricte équivalence entre domicile et domiciliation du point de vue des administrations et des services sociaux ne résout pas en effet la question en apparence très pratique, en réalité profondément philosophique, du premier maillon qui permet le rattachement à la communauté des citoyens. Si la domiciliation ouvre aux droits, y a-t-il des conditions pour domicilier un S.D.F. ?

La question est redoutable parce qu'elle fait entrer en concurrence deux critères qui se croisent dans tout l'édifice juridique et institutionnel, la nationalité et la résidence. Par exemple le droit de vote est actuellement explicitement réservé aux nationaux. En revanche les droits sociaux, comme le droit au R.M.I., ne sont pas accessibles seulement aux nationaux, mais à tous ceux qui résident sur le territoire. Les choses se compliquent encore quand on regarde les conditions pour obtenir une carte de séjour pour un étranger, où les conditions de résidence sont strictes, assimilées à une preuve d'intégration sociale, qui est implicitement considérée comme une condition préalable à l'intégration légale.

Le sens de mes recommandations serait que tous les S.D.F. de nationalité française ainsi que tous les S.D.F. étrangers en situation régulière puissent être domiciliés auprès d'un organisme agréé et que leur domiciliation soit strictement assimilée à un domicile, pour tous les droits civils et sociaux. Cette recommandation ne pose pas de problème d'application quand les S.D.F. ont leurs papiers d'identité. La question des conditions de renouvellement de la carte de séjour pour les étrangers resterait toutefois à traiter, dans le cadre d'un examen en détail des procédures requises par le code de la nationalité. De plus, il faudrait étudier les moyens de faciliter les démarches pour les S.D.F. qui ont perdu leurs papiers, en tenant compte là aussi des contraintes imposées par les mesures de lutte contre l'immigration clandestine. Concrètement, il n'y a pas de moyen pour l'organisme qui domicilie de connaître la nationalité des S.D.F. sans papiers, ni de vérifier le caractère régulier de leur situation. Cela peut être considéré comme un problème, dans la mesure où la domiciliation ouvrirait l'accès aux droits sociaux et au droit au logement. Il faudrait peut-être que les organismes agréés, sans donner officiellement à ces personnes un justificatif de domiciliation, assurent néanmoins un service de courrier pour que les individus puissent au moins recevoir par la poste un acte de naissance, leur permettant de reconstituer le fil de leur existence civile.

Ces précisions relèvent de choix politiques dont on ne peut sous-estimer la portée. Il en va de même de la nécessité d'éclaircir le partage des responsabilités entre l'État, les collectivités et les associations.

**Éclaircir le partage des responsabilités entre l'État, les collectivités et les associations**

Dans la mesure où les collectivités territoriales ne sont responsables que de leur bassin d'habitat, et dans la mesure où les associations, même conventionnées, reposent fondamentalement sur le principe du volontariat et de la liberté dans leurs pratiques, seul l'État peut se porter garant de la cohésion sociale et de la pleine intégration des exclus à la citoyenneté. Cependant, l'État ne peut pas prendre seul en charge la mise en oeuvre des droits civils et sociaux. De plus, l'implication volontaire de citoyens dans le cadre associatif est très souhaitable pour la cohésion sociale dans son ensemble, pour les S.D.F. en particulier. Tous ces éléments, à la fois complémentaires et contradictoires, ne peuvent tenir ensemble sans que des précisions soient apportées dans le flou qui prévaut actuellement sur les responsabilités respectives des différents acteurs de la lutte contre l'exclusion. Actuellement, tout se passe comme si l'État confiait à des acteurs divers la responsabilité de mener à bien des missions de service public, sans leur en donner les moyens, sans coordonner leur action, sans vérifier l'étanchéité des dispositifs.

Mes propositions visent à faire de l'État un coordinateur efficace de l'ensemble des actions menées en faveur des personnes très en difficulté, grâce à la mise en place de services publics d'information et d'orientation. Ces services auraient pour mission générale d'assurer que les autres acteurs parviennent à assurer l'accès effectif aux droits des exclus, et dans le cas contraire, à intervenir pour pallier aux manques ou susciter des réactions en ce sens. En ce qui concerne les S.D.F., même si l'État délèguerait de fait la gestion des situations administratives et humaines aux collectivités territoriales et au secteur associatif, dans tous les cas, comme les lois sur la décentralisation l'ont établi, c'est nécessairement lui qui aurait la charge financière qui en résulte. Pour le dire autrement, je propose de généraliser le principe instauré par la loi sur le R.M.I. d'une co-responsabilité du Président du Conseil Général, puisque le département met en oeuvre les procédures d'attribution de l'allocation et la politique d'insertion, et du Préfet, puisque l'État finance. En ce qui concerne les S.D.F., l'État aurait deux responsabilités supplémentaires : un devoir de contrôle de leur intégration effective à la citoyenneté, confié au service public d'information et d'orientation ; et un devoir de co-financement des personnels des services administratifs et sociaux responsables de la mise en oeuvre de tous les citoyens, grâce à des subventions proportionnelles au nombre de S.D.F. recensés par les mêmes services d'information. Pour éviter la ségrégation à tous les niveaux des procédures d'accès aux droits et garantir l'autonomie des collectivités territoriales, celles-ci seraient libres de l'affectation des fonds, mais tenues de garantir l'accès aux droits de tous les S.D.F. domiciliés sur leur territoire.

**Adapter la formation des travailleurs sociaux**

La gestion du social au quotidien est assurée par les travailleurs sociaux. Le projet de loi contre l'exclusion prévoyait de valoriser leur formation pour mieux répondre aux besoins, en rénovant le cadre législatif des centres de formation et en augmentant la capacité de ces centres. Sans discuter de ces orientations, il parait effectivement utile de former les travailleurs sociaux aux problématiques de l'exclusion. Dans les propositions pour intégrer les exclus à la citoyenneté, j'ai suggéré que soit établie une stricte équivalence de la domiciliation et du domicile pour éviter que les S.D.F. aient besoin de passer par des services particuliers dans l'accès aux droits civils et à l'aide légale. Dans le même esprit, j'invite à la vigilance face aux risques que comporterait la mise en place d'une sorte de "spécialisation" des travailleurs sociaux, dont certains se destineraient spécifiquement à la gestion des exclus. Une telle spécialisation signifierait la ségrégation à la fois pour les bénéficiaires, et pour les travailleurs de cette nouvelle profession du social, qui se trouverait vite dévalorisée. Par conséquent, il est important que tous les travailleurs sociaux soient formés et aptes à s'occuper, parmi les autres populations dont ils s'occupent, des exclus et des S.D.F.

Dans leur formation, il faudrait que les travailleurs sociaux soient préparés à faciliter l'accès de toutes les personnes en difficulté aux droits civils et sociaux, y compris les S.D.F. Le suivi individuel et le soutien psychologique devraient être liés aux secours ponctuels, mais dissociés de l'aide légale et de l'accès aux droits. Si les S.D.F. sont reconnus citoyens, les travailleurs sociaux ne peuvent utiliser les droits comme un moyen de pression, sauf s'ils sont officiellement chargés par la collectivité de vérifier que les individus respectent leur part du contrat social. Concrètement, il faudrait pour cette raison aussi éclaircir la place des activités d'insertion comme contrepartie ou droit associé à l'allocation, dans la loi sur le R.M.I. De plus, les travailleurs sociaux dans le suivi individuel devraient être formés à tenir compte non seulement de la multiplicité des trajectoires individuelles, mais aussi de la diversité des situations d'exclusion. Dans le cas d'individus dans la "galère", il s'agit de redonner des repères. Dans le cas d'individus insérés dans le monde de la "zone" ou immergés dans celui de la "cloche", il faudrait apprendre à "faire avec" les nouveaux repères qu'ils se sont créés.

Je me permets d'ajouter quelques réflexions qui concernent moins la formation proprement dite, que l'attitude à adopter vis-à-vis des exclus. J'ai pu moi-même constater dans mon expérience de bénévole que certains S.D.F. ont un comportement de rejet ou de mépris de la main qui leur est tendue, et que beaucoup ont par rapport aux aides un comportement "consumériste" qui exaspère les bonnes volontés. Ils viennent pour obtenir le secours ponctuel dont ils ont besoin et ils ne sont pas disposés à faire beaucoup d'efforts pour construire un "projet de vie" avec un travailleur social. Toutefois, quand j'étais assise aux côtés de ces S.D.F. dans les pains partagés, j'ai pu aussi m'apercevoir qu'ils ont, suivant une expression empruntée au sociologue R. Boudon[14], de "bonnes raisons" de faire ce qu'ils font et qu'ils ont fait des choix dans des situations complexes pour survivre. C'est pourquoi, sans sous-estimer les difficultés, je suggère de penser le suivi individualisé des exclus comme une réponse à donner à cette question : quel dispositif serait en mesure de les aider à réorienter certains choix ?

Penser un tel dispositif implique de tirer les conséquences d'un des fils directeurs de cet ouvrage, à savoir que les S.D.F. n'ont pas simplement une identité de "hors travail" ou de "sans famille". La pratique, que j'ai constatée dans plusieurs services sociaux parisiens, qui consiste à ne donner des secours importants qu'à ceux qui viennent de perdre leur logement, les discours qui nient l'urgence pour ceux qui sont à la rue depuis longtemps, révèlent un sentiment de résignation et même un défaitisme qui m'ont paru trop souvent et trop ouvertement exprimés. Le refus d'acheter une carte de transport aux S.D.F. au motif qu'ils doivent apprendre à

[14] cf R. BOUDON, *L'art de se persuader*, Fayard, 1990.

payer leur ticket de métro est inadapté, et peut même avoir des conséquences désastreuses, en les enfermant dans la spirale des amendes et des remboursements impossibles.

D'une manière générale, je préconise une attitude qui ne refuse pas de faire confiance aux exclus et qui résiste contre la tentation de multiplier les épreuves et les vérifications. On ne peut pas rendre quelqu'un "responsable" en exigeant qu'il progresse de manière continue vers un comportement conforme aux attentes des gens "normaux", mais mal adapté aux conditions de vie des S.D.F. Sans baisser les bras, sans suspicion mais sans naïveté, il s'agit de chercher avec chaque individu une identité accessible, pour empêcher que le sentiment d'exclusion ne s'installe. Cette identité, qui doit être souhaitée, appropriée par l'exclu, n'est pas obligatoirement une identité professionnelle ; mais elle ne peut pas se limiter à des actes comme arriver à l'heure, faire des démarches administratives, payer un ticket de métro. Ces injonctions, même présentées comme des étapes, n'ont rien de valorisant en soi, elles ne donnent pas à l'individu un cadre dans lequel il a envie de se projeter. C'est au contraire ce cadre qu'il faut chercher à définir, dans une relation de partenariat[15].

Pour rendre une autre identité accessible, il faut faire la part des envies, des craintes et des problèmes très pratiques qui gênent sa réalisation. Sans-doute convient-il de ne pas imposer de rupture par rapport à l'équilibre trouvé dans le monde de la zone, de la cloche ou de la galère, mais au contraire de composer avec cet équilibre, d'essayer de le connaître, pour faire émerger au cours des entretiens des possibilités d'évolution (même progressive) dans les habitudes, les relations. Par exemple, il peut s'agir d'orienter le zonard vers des pains partagés ou des possibilités de repas plus diversifiés, moins dispersés dans l'espace, moins contraignants dans leurs horaires, pour libérer le temps de réaliser telle ou telle activité. Il s'agit de montrer qu'une évolution est possible et de donner confiance (ce qui suppose de renoncer aux menaces de faire suspendre le R.M.I. ou les aides). Ce suivi individualisé a bien sûr d'autant plus de chances d'aboutir que l'ensemble des dispositifs juridiques, des circuits d'aide sociale et des centres d'hébergement participeront au même esprit, dans l'objectif d'intégrer les S.D.F. et de mettre en oeuvre le nouveau contrat social.

---

[15]On peut reprendre ici l'analyse de C. DUBAR qui distingue la transaction subjective entre identité héritée (la définition de soi issue de sa trajectoire antérieure) et identité visée (la projection de soi dans l'avenir) d'une part ; la transaction objective entre identité pour soi et identité attribuée par autrui d'autre part. *La socialisation,* A. Colin, 1991. On dira alors qu'il faut aider l'exclu à viser subjectivement une autre identité que son identité présente, et légitimer cette identité par des interactions positives.

# Conclusion

On parle trop souvent de l'exclusion sans prendre le temps de s'y intéresser. Au terme de ce parcours, j'espère avoir montré qu'il reste beaucoup à faire pour améliorer la connaissance et promouvoir l'action, et que cet effort est accessible. Il est possible de combattre efficacement l'exclusion, même dans un contexte de chômage massif, car l'exclusion n'est pas un simple appendice du problème du chômage. Elle se situe dans une autre dimension, celle de la symbolique et des normes qui définissent dans les consciences l'intégration des individus à une collectivité sociale.

Historiquement, au fur et à mesure de l'avènement de la société salariale, le travail s'est imposé comme une norme sociale déterminant l'intégration à la nation française. Sous l'Ancien Régime, travailler était une obligation réglementaire que l'État monarchique se chargeait de faire appliquer à travers la condamnation du vagabondage et de la mendicité ; c'était aussi une attente sociale associée à des jugements négatifs, comme les accusations d'oisiveté, de vice. Sous la Révolution Française, la norme Travail s'est confondue avec l'énoncé d'un contrat social : les citoyens ont le devoir de donner leur travail à la collectivité ; en retour la collectivité s'engage à les faire accéder aux droits civils, et bientôt aux droits sociaux. Mais dès cette époque, la mise en place des ateliers nationaux sanctionne le décalage entre la notion de contrat, basée sur le libre engagement des parties, et les difficultés des individus à trouver du travail. Ce problème est resté à la fois constamment présent et constamment nié tout au long des XIXème et XXème siècles, avec la condamnation légale du vagabondage et les ambiguïtés de l'assistance par le travail. Pendant les années de croissance des "Trente glorieuses", de 1945 à 1975, l'augmentation des niveaux de vie, le triomphe de la société salariale et l'extension des protections sociales ont pu faire croire que la misère était définitivement en voie de disparaître. Le clochard est considéré comme un marginal inadapté et le sans-logis, comme une parenthèse après les destructions liées à la guerre. Dans les années 1980, le chômage de masse met à mal cet optimisme. Mais la nouvelle pauvreté a favorisé l'exclusion, elle ne l'a pas générée. Les petits boulots, la mise en place du R.M.I. ont favorisé la multiplication de situations mal définies, tolérées socialement et qui pourtant ne présentent aucune garantie d'intégration. La distinction entre travailler, avoir un emploi, avoir un statut qui dispense de l'emploi, faire des efforts pour trouver un emploi, participer à la collectivité n'est pas faite. La collectivité ne définit pas d'obligation claire pour les citoyens, elle ne garantit pas non plus en retour leur intégration ni leur accès aux droits. En effet les petits boulots et les minima sociaux ne garantissent pas d'avoir un logement. Or le domicile, dans les procédures légales de la République, est une condition d'accès aux droits civils et sociaux et le logement, dans les représentations sociales, est un attribut indispensable de l'intégration. La norme Travail, devenue floue, ne coïncide plus avec le contrat social et ce décalage révèle l'importance de la norme Logement comme déterminant à part entière de l'intégration / exclusion. C'est dans ce contexte que la figure des sans-domicile-fixe s'impose aujourd'hui comme un emblème de l'exclusion. L'exclusion ne se limite pas aux S.D.F., pourtant l'émergence de cette figure dans les discours politiques et médiatiques révèle que le logement devient, à côté de l'emploi, un des deux attributs fondamentaux qui conditionnent l'intégration sociale.

La norme Logement est plus précisément définie par le double attribut de l'adresse fixe, et du toit fixe - c'est-à-dire une adresse qui confirme la légitimité d'avoir un espace de vie privée. La présence de cette norme est manifeste dans les discours des députés et des médias. L'analyse des débats relatifs à la loi sur le R.M.I. en première lecture à l'Assemblée nationale, en 1988, éclaire la complexité de la notion d'insertion, qui reflète les ambiguïtés de la coexistence des normes Travail et Logement et les effets pervers de la référence confuse au contrat social. Les discussions autour du statut des aides au logement, partiellement intégrées dans le calcul des ressources ouvrant droit à l'allocation, révèlent d'une part que le logement est un attribut nécessaire pour être intégré, d'autre part que la logique du contrat social, qui le présente comme une récompense du travail effectué, est un obstacle à la lutte contre l'exclusion. L'analyse des médias, en particulier de la presse écrite, confirme les glissements de sens de la norme Travail et la confusion qui règne avec le contrat social. La norme Logement émerge dans la conscience collective au bénéfice du flou entretenu sur ce qu'il faut faire, et ce qu'il faut avoir pour être intégré. Cette émergence associe la figure des S.D.F. à l'idée de transgression d'une norme sociale. Il faut parler de transgression, car c'est le cadre de référence dans lequel la communauté réagit pour porter une condamnation morale sur les S.D.F.

La catégorie S.D.F. est une étiquette, l'image qui lui est associée est celle de la déviance. Le jugement social porté sur les S.D.F. est obscurci par le soupçon de mauvaise moralité qui accompagne toutes les formes de déviance. Les représentations courantes mettent en scène des portraits types et des trajectoires types, dont la principale justification est de suggérer que tout S.D.F. était prédestiné à le devenir. Les articles et les émissions sur les S.D.F. sont construits de manière à confirmer la "fragilité" des exclus. Mais les stéréotypes relèvent davantage du mythe que de la réalité. La critique sociologique permet de combattre la fausse évidence de la fragilité. Les études américaines ont établi des taux de "maladie mentale" parmi les sans-abri de l'ordre de 10 à 30%, il y aurait 40% d'alcooliques parmi les S.D.F. Ces taux ne permettent pas d'établir un lien systématique. De plus la dépression et l'alcoolisme peuvent être un effet et non une cause de l'exclusion du domicile. Les données dont on dispose sur l'origine socioculturelle et familiale et sur le niveau d'instruction des S.D.F. ne sont pas plus concluantes. Dans tous les cas, il n'y a pas de "prédestination" et la notion de "prédisposition", elle-même discutable, suppose l'intervention du milieu qui précipite dans les marges de l'exclusion. C'est pourquoi je récuse la question ordinaire "comment en sont-ils arrivés là ?". Cette question en effet n'a d'intérêt que dans l'hypothèse où les exclus ressemblent à l'étiquette et ont une fragilité antérieure. Pour repenser l'exclusion et trouver les pistes d'une action efficace, il faut en poser deux autres : quelles sont les combinaisons de réalités sociales qui permettent qu'il y ait des personnes sans emploi et sans logement aujourd'hui ? Pourquoi cela se produit-il dans autant de cas ? Repenser l'exclusion suppose alors de resituer les trajectoires individuelles dans le contexte social. Dans la France contemporaine, trois ordres de réalités se recoupent pour rendre compte de l'exclusion : la configuration des circuits de l'entraide et notamment les limites à la solidarité familiale ; le système de distribution et de redistribution des revenus (revenus du travail, revenus de la propriété, transferts sociaux) ; la situation tendue sur le marché du logement, particulièrement sur le parc des logements accessibles aux ménages les plus en difficulté, H.L.M. et "parc social de fait". L'ampleur des problèmes à ces différents niveaux implique que la genèse de l'exclusion n'est pas individuelle mais qu'elle se situe dans l'organisation générale de l'économie et de la société.

Mais alors, comment rendre compte du sentiment de dégradation individuelle qu'inspirent les exclus ? La réponse se trouve dans leur vie quotidienne, et les difficultés auxquels ils sont constamment confrontés. En plus des problèmes liés à la pauvreté, les exclus subissent des vexations répétées. Les S.D.F. rencontrent les difficultés supplémentaires liées à la double dimension de la norme Logement : l'adresse et le toit. Le quotidien sans adresse se traduit par l'exclusion des circuits de la correspondance amicale, administrative, professionnelle et par l'exclusion des services sanitaires et sociaux, qui se partagent des "secteurs" bien délimités. Le refus de hôpitaux d'accueillir des S.D.F., et même à Paris les preuves de résidence exigées pour être accueilli dans les annexes des services municipaux spécialisées pour les S.D.F. ne sont pas des aberrations, elles sont la conséquence directe de l'omniprésence de l'adresse dans les procédures d'accès aux droits. Avec la loi sur le R.M.I., une procédure de remplacement a été mise en place pour les S.D.F. : la "domiciliation" auprès d'un organisme agréé, qui ouvre la possibilité de revendiquer l'adresse de l'organisme d'accueil et d'y recevoir le courrier. Mais dans la vie des S.D.F., la recherche d'un organisme d'accueil ressemble à un parcours du combattant. Les démarches prévues pour les exclus sont longues, difficiles et incertaines quant à leur résultat. La domiciliation n'ouvre pas toutes les portes. Les secours facultatifs (en dehors de l'aide légale) sont d'un montant plus faible pour les S.D.F. que pour les autres personnes en difficulté, et les procédures d'attribution ne sont pas les mêmes : il y a une commission qui statue pour les demandeurs domiciliés, sur proposition d'un travailleur social, alors qu'une assistante sociale est seule responsable dans leur cas. En outre les S.D.F. subissent en première ligne les contrôles et les restrictions qui sont mis en place sans tenir compte de leur cas. La mise en cause des lettres-chèques dans le versement de l'allocation du R.M.I. a ainsi provoqué la panique dans le milieu des S.D.F., dans la mesure où les institutions bancaires et postales refusaient de leur ouvrir un compte.

Ces problèmes s'ajoutent à ceux d'un quotidien sans toit fixe. Les S.D.F. en centres d'hébergement sont confrontés au manque de places et aux contraintes horaires, à la séparation des familles et des couples, aux contrôles et à la surveillance omniprésente dans certains établissements, jusque sous la douche, à l'impossibilité d'une vie privée. Les personnes en squat ont des conditions de vie souvent inconfortables voire dangereuses ; elles sont constamment menacées d'expulsion, y compris parfois pendant la trêve hivernale. Mais la crainte la plus forte est de se trouver "à la rue". Être à la rue ne signifie pas nécessairement vivre dehors, mais plutôt dans les espaces publics, les lieux de passage comme les halls d'immeubles. La rue est l'endroit de tous les dangers, où le repos n'est jamais complet, où l'agression verbale ou physique et l'expulsion sont toujours possibles à tout moment. La fatigue physique, les problèmes de santé, la dépression sont le lot habituel des personnes qui n'ont pas d'autre recours.

La diversité des situations vécues au quotidien par les S.D.F. amène à construire une typologie qui distingue trois mondesperméables, qui peuvent être parcourus successivement,, mais pas toujours. Le premier correspond au monde de la galère, où se trouvent celles et ceux qui ne savent ni quoi faire, ni où aller, qui ont perdu leurs repères et se trouvent exclus de leurs circuits habituels, administratifs, sociaux et amicaux. Le deuxième est le monde de la zone, organisé autour des ressources institutionnelles prévues pour les exclus ; on y rencontre les personnes qui ont commencé à s'installer dans la marginalité et qui ont trouvé de nouveaux repères. Le troisième monde est celui de la cloche, où les clochards, vivant sans recourir aux services sociaux, organisent leur vie autour de la mendicité et de la consommation de vin. Cette typologie montre que les exclus ne sont pas nécessairement des individus déstructurés, désocialisés, incapables de réagir, mais qu'ils peuvent construire une vie organisée à laquelle ils ont du mal à renoncer, par peur de mettre en péril un équilibre de vie difficilement acquis, sans garantie d'en trouver un autre.

Repenser l'exclusion, c'est ouvrir des voies pour l'action sociale et politique. Le sociologue, dans ce domaine, est un citoyen comme les autres. En tant que tel, il peut aussi donner son avis. Pour combattre l'exclusion, les traitements actuels sont inadaptés, notamment en ce qui concerne le phénomène S.D.F. Le manque de moyens se traduit par les lacunes des études et des données statistiques sur le nombre de sans-abri, le déséquilibre de l'offre de logements bon marché par rapport à la demande des ménages les plus modestes, le manque de places en centres d'hébergement, la surcharge de travail et de responsabilités confiées aux secteur associatif et aux collectivités locales. Le poids du passé continue d'inspirer les logiques d'organisation des services sociaux, qui institutionnalisent la ségrégation et la méfiance en mettant en place des circuits à part pour les S.D.F., avec des contrôles omniprésents et une prise en charge très réduite. La gestion sociale des S.D.F. combine sans arrêt un mélange d'aide et de répression profondément déstructurant, qui prétend inciter les individus à se prendre en charge mais tend à réduire au maximum leurs marges d'initiatives. L'obligation qui leur est faite de devoir recourir à une assistante sociale pour toutes leurs démarches, y compris les demandes d'aide légale et d'accès aux droits, contribue à les fragiliser et les éloigner du modèle du citoyen. Les sans-domicile-fixe sont en effet, depuis les origines de la démocratie française, dans la structure même des dispositifs législatifs et réglementaires de la république des "sans-droits". Ils ne sont pas exclus de la citoyenneté, au sens où aucun texte ne les en prive explicitement.

Mais leur cas n'est pas prévu et les procédures, en exigeant systématiquement des justificatifs de domicile, ne leur permettent ni de faire valoir leurs droits, ni de faire reconnaître leur existence civile. Les S.D.F. ne peuvent pas voter, ils ne peuvent pas se marier, ni fonder une famille. Jusqu'en octobre 1994, ils ne pouvaient même pas faire faire ou refaire une carte d'identité. Ils ne bénéficient pas de l'aide sociale, puisque la première condition légale d'attribution de toutes les formes de secours est la preuve de la résidence en France. Les sans-adresse sont absents de la citoyenneté, un peu comme on imaginerait des élèves dans une classe qui ne seraient pas inscrits sur la liste du professeur, qui pour cette raison ne seraient jamais interrogés, dont les copies d'examen ne seraient ni corrigées ni même ramassées, et qui n'auraient aucune chance d'être autorisés à passer en classe supérieure. Les sans-adresse sont comme le seraient ces élèves, présents ou du moins non interdits dans la salle, mais absents des procédures de validation et en ce sens profondément en dehors du système scolaire.

Certaines lois sociales dans les années 1980 et 1990 ont commencé à apporter des réponses à ce défi, en raccrochant les S.D.F. à l'édifice juridique et institutionnel. Par rapport à l'objectif de leur donner un statut de citoyen, la disparition du délit de vagabondage dans le nouveau Code Pénal en 1993 représente une avancée incontestable, fragilisée cependant par la multiplication des arrêtés d'interdiction de la mendicité pris dans plusieurs municipalités. La loi sur le R.M.I. en 1988 et la loi Besson en 1990 sont prisonnières des ambiguïtés des lois sur la décentralisation en 1982, qui ont fait sortir de l'ombre le cas des personnes sans-domicile en les mettant à la charge de l'État, mais qui donnent aux départements des responsabilités accrues, notamment dans le domaine social. La loi Besson confie aux départements la mission de mettre en oeuvre le droit au logement, mais les départements n'ont aucune raison de s'occuper des S.D.F., dont l'État a la charge, et qu'ils ne tiennent pas à attirer. La loi sur le R.M.I. permet aux S.D.F. de percevoir l'allocation, financée par l'État, grâce à l'invention d'une procédure très novatrice : la domiciliation auprès d'un organisme agréé. Dans la pratique, les organismes agréés sont des associations ou des services municipaux, qui ne sont pas obligés d'accueillir tous les S.D.F. qui se présentent. Dans certaines villes comme Paris, ils n'en ont d'ailleurs pas les moyens matériels. L'élargissement de cette procédure à la réfection de la carte d'identité ne peut masquer que la domiciliation n'ouvre pas à tous les droits. Dans l'état actuel de la législation, la citoyenneté des S.D.F. est facultative et limitée. Le projet de loi contre l'exclusion, dont la discussion à l'Assemblée Nationale a été interrompue par les élections législatives anticipées de mai-juin 1997, devait franchir une nouvelle étape. Il présentait en effet un ensemble coordonné d'actions autour de l'objectif de "l'accès de tous aux droits de tous". Mais en envisageant l'inscription des S.D.F. sur la liste électorale de la commune de leur organisme d'accueil, il subordonnait le droit de vote aux aléas de la procédure de domiciliation. En prévoyant la mise en place d'un schéma départemental d'accès aux soins des plus démunis, il reproduisait la même contradiction que la loi Besson, qui dans la réalité ne bénéficie pas aux S.D.F. Par ailleurs le contrat d'initiative locale, motivé par le principe dit "de l'activation des dépenses passives", reproduit la confusion entre travail et emploi, norme et contrat social, comme si les efforts suffisaient à donner accès au logement et à conjurer l'exclusion.

L'exclusion et le chômage sont deux problèmes distincts. On peut combattre l'un sans avoir résolu l'autre. Le plein emploi ne suffira pas à vaincre l'exclusion s'il s'agit d'emplois précaires et sous-payés, qui ne garantissent pas l'accès au logement. Inversement le chômage et la pauvreté peuvent être corrigés, de telle manière qu'ils ne dégénèrent pas en exclusion. Sans rien changer du contexte, sans attendre une embellie de la croissance, il est possible de vaincre l'exclusion. Pour cela, il faut d'abord reformuler le contrat social. L'exclusion est définie par le non respect des normes Travail et Logement. Le contenu de la norme Travail ne correspond plus aux termes du contrat social. La communauté des citoyens devrait définir plus clairement les conditions politiques de l'intégration, c'est-à-dire ce qu'elle exige de la part des individus, avant de prendre les moyens d'intégrer ceux qui respectent les conditions. L'obligation de travail, si elle est maintenue, devrait être reprécisée en tenant compte du contexte. Elle pourrait aussi être abandonnée, auquel cas les activités économiques et sociales seraient des possibilités offertes aux individus, des opportunités d'augmentation de leurs revenus, mais elles ne seraient pas une contrepartie de l'intégration. Le contrat serait clairement signifié à chacun et la collectivité garantirait, pour ceux qui le remplissent, l'accès aux droits civils et sociaux, le droit au logement et le droit de participer aux activités de la cité. La politique du logement serait revue en conséquence, l'État intervenant pour garantir que le nombre de logements offerts est suffisant et que les citoyens les plus pauvres peuvent y accéder.

Mais quelle que soit l'efficacité des mesures de prévention, il faudrait aussi prévoir d'aider les exclus dans leur vie quotidienne et assurer l'accès effectif aux droits des citoyens S.D.F. Pour cela, il faudrait améliorer notre connaissance de la question S.D.F., revoir la politique d'hébergement, en trouvant un juste milieu entre le nombre de places offertes, la qualité de l'accueil et les contraintes budgétaires. L'État a la responsabilité des sans-domicile. Il devrait en tirer les conséquences, en créant des services publics d'accueil et d'orientation suffisamment nombreux pour combiner les deux atouts de la proximité et de l'efficacité. Ces services seraient chargés d'informer et d'orienter les exclus dans leurs démarches administratives et quotidiennes. Ils devraient notamment centraliser l'information sur les places d'hébergement vacantes et les possibilités de domiciliation auprès d'organismes agréés. Pour garantir l'accès aux droits, je propose de garder le principe de la domiciliation auprès d'organismes agréés, en confiant aux services publics la mission de s'assurer que tous les S.D.F. peuvent en bénéficier, et en établissant partout, pour tous les droits, la stricte équivalence entre domiciliation et domicile. Cette recommandation suppose d'éclaircir les liens entre citoyenneté, nationalité et résidence, et de fixer le partage des responsabilités entre l'État, les collectivités territoriales et les associations. Il faudrait enfin adapter la formation des travailleurs sociaux.

Suivant les conventions du langage courant, j'ai parlé de prévenir de nouvelles exclusions et de mieux gérer celles qui existent. Dans la mesure où l'exclusion est une réalité mouvante, où les normes qui la définissent sont changeantes, on ne peut pas être assuré que de nouvelles formes d'exclusion ne ressurgiront pas. Mais les problèmes seront alors d'une autre nature et, on peut l'espérer, moins urgents qu'aujourd'hui. L'exclusion ne se résume pas aux S.D.F. Cependant, cette figure est emblématique de l'importance qu'a prise la norme Logement dans la définition de l'intégration et de l'exclusion. L'accès des S.D.F. à la citoyenneté, aux droits civils et sociaux, la mise en oeuvre d'un véritable droit au logement, sont des moyens d'empêcher l'installation et l'approfondissement de l'exclusion dans notre société. Ces mesures sont un signal en direction de toutes les personnes en difficulté, puisqu'elles doivent permettre de lever les menaces les plus angoissantes qui pèsent sur elles et de garantir un minimum de qualité de vie et de considération sociale. Si le droit au logement est garanti par le contrat social, le principal défi sera de définir des activités économiques et sociales qui répondent aux exigences que la collectivité a intériorisées, après des siècles de domination de la norme Travail. L'État Nation est l'acteur le mieux placé pour accompagner les mutations vers une société vraiment solidaire.

Je n'ai pas évoqué l'Europe, qui politiquement et socialement n'en est qu'à ses balbutiements. Le projet de citoyenneté européenne impliquerait qu'une instance politique prenne les responsabilités de l'accès aux droits civils et sociaux à ce niveau. Les États nationaux seraient alors un échelon intermédiaire, et toute la mise en oeuvre des solutions devrait être assurée au niveau de cette instance politique européenne.

# Références bibliographiques


ANDERSON Nels, *Le Hobo, sociologie du sans-abri*, Paris, Nathan, 1993 (1923, Chicago).

BECKER Howard S., *Outsiders, Études de sociologie de la déviance*, Paris, A. M. Maitailié, 1985 (1963, Glencoe).

BRESSON Yoland, GUITTON Henri, *Repenser la solidarité*, Paris, Éditions universitaires, 1991.

BOUDON Raymond *L'art de se persuader des idées douteuses, fragiles ou fausses*, Paris, Fayard, 1990.

BOURDIEU Pierre (dir.), *La misère du monde*, Paris, Seuil, 1993.

BRONISLAW Geremek, *La Potence ou la pitié, L'Europe et les pauvres du Moyen âge à nos jours*, Paris, Gallimard, 1987 (1978).

CASTEL R, *Les métamorphoses de la question sociale*, Paris, Fayard, 1995.

CHASSÉRIAUD Christian, *La grande exclusion sociale, Questions liées à l'insertion et au devenir des publics en grande difficulté sociale*, Ministère des Affaires Sociales, de la santé et de la Ville, (rapport), 1993.

DONZELOT Jacques (dir.), *Face à l'exclusion, le modèle français*, Paris, Esprit, 1991.

DUBAR Claude, *La socialisation, Construction des identités sociales et professionnelles*, Paris, A. Colin, 1991.

DUBET François, *La galère*, Paris, Fayard, 1987.

DUTRENIT Jean-Marc, *La compétence sociale*, Paris, L'Harmattan, Technologie de l'action sociale, 1997.

GABORIAU Patrick, *Clochard*, Paris, Julliard, 1993.

GEINDRE François , *L'attribution des logements sociaux*, Ministère de l'Équipement, du Logement, des Transports et de la Mer, (rapport), 1989.

GOFFMAN Erving, *Stigmates. Les usages sociaux des handicaps*, Paris, Minuit, 1975 (1964, 1ère éd. en anglais).

GUILLEMARD Anne-Marie, *Le déclin du social*, Paris, P.U.F., 1986.

GUTTON Jean-Pierre, *La société et les pauvres en Europe (XVIè-XVIIIè siècles)*, Paris P.U.F., 1974.

LABBENS Jean, *La condition sous-prolétarienne, L'héritage du passé*, Paris, Bureau de recherches sociales, 1965 (Cahiers Science et Service, vol. 1).
LUCAS Claude, *Suerte, L'exclusion volontaire*, Paris, Plon, 1995.
MAZEL Olivier, *L'exclusion, Le social à la dérive*, Paris, Le Monde éditions, 1996.
MENORET Brigitte, *L'accès aux soins des populations démunies*, Paris, L'Harmattan, L'Éthique en mouvement, 1997.
PAUGAM Serge, *La disqualification sociale, essai sur la nouvelle pauvreté*, Paris, P.U.F., 1991.
PAUGAM Serge, *La société française et ses pauvres*, Paris, P.U.F., 1993.
PAUGAM Serge (dir), *L'exclusion, l'état des savoirs*, Paris, La découverte, 1996.
PITROU Agnès, *Vivre sans famille ?*, Toulouse, Privat, 1978.
PORQUET Jean-Louis, *La débine*, Paris, Flammarion, 1987.
PROLONGEAU H., *Sans-Domicile-Fixe*, Paris, Hachette, 1993.
SNOW David, BAKER Susan, ANDERSON Leon, MARTIN Michael, *The Myth of Pervasive Mental Illness Among The Homeless*, Social Problems, vol. 33, N°5, June 1986, 407-423.
SNOW David, BAKER Susan, ANDERSON Leon, MARTIN Michael, *On the Precariousness of Measuring Insanity in Insane Contexts*, Social Problems, vol. 35, n°2, april 1988, 192-196.
VEXLIARD Alexandre, *Le clochard, étude de psychologie sociale*, Paris, Desclée de Brouwer, 1957.
WODON Quentin, *Logement, le droit des exclus*, Paris, Les éditions ouvrières, Le social en Acte, 1992.
WRIGHT James D., *The Mentally Ill Homeless, What is Myth and What is Fact ?*, Social Problems, vol. 35, n°2, april 1988, 182-191.

# Table des matières

621355 - Septembre 2015
Achevé d'imprimer par

1livre.com
du rêve à la réalité !